琉球共和社会憲法の潜勢力

群島・アジア・越境の思想

川満信一・仲里　効✣編

未來社

琉球共和社会憲法の潜勢力——群島・アジア・越境の思想◇目次

第一部　原点から、架橋と越境

第二部　アリーナで、交差と交響

第三部　未来へ、潜像と顕像

琉球共和社会憲法の潜勢力

——群島・アジア・越境の思想

装幀——高麗隆彦

第一部

原点から、架橋と越境

琉球共和社会憲法C私（試）案

川満信一

一、琉球共和社会の全人民は、数世紀にわたる歴史的反省と、そのうえにたった悲願を達成し、ここに完全自治社会建設の礎を定めることを深くよろこび、直接署名をもって「琉球共和社会憲法」を制定し、公布する。
全人民署名（別紙）

（前文）

浦添に驕るものたちは浦添によって滅び、首里に驕るものたちは首里によって滅んだ。ピラミッドに驕るものたちはピラミッドによって滅び、長城に驕るものたちもまた長城によって滅んだ。軍備に驕るものたちは軍備によって滅び、法に驕るものたちもまた法によって滅んだ。神によったものたちは神に滅び、人間によったものたちは人間に滅び、愛によったものたちは愛に滅んだ。
科学に驕るものたちは科学によって滅び、食に驕るものたちは食によって滅ぶ。国家を求めれば国家の牢に住む。集中し、巨大化した国権のもと、搾取と圧迫と殺りくと不平等と貧困と不安の果てに戦争が求められる。落日に染まる砂塵の古都西域を、あるいは鳥の一瞥に鎮まるインカの都を忘れてはならない。否、われわれの足はいまも焦土のうえにある。

九死に一生を得て廃墟に立ったとき、われわれは戦争が国内の民を殺りくするからくりであることを知らされた。だが、米軍はその廃墟にまたしても巨大な軍事基地をつくった。われわれは非武装の抵抗を続け、そして、ひとしく国民的反省に立って「戦争放棄」「非戦、非軍備」を冒頭に掲げた「日本国憲法」と、それを遵守する国民に連帯を求め、最後の期待をかけた。結果は無残な裏切りとなって返ってきた。日本国民の反省はあまりにも底浅く淡雪となって消えた。われわれはもうホトホトに愛想がつきた。

好戦国日本よ、好戦的日本国民と権力者共よ、好むところの道を行くがよい。もはやわれわれは人類廃滅への無理心中の道行きをこれ以上共にはできない。

第一章

（基本理念）

第一条 われわれ琉球共和社会人民は、歴史的反省と悲願のうえにたって、人類発生史以来の権力集中機能による一切の悪業の根拠を止揚し、ここに国家を廃絶することを高らかに宣言する。

この憲法が共和社会人民に保障し、確定するのは万物に対する慈悲の原理に依り、互恵互助の制度を不断に創造する行為のみである。

慈悲の原理を越え、逸脱する人民、および調整機関とその当職者等のいかなる権利も保障されない。

第二条 この憲法は法律を一切廃棄するための唯一の法である。したがって軍隊、警察、固定的な国家的管理機関、官僚体制、司法機関など権力を集中する組織体制は撤廃し、これをつくらない。共和社会人民は個々の心のうちの権力の芽を潰し、用心深くむしりとらねばならない。

第三条 いかなる理由によっても人間を殺傷してはならない。慈悲の戒律は不立文字であり、自らの破戒は自ら裁かなければならない。法廷は人民個々の心の中に設ける。母なるダルマ、父なるダルマに不断に聴き、慈悲の戒律によって、社会および他人との関係を正さなければならない。

第四条 食を超える殺傷は慈悲の戒律にそむく。それ故に飢えをしのぎ、生存するための生物植物動物の捕殺は個人、集団を問わず、慈悲の内海においてのみなされなければならない。

第五条 衆議にあたっては食まずしいものたちの総意に深く聴き、慈悲の海浅いものたちに聞いてはならない。

第六条　琉球共和社会は豊かにしなければならない。衣も食も住も精神も、生存の全領域において豊かにしなければならない。ただし豊かさの意味をつねに慈悲の海に問い照らすことを怠ってはならない。

第七条　貧困と災害を克服し、備荒の策を衆議して共生のため力を合わさなければならない。ただし貧しさを怖れず、不平等のつくりだすこころの貧賤のみを怖れ忌避しなければならない。

第二章

（センター領域）

第八条　琉球共和社会は象徴的なセンター領域として、地理学上の琉球弧に包括される諸島と海域（国際法上の慣例に従った範囲）を定める。

（州の設置）

第九条　センター領域内に奄美州、沖縄州、宮古州、八重山州の四州を設ける。各州は適切な規模の自治体で構成する。

（自治体の設置）

第十条　自治体は直接民主主義の徹底を目的とし、衆議に支障をきたさない規模で設ける。自治体の構成は民意と自然条件および生産条件によって定められる。

（共和社会人民の資格）

第十一条　琉球共和社会の人民は、定められたセンター領域内の居住者に限らず、この憲法の基本理念に賛同し、遵守する意志のあるものは人種、民族、性別、国籍のいかんを問わず、その所在地において資格を認められる。ただし、琉球共和社会憲法を承認することをセンター領域内の連絡調整機関に報告し、署名紙を送付することを要する。

（琉球共和社会象徴旗）

第十二条　琉球共和社会の象徴旗は、愚かしい戦争の犠牲となった「ひめゆり学徒」の歴史的教訓に学び、白一色に白ゆり一輪のデザインとする。

（不戦）

第十三条　共和社会のセンター領域内に対し、武力その他の手段をもって侵略行為がなされた場合でも、武力をもって対抗し、解決をはかってはならない。象徴旗をかかげて、敵意のないことを誇示したうえ、解決の方法は臨機応変に総意を結集して決めるものとする。

（領域立ち入りと通過）

第十四条 共和社会センター領域内に立ち入り、あるいは通過する航空機、船舶などはあらかじめ許認可を要する。許認可の条件は別に定める。軍事に関連する一切の航空機、船舶その他は立ち入りおよび通過を厳禁する。

（核の禁止）

第十五条 核物資および核エネルギーの移入、使用、実験および核廃棄物の貯蔵、廃棄などについてはこんご最低限五十年間は一切禁止する。とくにこの条項はいかなる衆議によっても歪曲解釈されたり、変更されてはならない。

（外交）

第十六条 琉球共和社会は世界に開かれることを基本姿勢とする。いかなる国や地域に対しても門戸を閉ざしてはならない。ただし軍事に関連する外交は一切禁止する。

軍事協定は結ばない。平和的な文化交流と交易関係を可能な限り深めることとする。

（亡命者、難民などの扱い）

第十七条　各国の政治、思想および文化領域にかかわる人が亡命の受け入れを要請したときは無条件に受け入れる。ただし軍事に関係した人間は除外する。また、入域後にこの憲法を遵守しない場合は、当人の希望する安住の地域へ送り出す。難民に対しても同条件の扱いとする。

第三章

（差別の撤廃）

第十八条　人種、民族、身分、門中、出身地などの区別は考古学上の研究的意味を残すだけで、現実の関係性においては絶対に差別をしてはならない。

（基本的生産手段および私有財産の扱い）

第十九条　センター領域内では、土地、水源、森林、港湾、漁場、エネルギー、その他の基本的生産手段は共有とする。また、共生の基本権を侵害し、圧迫する私有財産は認めない。

（住居および居住地の扱い）

第二十条　家屋の私有は基本的には認められない。過渡的措置として先住権のみを定められた期間保障し、居住していない家屋および居住地の所有権は所属自治体の共有とする。法人格所有の建造物は公有とする。居住地内の土地の利用は憲法の理念に反しない範囲で自由とする。

第二十一条　居住地および住居は生産関係に応じて、個人、家族、集団の意志と、自治体の衆議における合意によって決められる。

（女・男・家族）

第二十二条　女性と男性の関係は基本的に自由である。ただし合意を前提とする。夫婦はこの憲法の基本理念である慈悲の原理に照らして双方の関係を主体的に正すことを要する。夫婦のいずれか一方から要請がある場合は、自治体のえい智によってこれを解決する。女・男における私的関係にはいかなる強制も伴わない。夫婦および家族の同居、別居は合意に基づくことを要する。

（労働）

第二十三条　共和社会の人民は児童から老人まで、各々に適した労働の機会を保障されなければならない。労働は自発的、主体的でなければならない。主体的な労働は生存の根本である。

第二十四条　労働は資質と才能に応じて選択し、自治体の衆議によって決められる。

第二十五条　労働が自己の資質において不適だと判断した場合は、自治体の衆議にはかって、自発的、主体的にできる労働を選択することができる。

第二十六条　労働の時間は気候風土に適するよう定める。娯楽は労働の一環であり、創意と工夫によって、人類が達成したあらゆる娯楽を人民が選択できるよう自治体、州、共和社会のレベルで機会をつくる。娯楽の享受は平等でなければならない。

（信仰・宗教）

第二十七条　過渡的措置として、信教は個人の自由である。ただし、自治体の衆議で定められた共働、教育方針などには従わなければならない。

（教育）

第二十八条　基礎教育は十年間とし、自治体および州の主体的方法にゆだねる。基礎教育には一定の生産活動への実践参加を含める。

第二十九条　特別な資質と才能を必要とする教育は、自治州および共和社会総体の積極的協力によって十分に行わなければならない。専門教育の期間は定めない。入試制度は廃止し、代わりに毎年試験で進級を決める。

第三十条　共和社会以外の国または地域で教育を受ける必要がある場合は、自治体、州、共和社会全体の推挙によって人選を決める。

第三十一条　すべての教育費用は共和社会の連絡調整機関でプールし、必要に応じて、均等に配分される。

第三十二条　共和社会の人民は、個々の資質と才能を適切に、十二分に伸ばさなければならない。ただし、資質と才能および教育の差によって、物質的富の分配に較差を求め、あるいは設けてはならない。

（専門研究センター）

第三十三条　各州に専門教育センターを最低一か所設置する。さらに共和社会立として高度の専門研究総合センターを設ける。研究員は、各州の専門教育センターの推挙で決める。

第三十四条　各州の専門教育センターおよび共和社会立の専門研究総合センターにおいては、教授と研究生が一体となって、半年毎に研究成果をリポートにまとめ、連絡調整機関へ提出することを要する。

（研究の制限）

第三十五条　総合研究センターにおける研究は基本的に自由であるが、生植動物、物質などを研究対象とし、技術と関連する自然科学領域の研究は、この憲法の基本理念である慈悲の戒律を破らない、と各衆議によって認められた範ちゅうを逸脱してはならない。

（域際間研究の重視）

第三十六条　すべての生産、経済、社会的行為および諸科学の研究にあたっては、自然環境との調和を第一義とする。過渡的な対策として、個別分野の伸展、研究深化よりも域際間の相互調整研究に重点をおかねばならない。

（医師・専門技術職者への試験）

第三十七条　医師その他専門技術職にあたるものは、三年に一回、共和社会の機関が課す資格試験を受けなければならない。

（終生教育）

第三十八条　共和社会の生産をはじめとする諸組織は終生教育の機関であり、人民はつねに創意をもって学び、自己教育に努めなければならない。

（知識・思想の自由）

第三十九条　知識・思想の探求は人民個々の資質と才能の自然過程であり、従って自由である。ただしその蓄積をもっていかなる権力も求めてはならず、与えてもならない。知識・思想の所産は社会へ還元していかねばならない。

（芸術・文化行為）

第四十条　芸術および文化的所産は共和社会におけるもっとも大事な富である。芸術および文化の領域における富の創造と享受はつねに社会的に開かれていなければならない。創造過程における非社会的な観念領域の自由は抑制したり、侵害してはならない。ただし、社会に還元された所産についての批判は自由である。

（情報の整備）

第四十一条　情報洪水は人間の自然性の破壊につながる。専門研究総合センターでは情報を整備し、憲法の理念にそうよう絶えず努めなければならない。

第四章

（衆議機関）

第四十二条　自治体、自治州、共和社会は直接民主主義の理念からはずれてはならない。衆議を基礎として、それぞれの組織規模に適切な代表制衆議機関を設ける。ただし代表制衆議機関は固定しない。衆議にあたっては勢力争いを禁止し、合意制とする。代表制衆議機関で合意が成立しない場合は、再度自治体の衆議にはかるものとする。

（政策の立案）

第四十三条　各自治体はそれぞれの地域に応じた生産その他の計画を立案し、実施する場合、隣接自治体にもあらかじめ報告し、調整することを要す。その計画が自治体の主体的能力の範囲を超える場合は所属州の連絡調整機関ないしは共和社会連絡調整機関において調整をはかったうえ、主体的に実施し、豊かな社会づくりをめざさなければならない。

（執行機関）

第四十四条　各州および共和社会に連絡調整機関を設ける。連絡調整機関の組織は専門委員会と執行部で構成する。専門委員は各自治体および州、センター領域外に居住する琉球共和社会人民（最低限五人）の推挙と、州立専門教育センターおよび共和社会立専門研究総合センターの推挙する専門家を州および共和社会の代表衆議機関で最終的に人選して決める。各委員会の構成は別に定める。専門委員会は域際調整を十分に行なったうえ、立案し衆議機関へ建議する。衆議機関との調整を経た政策は、専門委員会の監督のもとに執行部で実施される。

域際調整を経ていない限り、連絡調整機関はいかなる政策も実施に移してはならない。

（公職の交替制）

第四十五条 公職にあたるものは専門委員を除いて、各自治体および州の衆議に基づいて推挙される。公職は交替制とする。その任期は別に定める。自治体および州の衆議によって、不適格と判断された公職者は任期中でも退任しなければならない。任期を終えた公職者の再推挙は認められる。公職者は要務以外のいかなる特権も認められず、また求めてもならない。

（条例・内法などの扱い）

第四十六条 各州および各自治体に残存する慣例、内法などはとくに慎重に吟味し、祖先たちのえい智を建設的に活かすことを要する。

（請願・公訴）

第四十七条　個人および集団がこの憲法の基本理念である慈悲の原理に照らして、不当な戒を受けたと判断する場合は、所属自治体の衆議開催を要求し、戒を解くことができる。所属自治体の衆議が分かれた場合は、近接自治体の衆議にはかり、未解決の場合は自治州の衆議にはかる。自治州の衆議が分かれた場合は共和社会の総意によって決める。

（司法機関の廃止）

第四十八条　従来の警察、検察、裁判所など固定的な司法機関は設けない。

第五章

（都市機能の分散）

第四十九条　集中と拡大化を進めてきた既存の都市的生産機能は、各州および自治体の単位に向けて可能な限り分散する。この目的を達成するために生産と流通の構造を根本的に変え、消費のシステムを再編成しなければならない。

（産業の開発）

第五十条　生態系を攪乱し、自然環境を破壊すると認められ、ないしは予測される諸種の開発は、これを禁止する。

（自然摂理への適合）

第五十一条　技術文明の成果は、集中と巨大化から分散と微小化へ転換し、共和社会および自然の摂理に適合するまで努力することを要す。自然を崇拝した古代人の思想を活かさなければならない。

（自然環境の復元）

第五十二条　すでに破壊され、あるいは破壊されつつある自然環境は、その復元に向けてすみやかに対策を講じる。各自治体は自然環境の破壊に厳密な注意を払い、主体的に復元をはからなければならない。復元にあたって、一自治体の能力を越える場合は、近接自治体とはかり、さらに州および共和社会の連絡調整機関にはかって人民の総意と協力によって目的を達成するものとする。

第六章

（納税義務の廃止）

第五十三条　個人の納税義務は撤廃する。

（備荒）

第五十四条　備荒のための生活物質は個人、集団にそれぞれ均等に配分し、それぞれの責任において蓄える。一定量を自治体および州の連絡調整機関において蓄えるものとする。

いかなる組織および機関も定められた備荒用の物資の量を越えて富の蓄積をしてはならない。

定量を超えた場合は供出し、交易品とする。

（商行為の禁止）

第五十五条　センター領域内における個人および集団、組織などの私的商行為は一切禁止する。共和社会人民間の流通はすべて実質的経費を基準にして成立させる。

（財政）

第五十六条　財政は琉球共和社会の開かれた条件を利用して、センター領域内の資源を生かし、またセンター領域外の共和社会人民と合携えて、従来の国家が発想し得なかった方法を創造しなければならない。

ここに定められた理念、目的、義務を達成するため、琉球共和社会人民は献身的な努力と協力をはかる。

（初出：「新沖縄文学」八一年六月号）

【コメント】

※一九八〇年代のバブル期へ向かう情況的思惑もあってこの試案をまとめることになったが、いまとなっては条文中に手を入れたい箇所も幾つかある。しかしあくまで本書のための叩き台としての草案であり、あえて訂正しない。

※最近の憲法改悪の動静に対し、統治機関に委任するのではなく、自由民権運動のころの草の根憲法起草運動に学び、国民総意の民衆主体憲法案を競合させることが必要ではないだろうか。

※自然法としての憲法と、実定法とは厳密に区別されなければならない。その点、この私試案には実定法的条項が混在しており、削除整理を要する。（二〇一四年二月　川満信一）

琉球共和社会憲法私案の経緯――共和国と共和社会はどう違うのか

川満 信一

一 作文の動機

この作文をまとめたのは一九八一年である。三十年以上前になる。時代の情況とまともに向き合っていると、いつでも危機感と矛盾のるつぼに追い込まれる。軍隊の制服の上に背広を着込んだ政治家たちが、統治権を握るようになって、いわゆる五〇年体制は反動的変化の時代に入った。憲法改正や武器三原則の見直しが主張され、日本国の動向が怪しくなった。沖縄戦の体験と、「復帰」による米軍基地の強化、自衛隊基地の拡大といった情況の進展、ヴェトナム他各地での戦争へのかかわりなどからもたらされた危機感が、「新沖縄文学」の特集を組む動機であった。その特集に掲載された作文が、たたき台として改めて取り上げられるという。それは現在、日本国家の反動的な動向に危機感を募らせている人々が多く、それがあの当時の私の危機感と波長を合わせてきたということかもしれない。

六〇年安保闘争、七〇年代変革闘争で、日本の体制批判の情熱は大方消耗してしまった。思想と主義が分裂し、主義と選挙行為がばらばらになり、労組は堕落、学生は無関心、思想は孤立、利権的政治家だけが元気いっぱいの鉢巻き民主主義を謳歌する時代になった。

現在、直面している情況的危機感は、ひとつには国家体制の動向であり、いまひとつは社会構造の矛盾からきているとみる。国家が上から制度を変えるのではなく、社会の側からその歪み、矛盾をリフォームする創意を立てることが当面の必要課題ではなかろうか。憲法改正はその先にくる課題であろう。

明治の初期から中期にかけて、革命後の近代国家の骨組みをどう立てるか、をめぐって哲学者から政治家、平民まで熱い論議を闘わせている。平民の力を基礎とする国造りか、あるいは軍隊の強化によって、外国へ侵略する強国政策かをめぐって、思想界が総力をあげた。国家権力の弾圧によって潰されたとはいえ、当時、社会の底辺から立ち上がった民権運動の思想は、現在においても決して無意味ではない。農民一揆や都市の米騒動にまで波及した「世直し」の思想は、社会の底辺から発想された改革、リフォームの要求を基本としていた。社会の自主的発想を基本にした国家の骨組みでないと、腕っ節だけを鍛えた、足腰のひ弱な国になる、ということを歴史は証明した。明治以降、錦の御旗に掲げられてきた「富国強兵」は、富国を置き去りにして、強兵のために無理をしたために、竹槍で原爆に立ち向かうという無謀なところへ自国を追い込んだ。戦中、戦後の衣食住の惨めさを体験した世代には、たとえアジア全域で日本が戦争に勝っても、社会底辺の衣食住の困難は解決できなかったという苦い反省がある。

現在、日米同盟の名目のもとに進められている軍事体制や、「特定秘密保護法」の制定、予定に上がる「憲法改悪」などは、上からの強引な制度変えであり、「強兵」政策の繰り返しでしかない。平和呆けの国民を痛打するような、歴史的反省を忘却した上からの政策に、あれよあれよという間に押し切られてきている。敗戦の反省に立って、戦後六十余年間に整えられてきた日本の福祉国家的体制は、国際的にも注目されるような、未来性を秘めていた。その良質の部分が内側から解体され、質的な転換が強引に進められている。

誰もが認識するように、軍事国家への進路は、庶民の福祉を破壊することからはじまる。このような日本の情況を東北アジア圏という視野で位置づけるとき、特に仮想敵対国の狭間にある沖縄の不安と危機感はいよいよ深まる。しかしこの抑制を欠いた国家の反動的暴走にブレーキをかける決まり手はあるのか。

体制がコマを進めたあとから、反対、反対を叫び、アリバイづくりに終始してきた反体制運動の擬制を超えるには、体制の策謀に先手を打っていく方法しかないはずだが、政党も市民運動も後手に回っているばかりである。

かつての民権運動からなにがしかの方法を学ぶとしたら、草の根憲法の創憲運動のような、社会の側から創造的主体性を立ち上げる運動こそ必要ではないだろうか。創憲運動の展開によって体制の先手を打つこと、企業社会が、イージーな軍事化へ誘導されないよう市民思想を鍛えることが望まれる。

二　F案とC案のニュアンス

総括はまだ成されていないが沖縄の「祖国復帰運動」は大失敗だった。戦後、米軍の統治に耐えられず、反基地闘争を闘うと、革新政党は「日本民族独立」という手前味噌のイデオロギーで抵抗運動を誘導し、戦術でしかない「復帰」を目的にすり替える誤りを犯した。沖縄戦で琉球諸島を見捨てた国家は、さらに戦後の再建のために、本土内の米軍基地をも沖縄へ集中させるというからくりを仕組んでいた。運動の誤りに気づいて、急いで方針を変え、憲法の理念にすがると、「母なる国」の国民は、すでに無関心な継母に変身していた。

沖縄内部では、施政権返還によってチャンスを得た勝ち組と、あてのはずれた負け組、軍事的危機状況に関心のない「復帰して良かった組」が入り乱れていた。また、制度の保障によって口を閉ざした層、金儲けやイデオロギー売り込みに乗り込んだ、県外からの新たな社会人口増によって、社会の相は複雑化するばかりであった。

八〇年代にはすでに統治者から、憲法改正の必要性が主張されたが、言論界の反応も的はずれの主張で分裂していた。方向を見失ってしまった沖縄の情況を前に、なんらかの打開策を見つけないと呼吸ができない、それが「琉球共和社会憲法C草案」という無謀な試みであった。

この憲法私案なる作文をまとめるにあたっては、「新沖縄文学」四十八号誌上に採録されているように、匿名の討論会で熱い議論が交わされた。しかし、国家を前提にしないかぎり、憲法は成立しないという法理論上の発想から抜け出せない見解が優勢であった。国家なしの社会的コミューンというイメージを追っていた私には、どこか腑に落ちない意見が多く、結局は自分で作文するしかないというわけで、この「草案」をまとめたのである。

それまでは法律に興味をもったこともなかった。古本屋から六法全書を求め、法律の条文を追うと、これはもう「異界」である。憲法にはなんとかついていけるが、刑法、刑事訴訟法、民法、民事訴訟法、商法になると、なんだか人間の悪知恵の沼にはまり込んでいくようで、止めてしまった。憲法は九条があればよい、あとは「天知る、地知る」で、おのおのの倫理に基づき心の中に法廷を開けばよい、というのが憲法読後感だった。法律の山積みは、統治権力者には必要だろうけど、社会の組織の在り方次第では、憲法以外の法律は廃棄しても、そのつどの臨床的な対処でうまく収まっていくのではないか。それではそのうまく収まりそうな社会組織をどうイメージするか、草案のモチーフはそのあたりにおかれている。

統治権者の無理解と、国民の無意識の差別、そこに沖縄の米軍基地負担や、国境として背負わされる重荷の要因があることは間違いない。ただ、日本国の沖縄政策への反発感に振り回され、沖縄内部の構造的矛盾に目配りしない発想では、また誤りを犯すだろう。琉球民族（マイノリティー）を一括りにして、被隷属者と規定し、日本国民という多数者から分離することで、少数民族国家の自決権を確保するという発想に、注文をつけるのはそこにある。現実の情況を打開するための戦略的意味では有効であろう。「琉球民族」というマイノリティーのナショナリズムに点火するのは容易な方法だからである。ただし、抵抗のナショナリズムに重点を置きすぎると、国家の問題を十分に考えつくさないで性急なイデオロギーに走る危険がある。

「琉球民族独立国」の主張は、戦略的プロセスとしては容認されるとしても、それが目的化されたら、結局、琉球民族を基本とする「近代国民国家」の後追いという思想の枠（ナショナリズム）から出られない。それでは私たちの未来構想は後ろ向きのつまらないものにしかならない。仮に「琉球民族独立国」が実現しても、その国家制度を資本主義体制の外部で、桃源郷のように成り立たせることはまず不可能である。世界の資本主義体制が持続するかぎり、琉球内部における階級的矛盾は同じ轍を踏むことにしかならない。スカルノやマルコスら、植民地解放闘争の英雄たちが親族的独裁体制しか作れなかった歴史的事例が頭にあった。

少数民族国家であろうと、国家という統治権を前提にする以上、支配権力を構成する方向は避けられない。くり返すようだが、民族主義を基本にした近代国家間の戦争で、したたかな歴史体験を重ねてきたのだから、「亡」の道をくり返す愚は避けねばならない。国民国家という制度を変えることは可能か、という基本課題を逸らしては、憲法私案を試みる意味を見失うことになる。国家の専決権と社会の自決権は別で、それはつねに対立と協和の関係にある。国民国家という統治組織によって強いられてきた歴史的な負の遺産を超えるために、創憲の試みが成されているのだから、やはり社会の自決権を首座に据えていく法制度を構想するしかないのではないか。国家を前提にするか社会を前提にするか、そのあたりでF私案との、ニュアンスの違いが生じていた。

三　錚々たる論客

戦後の米軍占領体制から、施政権返還を経る過程で、沖縄は三つの重荷を背負うことになった。「戦後」という時代区分を不用意に使ったけど、一九四一年の太平洋戦争、四五年の沖縄戦、五〇〜五三年の朝鮮戦争、六〇〜七五年のヴェトナム戦争、九〇年の湾岸戦争、二〇〇三〜一一年のイラク戦争と、沖縄は戦時体制に繋がれたままになっている。この終わらない戦時体制のうえに、いわゆる経済振興計画で海を埋め立て、山を削り、農漁業の在り方をリソース的に変貌させ、社会的人口の増大による伝統文化の攪乱といった事態を迎えた。

「沖縄喪失の危機」が叫ばれ、百人委員会などの対策案が提案され、また特別県制構想なども提起されたが、いずれも「復帰運動」の総括をなし得ないまま、思想的空白をカムフラージュするだけの内容だった。沖縄が日本国家のなかのマイノリティーである以上、形式民主主義のからくりでは、その自決権など望むべくもない。そんな情況のもとで「沖縄アイデンティティーの確立」と言ってみたところで、失われた島共同体への慕情にしか行き着かないし、結局は陳情政権を創り出すだけ。民族主義を基本とする近代国民国家の擬制については、すでに問題視され、その擬制の解体と、その先のシステム創造が課題とされている。それにもかかわらず、相も変わらず民族主義を基本とする発想では、国民国家の体制に足をすくわれるだけだ、というのがこれらの提案に対する私のスタンスだった。

十九世紀末から始まった「近代国民国家」は、資本主義体制の政治的方便であり、人類史的には、あくまで過程的な統治組織にすぎない。その組織の枠取りを超えようと発想されたのがコミューンであり、「コミンテルン」という世界共産主義だった。残念ながらそれも民族主義を超えるには不足があり、結局、失敗に終わった。擬制民族の組織に成功した「近代国民国家」のもとでは、労働者階級をはじめ国民の民族主義の根は深く、世界共産主義の発想は後退するしかなかったのである。とはいえ、資本主義の矛盾と国民国家という統治形態を変えないかぎり、社会の底辺はつねに戦争の犠牲と、生活の不安に脅かされるしかない。

また、国家が仕切る国境対立から脱出する方法を考えなければ、琉球諸島をはじめ、世界のマイノリティーの未来は拓けない。沖縄のような大陸間にはさまれた島では非武装のコミューンを構想し、社会組織を変えることでしか生きのびる道はない。というわけで「共和国」をあえて採らず「共和社会」としてイメージを追ってみようと試みていた。(アジア植民地における皇民化教育や創氏改名による擬制民族主義の歴史を体験してきたために、「国民国家」に対し、あつものに懲りて膾を吹くような思考反応をしているのではないか、という疑念もあった。)

そのころタイミング良く、「文化と思想の総合誌」として沖縄タイムスが発刊してきた「新沖縄文学」の編集責任を任されることになった。さっそく「琉球共和国へのかけ橋」と題して、特集を組んだ。この号には錚々たる方たちが名を連ねている。中野好夫、色川大吉、井上清、森崎和江、岡部伊都子、松本健一、平恒次、木崎甲子郎、宇井純、姜在彦、他に牧港篤三ら地元の執筆陣が、それぞれの視点から論じている。また「沖縄経済研究会」の示唆に富む「沖縄経済自立の構想」(文責　原田誠司・安東誠一・矢下徳治)、新崎盛暉・我部政男の対談、「憲法の周辺をめぐって」、匿名討論「憲法草案への視座」など、充実した内容である。

中野好夫は、桃源郷をイメージして「ビヴァ・小国寡民」を書き、色川大吉氏は『琉球共和国』の詩と真実」で、夢の現実化に賛同している。他の執筆者たちも、その可能性と不可能性を問いながらも、基本的には琉球の自決権を確立することに賛成している。

特に匿名討論では、先ほども触れたように、「共和国」か「共和社会」かで熱い論が交わされ、結局、二つの草案をそれぞれまとめて掲載し、二本をたたき台にしてさらにあとから一本にまとめる、ということで終わっている。

四　F試案の問題点

さて、あと一本の試案は「琉球共和国憲法F私(試)案」である。これは、私のような法律の部外者ではなく、東大法学部を卒業し、裁判官を務めた法律専門家の仲宗根勇氏がまとめたもの。国家があって憲法がある、国家がなくては憲法は成り立たない、という法的正鵠論に基づいた案である。条文に付された注釈=コンメンタールは、彼の青年期のかいぎゃくに溢れた文体で、前衛的な新鮮なイマジネーションを刺激する。七〇年代に国政参加拒否闘争や、反復帰論を展開して、擬制の反体制運動を厳しく批判した仲間でもある。

F試案の特徴は、まず「琉球共和国」の憲法制定時期を、第三次世界大戦後に想定していることである。コンメンタール③では「一九××年、第三次世界大戦によって、人類滅亡の危機に瀕した各国は、ようやく地球連合政府の構想に、人類存続の夢をかけたが、なお強固に残存している非困民主義国の抵抗も根強い。困民主義革命を達成した我が琉球共和国は、困民主義革命のあからさまな海外輸出はしないものの、本項の中には、間接的ながら、非困民主義諸国内の困民主義者をはげます意味」をふくめて、他国への働きかけもすると注釈している。

前文⑤条「この憲法は、地球連合政府が樹立され、わが琉球共和国がその連合体に参加する日の前日において自動的に失効する」とし、そのコンメンタールでは「困民主義革命の先進国たる、わが琉球共和国は、地球連合政府が産声をあげる日まで、とりあえず、一国形態的な本憲法を制定するが、それは、あくまで暫定的なものであって、地球連合政府に参加するとの共和国人民の意志の確定があれば、何らの改廃手続を要せず、失効するものであることを想定した」としている。

また可視的領土を定めた⑦条では共和国憲法自体が、「地球連合政府が成立するまでの暫定的なものであり、本条項によって共和国の主権の及ぶ地理的範囲を定めることは、その間の侵略主義を国家的に否定する論理的効果があり、その限りで、積極的意味を持つ」としている。

他に、言語について、琉球語、日本語を区分けして生活語、公用語を規定している条項も注目すべき概念であろう。問題は、歴史的にその構成の弱点を実証した、民族主義を基本とする「近代国民国家」の思想を超克するうえで、不十分な点が多々あること、地球連合政府の構成イメージが定かではないことである。

制度、組織論として、国家と社会は厳密に区別されるにもかかわらず、意図的にか無意識にか、その区分けを曖昧にする思考が残存している。「島共同体的」あるいは「国体的」感性の伝統が、その無意識の根拠かもしれない。「共和」という理念は揺るがしようのない基本だが、共和国か共和社会か、その間には発想のうえで深い断層がある。地球連合政府を過渡的に通過するとしても、その連合が国家組織の連合であるか、社会組織の連合であるかによって、構成される権力ピラミッドの質に大きな落差が生じるであろう。

国家を前提とする憲法と社会を前提とする憲法、二つを区別すると、国家を前提とする憲法は統治のための制度法であり、社会を前提にした憲法は個人が社会参加するための、主体の基本倫理を定めるものであろう、というのが私の考えであった。夏目漱石の憲法は「則天去私」だけで良い。すでに漱石の法廷は彼自身のこころのうちに設けられているからだ。憲法は「自然法」であり、統治のための制度法は「実定法」だというのが私の理解であった。

私の場合、ものごころついたころから、ときの権力体制が統治のために制定する法に十分に痛めつけられてきた。米軍は沖縄占領統治のために、アメリカ憲法に似せた「大統領行政命令」を施行したが、任意の布令・布告によって、そのアメリカ憲法の精神を逆立ちさせた。それは統治者自身が自らの憲法をせせら笑うようなものでしかなかった。上から創られた、統治のための制度的憲法は、「自然法」の衣装を装いながら、ふところに隠した「実定法」という悪知恵の武器で、どのようにも人間の倫理を断ち切る。米軍の布令・布告はその見本であり、現在の日本国における解釈憲法の運営もその見本である。憲法に定められた非戦の誓いは、集団的自衛権の行使というごまかしで風前の灯である。武器は造らない、武器はもたない、武器は輸出しない、軍隊はもたない、と敗戦の悲惨な体験をもとに、国民も納得したはずのこれらの気高い誓いは、いまどういう状態にあるのか。こんにちの日本国民は憲法をせせら笑っているのか、せせら笑われているのか。

五　それで良いのか

明治初期の国家の進路を定める過程で、民衆の自発的創憲運動が盛り上がり、多くの憲法私案が作られたという。明治憲法をめぐる解釈論争も、昭和初期の軍閥政府による言論弾圧で窒息させられるまで継続していた。一九七〇年に、沖縄内部の戦後思想の在り方を問うために、「沖縄における天皇制思想」を書いたとき、戦後の憲法の天皇条項や、明治憲法の条項を検討した記憶がある。吉本隆明の天皇制論と関連して、美濃部達吉や西田幾多郎、穂積八束などをめぐったが、天皇や国体という概念に落差が感じられ、納得のいかない点が残った。天皇制を主題に沖縄と本土の相を比較するとき、そこには国体についての感性や宗教的伝統の意識に違いがみられる。戦後の日本でも、天皇制は「拠って立つ土着的根幹性を失ってしまった」と吉本隆明が論じていたにもかかわらず、戦後憲法にみられるように「法制度的には以前といくらも違わないかたちで天皇の位置づけが引き継がれている。それはなぜか」という疑問を残したまま、私は沖縄の天皇制受容の在り方へ視点を移している。いまでも天皇制に付属する昭和・平成の元号が意識的・無意識的に用いられているところからすると、日本国の統治形態は君主制を引きずっているとしか思えない。この明治憲法の残滓を超えないと、天皇主権、国体絶対主義はつねに統治権の首座を伺うことになるのではないか。そういう疑問があったので、「琉球共和社会憲法私案」では、天皇に関する条項をすべて削除した。

この前の東京都知事選では、「ネット右翼」を中心とする三十〜四十代の若い層が、田母神候補に六十一万票も投じているという。大東亜戦争から太平洋戦争にかけて、西洋の植民地主義を真似た日本の侵略戦争だったことは、歴史の常識だったはずだ。ところが、侵略ではなかったとか「南京大虐殺・従軍慰安婦はでっちあげ」といった、史実にもとる発言で、軍事国家への進路拡大をはかる田母神候補に、これだけの票がいったというのは、選挙の勝ち・負けですむ問題ではない。明治から引き継がれてきた「国体」信仰が、目的性の曖昧な国家、社会の割れ目から噴出してきた現象であろう。やはり、思想的な根は深い。

生活の巣穴へもぐった民衆と、高度経済に浮かれる大衆、狡猾な悪知恵ばかりたけた知識人。このたびの東京都知事選に象徴される日本国民の実体は、管理する体制権力側にとっては、鼻歌を歌いたくなるような「良民」ということになるだろう。

ところで社会憲法私案の前文の、特に前半は奇妙な文体になっているが、これは鴨長明の『方丈記』の「ゆく川の流れは絶えずしてしかももとの水にあらず、よどみに浮かぶうたかたは、かつ消えかつ結びて久しくとどまりたるためしなし。世の中にある人とすみかと、またかくのごとし」や、北一輝の『支那革命外史』の「歴史多き金崚の山河は雨に烟ぶりて清朝三百年の亡び行くを咽ぶ者の如く、古今の興亡一夢の如しといえる古人の涙は今実見者の双頬に滂沱として流れたり。昔者羅馬の将軍シピオ、カルセージ城に挙がる火を眺めて、誰か百年の後我羅馬の亦斯くの如くならざるを知らんやといえり。興の道を踏んで興あり亡の跡を追ひて亡あり。日本亦焉んぞカルセージの火に泣き金崚の雨に咽ばしむる日の来るなきを保するものぞ」などに感化された思いが込められている。

なかでも「神によったものたちは神に滅び、愛によったものたちは愛にほろび」は、異論の出そうな言い分である。西洋近代化の先導役ともなった十字軍や、自然思想から離脱する西洋の人間至上主義にたいする否定が、そこには込められている。愛には反語の憎しみや嫉妬がまといつく。人間至上主義は自然の輪廻を断ち切る。生存は衣食住のカルマを免れることはできないが、宇宙的なエントロピー理論に逆らわない欲望の抑制は可能なのではないか。古代人の説いた節制や、中道の思想をいま一度取り戻して、社会の在り方を変えていくとき、その先に未来の扉が開いてくる。十九世紀のクロポトキンは、植物の生態観察から「共生」の原理を発見した。それをもとに無政府主義を唱えたといわれる。人間の社会に関係調整のための機関は欠かせないだろう。ただこれまでの「政府」に相当する組織は、必然的に権力を強める構造になっている。権威や権力の伴う統治機関ではなく、相互調整機能に終始する調整機関を夢見ることはできないか。そこから「国家」を前提にしない、自治体主権の「共和社会憲法草案」という試みがなされたのである。歴史的にも、この種の社会憲法的な発想は私案として試みられてきたはずだ。

安倍政権の急ぎ足の憲法改正（悪）を、あれよ、あれよと手をこまねいて眺めるのではなく、右も左も自主憲法私案を作って、たたき台に乗せる精神の活性化が必要ではなかろうか。上から法律を作らせるのは、自分の首を絞めるのと同じだと思う。

六　夢の架け橋

松本三之介の解説する、「〈近代政治意識の先覚〉佐久間象山」(『新版　日本の思想家(上)』朝日選書44)に、おや?と注意をひく記述があった。象山はいわゆる「天保改革」の時期に、自ら譲夷論者でありながら、鎖国的攘夷論に反対した思想家として知られているが、一八六二年に、幕府へ送った上書稿で、琉球にも言及している。「諸外国を『夷狄』と呼ぶことの『無礼』を訴え」、「只今もし朝鮮・琉球をさして『夷狄』と御称呼御座候はば、彼の小国だにも必ず甘んじて受け申すまじく、いはんや東西洋の大国をさして夷狄と御賤み御座候は、ただ此国の御無礼に当り申すべくと存じ奉り候」と進言したという。

諸外国に向ける象山の目が、国際関係の在り方をしっかり捉えていて、小国・琉球に対しても決してさげすむべきではない、夷狄とさげすむなら、むしろ日本国自体が無礼ではないか、という指摘には感慨深いものがある。

残念ながら琉球処分にはじまる、明治以降の日本国のアジア政策は、象山が指摘した日本国の「無礼」を強行したような結果になってしまった。しかも、敗戦直後に深く反省したはずの歴史的諸事実を忘れ、最近は「積極的平和外交」の名目のもとに、解釈憲法による「集団自衛権行使」や「武器輸出」の公然化を画策している。「靖国神社参拝」、「国境争い」、「辺野古新基地ごり押し」、「竹富町の教科書選択の問題」、「福島原発事故と再稼働の画策」、「原発売り込み」など、昭和前期に戻ったような政権の動勢である。

夷狄の思想は、いまではアメリカ・西洋を除外して、除外した分だけ焦点をアジア周縁に絞ってきたように見える。象山が指摘したように、アジアに対してくり返し「お国の無礼」を働くような方向は、やはりまずいのではないか。

かつては軍隊の強化が富国の条件と考えられた時代もあった。しかし膨れ上がった軍隊がどんなに国の重荷になるか、かつての進め進めの日本軍国主義の崩壊、ソ連の崩壊、アメリカのデフォルト宣言からモラトリアムへの予測が例証している。そしてその結果が世界じゅうからどんな怨嗟をあびるか、を人々は十分に認識している。

統治権力の視野の狭さに苛立った民衆は、たとえば沖縄だと、「オール沖縄」を掲げて超党派的な抵抗に出たり、「琉球民族独立学会」を立ち上げて琉球諸島の「島しょう自決権」を研究したり、また県議会の提唱で「シマクトゥバ復活運動」を展開したり、さまざまな抵抗の手段を試みている。

ところで、先進国では、人類全体の科学的知識の総和と技術の総和によって、衣食住の基本課題は解決済みになっていると見る。ただ、科学と技術のドッキングが、資本への奉仕に偏向し、社会を軽視する傾向に進んでいる。金融資本主義は博打的な情熱に傾いており、そのうえ地球資源の浪費という暴走はマクロな課題になっている。

資本主義が始まる当時は、階級的矛盾が失業や飢えとして現実化した。そういう情況を背景に、資本家の搾取と労働者階級の対立が激化し、「共産主義」による平等配分が理念として掲げられた。しかし現代の先進国の生産現場では、衣食住の物資を過剰に生産するだけの科学と技術の組合せが実現している。つまり「共産」よりも「流通」と「共消費」の在り方が問われなければならないが、資本と企業サイドのコントロールに任せっきりになっているように思える。グローバル化した高度資本主義社会の矛盾を超えるには「共生」と「共消費」の課題を解決することが先決ではないのか、という疑問をもつ。この「共生」と「共消費」の社会が主題にされるとき、世界規模の資源奪い合いと、先進都市の過剰浪費、格差地域の飢餓といった、根本課題の解決策も見えてきはしないか、という問題意識も社会憲法草案を試みた動機にあったはずだ。資源と人間社会の永続的バランスをイメージした「共消費の社会」は、欲望の放恣を抑制する社会意識の形成を前提とする。基本理念となっている「慈悲による欲望調整」は、その意味でくり返されている。

統治権への抵抗は力で抑えることも可能だが、社会意識の進化・変容はどんな権力でも抑えられない。だからこそ忍耐の要る社会意識の変革から、未来を切り拓くしか方法はないだろうと、一歩下がった姿勢で草稿をまとめた。時代の情況をろくに把握もできないで、私的鬱憤をバネにデモに明け暮れた青年期を反省しながら、いまは化石化していく脳みそにサプリメントを補給し、住む世界がわずかでも安楽な方向へ転じるよう、貧者の一灯を点し続けるしかない。現在、個人誌「カオスの貌」で作文している夢は、済州島から琉球諸島、台湾、海南島へと繋ぐ「越境憲法」の構想である。その海域を非武装地帯とし、大国間の好戦的動向に歯止めをかけること、そして資本主義の発展過程として、東北アジア共同体を実現し、共通通貨圏を形成すること、アジア文化の共通性を拡大深化させ、相互扶助社会の輪を広げること、その先に資本主義の発展的消滅とリフォームを夢見ることである。まさに「夢見る夢太郎」でしかない（かもしれない）。

二〇一四年三月十二日

近代国家終えんへの道標

平　恒次
川満　信一

「日本国」をどう分解するか

川満　平さんがお書きになった論文などは復帰以前の一九六〇年代頃から「中央公論」その他でずっと読ませていただいたし、講談社から出版された『日本国改造試論』にまとめられた論文などで接してきたわけですが、今回は世界史の動向と沖縄の自立・独立を大きな柱にして話を進めていきたいと思っています。

平さんは「中央公論」（一九七〇年十一月号）に「琉球人は訴える」という論文をお書きになっていますね。そのなかで琉球を独立国と認識し、そのうえで国家間合併のかたちで日琉関係をたてなおすことが望ましい、と主張なさったのですが、私はその論文の趣旨に対してあら筋においては非常に同感したんですが、ある部分において見解が若干違う、ということがありました。

「現代の眼」（一九七一年十一月号）に「ミクロ言語帯からの発想」という文章を書いて、そのなかで平さんの見解に対して批判といえるかどうかわかりませんが、いちおう注文をつけたんです。つまり平さんの場合、現在の国家支配の形態をそのまま容認したかたちで論を進めており、結局は国家間合併といっても政治的な技術論にとどまっているのではないか、はたして沖縄が対日本国家と向き合っている現在の状況をそういう政治技術論的なところで解決できるものかどうか、沖縄の主体性論はもっと文化的、思想的なところも含めて、その哲学的な基礎づけまでやっていかないと結局はプラグマティックな機能主義的方向に展開していくしかないいんじゃないかというような苦情を書いたわけです。

平　その論はたしか、あとで『沖縄・根からの問い』に収録されたのではなかったですか。

川満　そうです。その次に平さんは同じく「中央公論」（一九七一年二月号）に「人間・国家・ナショナリズム」というタイトルで論文をお書きになっていますね。

　そのなかでは中村雄二郎の「自然国家説」に触れて、要するに沖縄が自然的日本の一部であるという答えはとうてい出てきっこないと指摘されたんですが、そのときはぼくはまだ、その説がどういうものか触れていなかったんです。あとで読んでみましたら中村雄二郎の説というのは、日本国家は地理的環境の同一性、歴史的条件の同一性、言語・文化・民族の同一性という条件のもとに統一された国家であり、自然的条件が国家統一の要となって政治的統一の欠落を補っている、だから日本国家は自然的国家なんだというものでしたね。これを読んだとたんにぼくは非常に反発を感じたんです。それは明治以降に国家権力が意図的に作りだしてきた国家観であって、いまどきそれを持ち出してくるのはアナクロニズムじゃないかと。それで平さんの指摘を引用しながら、もうすでに日本が多民族国家であるということは学問的には揺るがせない事実じゃないかというところから、沖縄の復帰の意味を問うていかなくてはならないと書いたことがあります。

そういうわけで平さんがこれまで展開なさってきた論に対しては、たくさんの同感する点をもち、示唆を受けながらも、なおかつ細かいところではもう少しツメが必要じゃないかとずっと感じてきたわけです。ですから今回、ひさびさにアメリカから帰っていらして直接お話をうかがう機会が得られて、そのへんの細かい部分がもう少し煮つめられていったらありがたいと思っているんです。

今回、沖縄に来られて琉球大学では講演なさったんですね。その講演内容を読ませていただいたんですが、やはり従来展開なさってきた日本国改造試論、そのなかに盛られていた平さんの将来の国家構想が太い柱としてますます確定してきていると感じました。ただ、そのなかで少し違ってきたな、と感じたのは従来は地方の文化の独自性、あるいは民族文化の独自性を根拠にして独立していく、それによって従来の日本国家を改造する方向を探っていくというかたちだったわけですが、今回は視野が世界史的なところへ広がってきたと感じたんです。といいますのは、従来の近代国家というのは集権的に拡大の方向に向いてきたが、これからはそのような近代国家を乗り越えて国家の分散化の方向に向かうだろう、それが世界史的な潮流じゃないか、という視点から発想が展開されていっているような受け取り方をしたんです。私の受け取り方が間違っているかどうかしりませんが、そのへんを補って説明していただきたいと思います。

平　はい、私のつまらない書き物を真剣に読んでくださるということはまったく意外な喜びです。

ありがとうございます。そのつど、気持ちの動くままに物を書いておりますので、書いた結果もそうなるのはやむを得ません。客観的に私の作品の時系列を眺めておられる方は、一直線に展開されているのではなくてジグザグに動いているような、あるいは基本的路線から相当離れているような言い方にお気づきになると思いますが、そういうジグザグコースというのは、おそらく物事の展開の論理ではやむを得ないと思います。なにしろ気持ちが反応する客観的問題がそのつど変わっていますので。

沖縄をどうするかということを考え始めてから、かれこれ三十年以上になりますが、その間に起こったいろいろな考え方には、おおまかに言えば、ある種のコンシステンスがあるんじゃないかと思います。近くは例の『日本国家改造試論』ですが、その前の論文の下敷きは、復帰決定直後の私の心配事です。つまりニクソン・佐藤会談で復帰が決定したとき私が一番恐れたのは、沖縄が日本にのみこまれるかたちでの復帰になるのではないかということです。当事者がつんぼ桟敷に置かれて第三者の連中が復帰の話を進めていくというのであれば、沖縄側の意向とは関係のない条件で日本が沖縄を併合することになるのではないかと非常に恐れたわけです。そこですべきことは日本人の気持ちを変えることであると思って「中央公論」にあのエッセイを載せていただいたんです。

あのエッセイのタイトルは「琉球人は訴える」というふうになっていますが、これは私がつけたものではなくて編集部の発想です。これには私も感心いたしました。もっとも誰に訴えているかは明確じゃないんですが、それを読む人々は日本人ですから彼等は自分たちに訴えていると読んだだろうと思います。私の文章技術では手におえないような琉球人の歴史的・心理的深層にまである程度触れています。このへんは詩人である川満さんの領分だと思いますが、少なくとも人の心を動かそうという意図で書いたエッセイである以上、ある程度心に訴えることが必要だと思ったので感情的なところまで書き、復帰の条件についてできるだけ沖縄に有利な条件を考える一助にもなればという問題意識で書いたわけです。時間が経って、いよいよ復帰の条件が初期に恐れていたようなかたちで明確になって敗北が確定したころ、なおかつなんとか事態を好転させたいと思い、二番目のエッセイを書いたわけです。

川満　「人間・国家・ナショナリズム」ですね。

平　そうです。そこで日本人の心の中にわだかまっていて当人たちも気づかないでいる問題について、つまり日本国の性格についての日本人自身の誤解があり、その一例が中村雄二郎の「自然的国家説」に代表されるというふうに議論を展開したのです。つまり復帰というものはすでに対等合併ではなく、一方的併呑というかたちになったのは確かだが、もう少し沖縄のために有利になるような解決の道もあるだろうと一歩譲歩したかたちで、あの二番目のエッセイはできているんです。おそらくそのときに川満さんは私の立場が完全に変わってしまったとお読みになったと思うんです。

川満　ええ、そうですね。

平　変わる、というよりも後退なんです。復帰の条件について最初は積極的に沖縄側からの参加で条件を決定したいということだったのですが、二番目では、アメリカと日本との政治的取引による琉球併呑になった時点でそれでもなおかつ望みを捨てず、なにか好条件が残っているとすればそれを得たいという気持ちで書きました。ですから譲歩しています。そしてこの二つのエッセイを足場にして一九七四年に単行本をまとめるんですが、そこではさらに譲歩しています。そんなふうに譲歩するだけ譲歩すると逆に勇気が出てきます。こうなれば日本国そのものをも完全に変えなければいけない、憂うべきはたんに沖縄だけでなくアイヌ、部落民、朝鮮人等、要するに日本国家体制のなかでの少数民族、不利益集団のすべての人々のために日本国を分解し再編する必要がある、日本国そのものが政治機構として解体・再編されなければ沖縄は浮上しないというふうに考えたわけです。そのへんでおそらく川満さんが考えていることといっしょになったと思います。

効用経済学からの発想

川満　やはりたえず発想の起点としては平さんのおっしゃるブミプトラ（原住民族）、社会の下層に疎外されている人々の視点から物事を捉え、発想を展開する、その姿勢は変えていませんね。

平　そうです。

川満　経済学者としての平さんがいったいどうして、そのへんから発想してくるようになるんですか。

平　それは沖縄に関して申し上げてきた考え方より根が深いんじゃないかと思います。簡単に申し上げますと経済理論的じゃないかと思います。というのは経済学の最も重要な使命は、一般的な公共の福祉というものはどういうものであるべきかということに関していちおうの見通しをもち、それを整合的な理論で描き出すことにあるからです。

私たちが経済学を学んだときには、こういう考え方が経済学の中枢にすえられていました。ですからそのころは公共の福祉をどう定義するか、そう定義した福祉をどう実現するか、公共の福祉の望ましい状態と比較して現状がいかに不完全な状況にあるかということを議論したものです。そのうえで経済の現状を吟味し、望ましい公共の福祉に近づけるにはどうするかということを考えたわけです。そこでいろんな定理が出てきます。その定理のうちのひとつに、少数不利益集団の幸福を増進することが公共の福祉の増大に貢献するひとつの方法である、という理論的解答が出てくるわけです。この解答が、その後の私のすべての物の考え方を支配しているわけです。

川満　いまのお話をお聞きしますとマルクス経済学の側からの発想というよりもケインズ経済学派からの発想になりますか。

平　そうですね、ケインズというよりもケインズの先生方の時代のイギリス厚生経済学ですね。つまりケインズの先生であるアルフレッド・マーシャルやA・C・ピグーとかの考え方です。これが新しいかたちで我々が戦後、経済学を学んだころ、新厚生経済学として出てきたわけです。ですから私が経済学を学ぶころになりますとケインズ経済学は財政操作の経済学というふうに、どちらかといえば堕落していましてね。ところがケインズ以外の経済学では、つまり厚生経済学ではもっと原理的に財政操作の目標である公共の福祉とは何か、ということを考えさせられました。

公共の福祉の根源をたずねていくと古典経済学でいうところの「最大多数の最大幸福」であり、効用経済学派といわれている人たちの考えにつながります。そのへんが私の思想的基層です。途中でマルクスなどの世界観、人生観も入ってきます。感情的にはかなりマルクスに共鳴するところもありますが、技術的には私の思想体系のなかにマルクスはそれほど重要な位置を占めていません。経済分析においては、公共の福祉を増進するにあたって恵まれない少数の利益を最大限に保証する必要があるという数理的解答が出ますので、私にとってはそれで充分です。

川満　その観点から問題を追い詰めていきますと、どうしても今日の国家の支配構造にぶつかっていくと思うんですね。その場合のひとつの解答というかたちで、琉球共和国や北海道を中心とする北方圏連邦といった日本国改造のプランがイメージされたと思うんですが、そのように少数民族国家の独立というかたちで発想を展開していく場合でも、世界的な視野での、いわゆる近代主権国家のあり方を原理的に問わなければならないんじゃないかと思うんです。というのは少数民族が大変な努力をして独立国家をもったとしても、その国家が、近代主権国家と原理的に変わらず、先進的な現在国家群をモデルとしていくのであれば、その少数民族国家の未来はかえって希望のないものになるのではないかとみるんですね。そうなると問題は、近代主権国家の原理とは異なったところで、未来の国家——というより国家と違った集団の枠どりを原理的に想定し得るかどうかだと思うんです。

現存の国家群からそういうモデルを見つけるのはむずかしいのではないでしょうか。たとえばおおざっぱにみて、ソヴィエトや中国に代表されるように国内の革命を経た、いわゆる社会主義圏に属する国々がありますが、一見、国家の形態は異なっているように見えながら、成熟するにしたがって、アメリカをはじめとする資本主義体制の国家とダブってくるところが多いんですね。それと資本主義体制の国家も先ほどお話に出ました厚生経済の理論が活かされて、社会主義的な福祉国家的機能を広げてきているわけです。そういう視点で見ていきますと、世界の国家史は、産業革命以降に確立された近代国家の原理に基づいており、ソヴィエトも中国も、いわゆる世界的な資本主義体制が極へ達していく過程での、バリエーションとしての国家形態だ、という誰かの説が納得できるように思うんです。

そうしますと、近代国家を超える、というか、近代国家のあとにイメージし得る国家に替わるものはどういうものだろうか、ということが気にかかるわけですね。そのへんの国家の未来形態のようなものをどう捉えているかを、日本国改造試論の展開と関連してお聞きしたいのですが……。

戦略としての琉球独立

平　重要なご質問ですね。経済学には厳密に言いますと国家論はないのです。したがっていま、申し上げている厚生経済学においては、人間生活の枠組みとして国家は与件であり、国民経済もマーケット・メカニズムとしては与件だということが大前提です。私は経済理論を尊重しながら、なおかつ国家とは何かということを考えていますが、これはどちらかというと経済理論の枠を超えているわけです。でも経済理論とまったく無縁であるとも言えません。つまり経済理論においては国家は与件であると同時に存在しないんですね。経済理論上で存在するのは一定の社会経済である、それがマーケット・メカニズムであれば足りるし、政府が存在して独自の原則で資源配分をするというのは本来の経済学では考えられない。さらにひっくり返していえばマーケット・メカニズムの経済学は主義化すれば無政府主義ですね。市場装置が自律的に働きますから政府はなくてもいいんです。

川満　アダム・スミス的なところまで遡るんですね。

平　そうです。政府の存在を許すとしても政府の役割を市場メカニズムができないことのみに厳密に限定するわけです。アダム・スミスが政府にしてもらいたいと思ったようなことを人間の社会が独自の立場ですることができるならば政府はいらないのです。そう考えれば古典経済学から無政府主義への道は非常に近くなります。

川満　それはおもしろいですね。

平　ですからマーケット・エコノミストたちのなかからは無政府主義者がたくさん輩出するわけです。アメリカの自由主義的経済学者は哲学的には無政府主義者です（たとえば、ミルトン・フリードマン）。いま、アメリカの政府は肥大化していますが、それに対する怨嗟は相当大きいですね。もちろんこれはあくまでも哲学的傾向としての無政府主義です。（ここでの「無政府主義」とは簡単に、政府のない状態を良しとする考え方、というふうにご理解いただきたい。ということは、社会秩序がしっかりしており経済メカニズムが自律的に自立しておれば、政府は要らないということです。）それでは市場経済がすっぽりとはまりこんで適当に作動しているような社会とは何か、これは国家の別名なのかというとそれにはそれなりの説明があります。これは経済学者と哲学者の合作になりますが、だいたいにおいて経済学者が受け入れている社会観はルソー式の社会契約論ですね。それと経済学のマーケット・メカニズム論とほぼ似ているんです。

どういうことかといいますと、ルソーの社会契約論においてはもともと社会を必要としないまったく自由な個人がそれぞれの自由意志によって社会を構成するということになっています。したがって、ルソーの社会契約論においては、かけがえのない自由をもって生まれたもろもろの個人がその自由の一部を社会に譲り渡す契約をすることによって社会を構成し、社会生活をしていこうとするわけです。ルソーに言わせると社会を構成するにあたっての最小限度の個人の自由を社会に委譲する。これが大変重要な人間の選択になるわけです。これと無政府主義的な経済理論の世界とは紙一重です。

さて、社会はルソー的社会契約でできており、そこに作動しているマーケット・メカニズムが自律的装置であるとすれば、政府の強権は必要ないわけです。そのように社会的にまったく自由な個人と市場における自由な取引をあわせて自己完結的な社会経済体制ができあがるとすれば、国家は不要です。ところがいかなる時代においても国家は厳然として存在しているわけです。この国家をつぶさなければ理想的社会経済に近づくことはできない。こういう意味で私は国家を目の敵にしているわけです。（人は生来自由であるが、いたるところ鎖でしばられている、とルソーが言いましたが、まさにそのとおりです。）

川満　なるほどですね。それはおもしろいです。ところで底辺の人たち、あるいは少数民族に視点を据えたところから近代国家のありように対するひとつの批判が展開され、そこから少数民族の独立という方向が開けていったと思うんです。いわゆる第三世界といわれるところは第二次大戦以降、それ以前に世界的に膨脹してきた植民地主義の行き過ぎに対するひとつの反発ないし修正として実現した、被植民地や少数民族の独立国家群を指しているわけですね。それら第三世界の独立に対しては理にかなったものと考えられてきたわけです。しかし、それらの国家はいったん独立したものの、その国家内部において、先進国家と同じような国家内部の抑圧、つまり支配・被支配の関係をより圧縮したかたちで再現してしまった。ですから第三世界の国家というのは、それが独立したときには積極的に評価されたが、たとえばいま、インドネシアなどに見られるように民族資本家の支配権が強化されて、人民が二重、三重に抑圧を受けてしまう構図をとっている。

そういうふうにみますと従来の第三世界等にみられる民族国家の独立というのは近代国家をのりこえたものではなく、近代国家の原理をそのまま踏襲したかたちで先進国の形態を追いつづけているというふうにしか捉えられないと思います。そうしますと私たちが沖縄の独立とか、あるいはアイヌ、少数民族の独立問題を提起し主張する場合、それらの第三世界における民族国家のあり方とどのへんで異なった論理を立てていくのかが問題になるんじゃないかと思いますが、ただいまのルソー的社会契約論と関連させながらそのへんをどういうふうに考えていらっしゃいますか。

平　それは難題ですね。そもそも国家がないのが理想であるという理論的、哲学的枠組でものを考えておりますので、国家はいかなる形態であれ、はなはだ不合理だと考えています。この不合理な組織のなかで比較的いいものもあるかもしれない、ということに関してはいちおう譲歩してもいいですが、理想的な社会はありえても理想的な国家というものはありえないわけですから、そこのところ、大変な矛盾を含んでいると考えています。実際の国家の成立および発展の歴史から考えてみると、国家というものはじつに不合理な側面ばかりを発展させる組織であるという気持ちをもたざるをえないわけです。それが国家に対する私の基本的な姿勢であるとすれば、国家を民族の名においてもちたいということははなはだしい矛盾です。したがって沖縄の独立というのが従来の国家という意味での、厳密に言えば主権国家への道であるとするならば、それは私の基本的な国家観と相いれないんです。ですから無条件に主権国家への道ということではなく、戦略的なものと哲学的なものとに分けて沖縄の独立を考えなければなりません。

戦略的には主権国家的なものを作る。なぜかというと沖縄がいま、すっぽり入っている日本は主権国家であるので、同じような他の主権国家の主権を含めて全部つぶさなければ世界的な公共の福祉は成立しない。ということは、それぞれの主権国家が内部分解するような運動があったほうがいい。したがって同じような論法でもって日本国内で日本国の主権を分解させるような運動がなければならない。たとえば沖縄の独立というのは、いわば日本国主権を削減する運動という戦略に結びつけて考えることができる。こういうふうに強大な国民国家が小さな主権主体に分解すれば、それぞれの主権主体は人間の背丈並みのグループ、およそ同業組合となんら変わらない人間の小集団になってしまうかもしれない。これを近代国家の終焉と考えます。そこから平等な立場に立つところの小集団がさらによりあつまり組合を作って、それを世界的規模に広めて自由連合的世界社会というものをつくるというふうになるのが筋であろうと思っているのです。

川満　イメージとしては、まさにそのとおりです。つまり、小誌（「新沖縄文学」）四八号で、私は

「琉球共和社会憲法私案」を起草しました。そのときに非常にこだわったのは、要するに主権国家をもういちど形成するとしたら、結局、第三世界に象徴されるような一民族内における支配という事態が必ず生じてくるということだったんです。そうなるとこれは、琉球共和国といっても、それが主権国家としてイメージされる以上は、われわれの理想とほど遠いんじゃないかということですね。

平 まったくその通りですね。

川満 それで憲法私案の題名をどうするかということで、そのときに私はあえて琉球共和社会という名称をつけたんです。主権国家を否定し、国境そのものを完全に乗り越えていって人間の経済・社会活動を相互に交流させていく。ですから経済行為としてはひとつの集団をなし、社会を形成するわけですが、その社会は別に国家を形成しないんですね。

平 なるほど、驚きました。琉球共和社会の名称を選択するにあたって国家と社会との対立ということに関して、それほど真剣にお考えになったということは、ただただ敬服の外はありません。

川満 平さんのいまのお話をうかがいまして意を強くしました。

平 それはありがとうございました。琉球の独立というものはたんに三百年ぐらいの民族（国民）国家の論理の延長にあるべきものでなく、二十一世紀における、新しい人類社会に向かうひとつの道程として位置づけなければまったく意味はないと思っています。

川満 そうですね。

平 短期的な戦略としては琉球共和国の主権的独立ということは、日本国家の主権を割引させるので、それだけでも意義があるということなのです。

川満　なるほどですね。だいたい、そういう観点から今度、琉球大学で講演なさったことや、北海道連邦共和国のお話も出てくるわけですね。

平　そうです。北海道連邦共和国を日本からむしりとるということは、琉球共和国を日本からむしりとるというのと同じことです。同様な意味で他の地方も独立する。そうすると強大な主権国家としての日本国が解体・消滅するので、その分だけ国家時代の終焉を早めることになるわけです。

社会契約説による集団の枠どり

川満　ところで情報で知りえた限りではソヴィエトなどは国家の管理・支配機構が強化されていると見られるんですが、それに対して、先進化した資本主義国では中央政府の力がどんどん制限され弱められて、地方分権的な方向へ向かいつつある、というお話もあったわけです。そうしますと必ずしもこれは地方の側からの中央政府に対する抵抗の所産としてそうなっているのではなくして、集権的に拡大化してきたいまの国家、つまり中央政府が、地方分権化に向かわなければならないような原理をもっているという解釈もできるのではないかと思うんです。

もし中央政府の力が弱まって地方自治体の権力が強まってくるのが先進的な資本主義国における原理的なあり方だと解釈すれば、わたしたちの発想はその流れを一歩前進させることになるでしょうけれども、これがあくまで現在の国家は無限に拡大強化する原理をもっているけど、地方自治体あるいは少数民族の自覚が高まって力が強くなったために中央の力を一時的に押さえているのだとすれば、わたしたちの発想はいずれ強力な国家に押さえられていくことになるでしょう。そのへんのところをどう判断するかですね。

平　それはそうですね。川満さんのいまの考え方からすれば、中央政府の役人たちはかなり賢明でいろんな戦略を使い分けることができるという感じを受けますが、問題ははたして役人たちがそれほど賢明であるかどうかということだろうと思います。私にはそれほど中央政府の政治家や官僚たちが一枚岩になって長期的戦略のもとで集権と分権をいろいろ使い分けているというふうには思えません。ですからある時点で、いちおう中央的発想であろうとなんであろうと政府の性質がかわったりすれば、古い政体を取り返すのは至難の業だろうと思います。

川満さんが恐れておられるようなこと、つまり地方分権化の方向を今度は逆にして中央集権の傾向に変えるということは、いちど分権化が進めば、そう簡単にはひっくり返らないだろうと思います。たとえば状況判断として、もっぱら日本でもアメリカでも中央政府が自分たちは小さな政府志向などと言っていますが、これがいかなる客観的調整のもとでなされたのかというのは、面白い問題です。日本の場合には、日本の歴史的文脈で小さい政府、地方分権ということがおこらざるをえない段階にきているという説があります。

日本では中央集権と国家解体がいちおう波をなして歴史的にあったわけです。そのなかで中央集権の度合が最も顕著なのは律令体制ですね。それがなぜおこったかというと、隣国の唐のすぐれた文明を摂取し消化する必要があったために、いわば国内の人的資源を結集して文明の輸入に努めるということだったと思います。次にそういう外来文明の摂取・吸収の必要があったのは明治時代です。そして大宝律令の時代にもあったように、いちおう外国の文明の圧力がなくなると国内はバラバラになるはずです。そして中央集権の時代が終わります。バラバラになる傾向にせいいっぱいの整合性を与える必要があるということに日本の官僚たちは思い到ったのではないでしょうか。だから自治省はおおいにハッスルしていると思うのです。そういう文脈で日本独自の政治史のなかでより小さな中央政府が可能性の範囲に入ってきているんではないかと思います。

アメリカの場合は少々文脈を異にしています。アメリカはもともと連邦主義ですから、統合された国家というものはいらない国です。アメリカが過去五十年ぐらいの間に強力な中央政府をもちえたのは、ひとつには大不況のときに連邦政府がいちおう公共の福祉に責任をもつことになったからです。第一次大戦も連邦政府を強化しました。その後、経済的不況を予防するために、ケインズ経済学に助けられて中央政府が肥大化するわけです。アメリカの強力な集権国家の五十年の歴史を、レーガン大統領はひっくり返して本来の小さな政府にしようとしたわけです。ですからアメリカの場合には、もしマーケット・メカニズムが円滑に作動しないでもういちど大不況のようなものが発生するとすれば、それを契機にまた中央集権体制が再現するかもしれません。

川満　たとえば現在、エレクトロニクスの時代と言われるように、生産技術が高度化して生産力そのものを想像以上に高めてきている。その高まってきた生産力が従来の近代国家の形態ではおそらく維持できない。つまり近代国家の形態を高度技術化した生産力が内側から壊していくわけです。

人間の生産活動のあり方そのものが従来型の国家の形態を内側から崩壊させる端緒にいま、きている。そういうところへ世界史的にさしかかってきているのではないかとも考えたりするんです。

つまりいま、平さんがおっしゃった中央集権の問題は、たんに日本とかアメリカといった国の特殊性ではなく、生産力の高度化によって社会が自律的にいまの国家の枠どりをつき破っていく方向に進んでいるというふうに見るわけです。そうしますと近代国家を超えていく社会集団の枠どりのイメージを少数民族とか地域とかで考えるのではなく、ひとつの生産集団のイメージで考えていけばその経済活動は地球全体をフリーゾーンにしたような入り乱れた構成で展開していくんじゃないかと考えるんです。

平　これは非常にむずかしい問題です。イメージとしては私は異なったものを描いております。つまり現段階の先進国の経済の動きというものは物の生産に関する限りは解決済みですね、なんでも作れる能力がありますから。何が問題かというと、その作られた物をどういうふうに生活に活かすかということだと思います。

川満　そこなんですね。つまり従来は経済そのものを、いつでも生産の側から見てきたわけですが、先進的なところでは、むしろ生産されたものをどういう形態で消費するかという消費の側からみていく発想になりますね。

平　そうです。作った物をどうするか、使い道がなければたんなる物でしかない。したがって巨大な生産力の結果作りだされる物を有意義に使いうる精神文化があるかどうかが決め手です。これは技術的に解決できる問題でもありますが、もっと基本的には、ある種の意識的な生活文化の革新がなければならないと思います。

技術的な面での解決策を申し上げると、物の生産とは必ずしも関係のないサーヴィス産業、それに根ざすところの情報の高度化の分野に物の生産から解放された労働力・時間・人間の知恵を大量に吸収させる。それだけでも技術的な面の解決になります。ところが何のための情報かということを詰めていくと情報を必要とするような生活様式がなければならないことになる。そこで生活文化の革新、高度情報機能をフルに活用できるような生活文化の生成発展がなければならないということになります。生活の中身が非常に豊富にならなければならない。物の豊富ということは、往々にして物があきるほどあるにもかかわらず生活が虚ろであり、無意味であるという結果を生むかもしれないわけです。その虚ろさを埋めるための文化活動を発達させなければなりません。それを高度情報化・サーヴィス経済社会と呼びますが、そうなりますと川満さんのおっしゃるのと多少異なるかたちで多様化、分散化が進みます。

何故かというと人間の生活を豊かにするためには人それぞれが人間性を発揮しなければならない。多様な人々の多様な趣味に奉仕するようなサーヴィス・情報産業となりますので、おそらく必然的に分散化するようになると思います。そうすると中央政府、あるいは国家というような人々の意識を集中するような機構は不要になるわけです。しかし分散化して個人の多様な趣味や生活構造に奉仕するサーヴィス・情報が成立したからといって、それがまとまった政治的力を発揮するということはそれだけでは考えられません。そうなる可能性はありますが、意識的に今度は地域の独立を促進するという小集団運動が起こらなければ、個人がバラバラになったというだけでまとまらないと思います。

川満　そうしますと社会の自律的な集団の枠どりは、これからむしろ経済活動もさることながら、ある同質の文化的アイデンティティをもちうる枠どりをイメージしていくことになりますか。

平　そうですね。枠どりという明快な概念をお使いになりましたが、高度情報サーヴィス社会においては個人がバラバラになりましたので、そのような勝手気ままな個人を一定の枠にいれるような考え方が必要になります。そうしますと、そこに社会契約説が援用できそうですね。社会契約説では原初的自由をもつところのバラバラの個人がいちおういっしょに住んでみようかという気持ちで、自己の自由を少しだけ公共に委譲し、お互いを尊重しながら社会関係をもつことになります。これから友愛グループ的アイデンティティも生まれるでしょう。情報サーヴィス社会では自由な個人がそれぞれの自由の一部をある目的のために任意に成立した集団に譲り渡すことによって自由連合（「勝手連」）を作ることもできます。それがいわば枠どりです。しかし、こういう自由連合が、生活の場の地理的な共通性ゆえに発生するものなのか、生産活動の類似性を通して出てくるものなのか、ちょっと予言できませんね。

理念としての「琉球教」の必要

川満　そのことと関連して平さんはいわゆる琉球教というものをもつ必要がある、そうすることによって、どこに行こうと、どこに居ようと琉球教を中軸に据えてひとつのアイデンティティを作りあげることができるという話をしておられますよね。

平　琉球教に相当するものが現実にあるかどうか、そこに非常に悩みますね。

川満　私は五六年に「沖縄・自立と共生の思想」という題で話をしたことがあるんです。そのなかで、未来社会を作るというけど、ソヴィエトにしても中国にしてもいまは幻滅を与えている。それらの社会主義国がすでに近代国家を超えるモデルではないということをわかりながら、それに代わる理想社会のイメージが提起されてきていない。だとすれば仏教における慈悲やキリスト教の愛を基本にして浄土や天国が描き出されたように、現代人の奔放なイメージによって理想の社会を構想することがさしあたり必要ではないか。そしてその理想の社会像を現代の経典にしていく。その作業が大事じゃないかと話したことがあります。

平　それが大事ですね。いま申し上げたように自由主義・資本主義社会で個人が自由であるということは自由意志によって連合することもできるということも意味しますが、その自由連合が地域ベースのものなのか、職業ベースのものなのか、それとも別の親近感の要因によるものであるのか、予断を許しません。私は琉球列島を故郷とする琉球人の世界が自由な選択の結果として成立して欲しいと思っております。しかしそれは自由意志によらなければなりませんので、自由連合が琉球世界として成立するためには、琉球人の趣味、思想、理想等の基礎的な共通性（琉球教）がなければならないわけです。

幸いにして目下、「沖縄タイムス」や「琉球新報」で連載している「世界の沖縄人」の材料から判断しますと、特別に精神的な工夫や努力をしなくても、どこにいても沖縄人は沖縄人である、ということらしいですね。

川満　それが一世、二世あたりまででしたら持続するかもしれませんが、三世、四世になったときはたしてどうなるかは判断できませんね。

平　そうですね。思想は遺伝子を通じて遺伝しませんからね。むずかしいところです。

川満　じつはそのへんのところなんですが「琉球共和社会憲法私案」をまとめるときに基本に何を据えるかと考えたんです。いま我々は自然破壊や予見される核戦争の危機のなかにおかれているわけですが、その場合、こういう状況に対応する我々の宗教的原理、思想的な軸をどこに置くかを考えさせられたんです。そのときに先ほども話しました仏教の慈悲という言葉を使ったんですね。慈しみ、あわれみ、その慈悲を基本に据えて共生する共同体を構想したんです。

平　大変りっぱな構想だと思います。

川満　ですから、平さんのおっしやった道教だけでなく、ほかにもアジアに伝えられてきた深い思想があるわけですから、それらの思想からもっと豊かなものを汲み出して普遍的な理念にまで高めていったものを沖縄で作りあげていくことは、これから先、ますます大切になるんじゃないか。それが平さんのおっしゃる琉球教を確立していく作業になるんじゃないかと考えたりしたんです。

平　まったく同感です。そういうものがすべての言語で書かれない限り、三世以下の琉球人の心をつかむことはできないと思います。

川満　そうしますと、そのへんの課題は活動的な若い人たちにもっと真剣に取り組んでほしいということになりますか。

平　そう望みたいですね。「琉球教」の必要性までは思いつきましたが、その内容は何かということは、いまのところ五里霧中です。

大変むずかしい原理的なものにまで触れなくてはならなかったので話がややこしくなりましたが、自由人の自由連合という基本的な思想で一致したのはうれしいですね。強制のない自由な社会、しかしそれでいてまとまりのある社会、さらに進んでは自由と両立する連帯感の強い社会、それがいかなるかたちの思想的傾向や趣味や気持ちでなされるか、非常に興味がありますね。そしてそれが納得のいくような筆致で描かれたら。これはもう詩人の役割ですよ。私どもにはとうてい手に負えません。よろしくお願いします。

川満　私の悪い癖ですっかり話を固いものにしてしまって申し訳ありません。でも平さんからはどうしても論理的に詰めてお聞きしたかったので、つい経済学上のイロハまで解説していただくことになり、さぞかし煩わしい思いをされただろうと恐縮です。貴重な時間をほんとに有り難うございました。

（一九八五・七・一八。初出：「新沖縄文学」六五号）

リアリズムのユートピア——川満信一「琉球共和社会憲法C私(試)案」を読む

孫　歌

一九八一年、沖縄の詩人、川満信一の「琉球共和社会憲法C私（試）案」（以下、川満「憲法」と略す）が雑誌『新沖縄文学』に発表されたが、この作品の誕生は東アジア思想史上における一つの事件であった。それはつまり、川満「憲法」の意義がテキストそのものに留まらず、同時代におけるいくつかの重要な構造的特徴を凝縮し、私たちが東アジア現代史に足を踏み入れるさいのよき案内役となるということである。沖縄の特殊な現状および歴史的軌跡が、ユートピア的想像に満ちたこのテキストに強大なリアリズム的精神を凝縮させると同時に、濃厚な歴史的内容をこの作品に与えているのである。

一　川満「憲法」の背景

沖縄施政権の日本への「返還」が既定事実となった一九七二年以降、沖縄社会では再び強烈な抗議が巻き起こった。衆議院の沖縄返還協定特別委員会によって一九七一年に強行可決されたこの協定は進歩派勢力にとって、一八七九年の「琉球処分」、一九五二年の米国軍政府信託統治編入に続く三度目の裏切りを意味した。一九五二年には沖縄に自由がない状況で米軍政府が「琉球政府」を樹立したことで、強烈な反発が引き起こされたほか、琉球社会内部では日本復帰運動の形成が促進された。一方、沖縄返還協定が調印された一九七一年には、日本復帰に関して一九五二年とは異なる傾向が現われていた。NHKによる「沖縄県民調査」によると、沖縄民衆の日本復帰に対する支持率は一九七三年から一九七七年にかけて最も低く、否定的評価が肯定的評価を上回っており、こうした状況は一九八二年以降になってようやく改善し始めたという[1]。新崎盛暉によれば、日本復帰へのこうした低い評価の背景には、沖縄社会が米軍基地によって被ったさまざまな問題が復帰後も解決されなかったことや、ドルから円への通貨変更に伴うドル安が一般市民の生活に与えた直接的損害が挙げられる。また日本復帰による唯一の変化であった社会制度における日本との一体化によって、沖縄民衆の社会的生活が日本の政治秩序内に組み込まれることになるが、一九六〇年代末に米国の支配権が放棄されて以降、沖縄の民衆が抗争を通して築き上げてきた比較的寛容な社会環境ときわめて対照的であったことも考えられる。[2]

沖縄の民衆が日本に対し強い失望感を抱いた状況において、沖縄の民族自決という問題が浮上してくるのである。

薩摩による琉球支配、さらに廃藩置県を経て「沖縄県」となることで、本来自主決定権を有する沖縄諸島では民族自決の意志という種子が蒔かれてきた。しかしこの種子は充分に発育する空間も与えられず、苦労しながら成長していった。近代社会において国民国家を単位とする統治モデルが確立されて以降、政治および経済面における自主独立を望んでも、国家以外の形態を取らずに他の形態を想像することは困難である。また変化に富む日米両国の政治取引が展開されるなか、一個の独立した政治体として琉球独立が実現する見通しはなかなか立ちそうもない。特に米軍が沖縄に上陸した一九四五年以降、米軍基地は沖縄にとって肥大する悪性腫瘍となっており、沖縄漁業の発展にコントロールを加え壊滅させただけでなく、沖縄の自主的な貿易経済をも圧迫してきた。日米両政府による協力体制の下、従来の沖縄経済構造が急速に衰退するとともに歪んだ基地経済が急速に発展し、本来豊穣で美しい琉球群島は米軍基地建設およびその経済効果、そして日本政府からの基地関連補助金に依存せざるを得なくなってしまった。一九七二年の日本復帰によって沖縄のこうした状況は改善されるどころか、米軍基地が日本本土から沖縄へさらに移転してくる事態を招いたほか、沖縄を日系大手グループの蓄財拠点に変貌させてしまった。こうして沖縄は政治的主権の獲得だけでなく、経済的自主決定権の充足という条件を満たすことすら困難となっていったのである。

しかし沖縄の民衆は独立の意志を失ったわけではない。一九五二年に日本から分離されて以降、こうした独立の意志は米軍政府との闘争において堅持されてきた自治の要求として表われているだけでなく、一九五〇年代初期に形成された日本復帰運動のなかに存在する自治権獲得という側面を促進してきたとも言える。つまり日本復帰を主張する一部の社会活動家にとって、復帰は米国占領下においてより多くの自治権を獲得する策略にすぎなかったということである。(3) 沖縄社会においては一九五二年の米国信託統治および一九七二年の日本返還というまったく異なる段階が続いて経験されたため、この二つの時期に出現した復帰運動と反復帰運動の指向と内容もまた異なるものであった。例えば、前者の段階における日本復帰運動が民主主義の日本および平和憲法への期待に溢れていたとするならば、後者の段階ではこうした期待はほぼ幻滅に変わり、沖縄世論では「核付き返還」と「核抜き返還」の間で意見が分かれるなか、沖縄の民衆は日本への怨恨において感情を爆発させる契機を見出したのであった。日本復帰の是非をめぐる問題に関して言えば、沖縄社会における意見の相違を復帰と反復帰の対立にだけ帰結することはできない。こうした構図は外部の人間にとってはわかりやすいかもしれないが、沖縄の社会運動という巨大な渦巻きのなかから浮上した氷山の一角にすぎない。いったん具体的な状況に入ってしまえば、意見の不一致やもめごと、または敵対関係のどれもが復帰か反復帰という対立を中心に展開しているわけではなく、こうした対立そのものが意見の不一致のなかで本当の意義をもたなくなっており、むしろ本当の意見の相違は「どのように日本とつきあっていくか」という点にあったことがわかる。実際のところ、観察の視点を国家の次元から民衆の次元にシフトすると、政治的な帰属問題という実質的内容に根本的な変化が生じていたことがわかる。民衆にとっては、比較的安全な社会保障を得ることができるのか、または切迫した生計面の要求にどれだけ応えてくれることができるのか、そしてより豊かな生活を送ることができるのかといった問題が帰属先を選択するうえでの大前提となっている。沖縄米軍基地の長期化は著しく歪曲された基地経済という形態を生み出しただけでなく、沖縄住民の身の安全に深刻な脅威を与えている。絶えない性犯罪やさまざまな刑事事件、米軍基地での訓練によるさまざまな事故や環境汚染といった問題は、沖縄が再び日本に編入されたあともまったく改善がみられていない。日本政府は沖縄に対して一国の政府が果たすべき責任ある態度をまったく示していないのである。また普天間基地の移設問題に関しては、沖縄民衆が断固として反対を貫く立場を明確に示しているにもかかわらず、沖縄に対してやや理解のある姿勢を示した民主党政権下のごく短い時期を除き、自民党率いる日本政府は一貫して著しくアメリカ寄りの政策方針を採っており、さまざまな形で頑なに普天間基地の辺野古移設を推進している。

沖縄人は米国と日本のどちらも帰属先として望んでおらず、また日米両国が沖縄社会に安全や幸福をもたらすこともなかった。しかし現実において沖縄の政治的独立の条件が整っていないことは、誰よりも沖縄人がよく理解している。仮に独立の現実的可能性があるとしても、それは少なくともコソボ紛争のようなプロセスを経なければいけないだろう。しかし、第二次世界大戦末期に日本国内唯一の本土戦（米軍による沖縄上陸作戦）を体験した人々は誰よりも戦争が何を意味するのかよく理解している。この美しい島では戦争に関する記憶がいまでも生ま生ましく残っている。首里城は廃墟と化し、山稜は削られ平地となり、住民に愛された普天間の神社前を通る美しき並木道は無残に破壊され、米軍は上陸後ただちにその上で基地建設に着手している。もし独立のために再び戦争という代価を払う必要があるとすれば、沖縄人の圧倒的多数は独立を選択しないはずである。

まさにこうした事情によって、沖縄社会では半世紀余りにわたって自主自決の意識が徐々に活発となっていったが、現実的な帰属問題を直接的な目標とすることはせず、主体的な角度から本当の独立精神を確立する方向へと傾いていった。「沖縄独立」を字面通りに理解することは依然として正しいとは言えない。なぜなら独立または自決といった言葉には沖縄社会の苦難と曲折に満ちた心情が含まれており、決して字面のように単純なものではないからである。注目に値するのは、現在の世界は政治的分離主義が強まる傾向にあるが、沖縄社会における民族自決の意識を一般的な分離主義とひと括りにできないことである。苦難に満ちた歴史と不平等な現実を体験してきた沖縄の思想家たちは、ありきたりな民族独立イデオロギーに立脚せずに、選択しようのない状態において困難な選択をすることにより、別種の思想資源を我々のために生み出している。

川満「憲法」は沖縄の思想資源の奥深さを我々に示してやむことがない。

二　思想テキストとしての川満「憲法」

川満「憲法」の前文における冒頭部分は緊張感のなかで一気呵成に書き上げられており、人類興亡史に関する論説を引き出している。

浦添に驕るものたちは浦添によって滅び、首里に驕るものたちは首里によって滅んだ。ピラミッドに驕るものたちはピラミッドによって滅び、長城に驕るものたちもまた長城によって滅んだ。軍備に驕るものたちは軍備によって滅び、法に驕るものたちもまた法によって滅んだ。神によったものたちは神に滅び、人間によったものたちは人間に滅び、愛によったものたちは愛に滅んだ。

科学に驕るものたちは科学によって滅び、食に驕るものたちは食によって滅ぶ。国家を求めれば国家の牢に住む。集中し、巨大化した国権のもと、搾取と圧迫と殺りくと不平等と貧困と不安の果てに戦争が求められる。落日に染まる砂塵の古都西域を、あるいは鳥の一瞥に鎮まるインカの都を忘れてはならない。否、われわれの足はいまも焦土のうえにある。

……

好戦国日本よ、好戦的日本国民と権力者共よ、好むところの道を行くがよい。もはやわれわれは人類廃滅への無理心中の道行きをこれ以上共にはできない。

浦添とは十二世紀から十四世紀にかけ存在した古琉球期の都であり、首里とはその後の琉球王国の都である。川満は琉球歴代王朝盛衰の歴史から説き始め、ある価値観に慢心することにより滅亡の危機を迎えてきた人類社会の深刻なジレンマを鋭く指摘している。

私は昨年（二〇一三年）に沖縄で川満信一に出会ったさい、川満「憲法」を中国の読者に紹介しようと思っていることを伝えた。川満は、前文が実に難解なため若干修正を加える必要があるので、翻訳は少し待ってほしいと答えた。しかし川満はその後、このテキストが世に出てもう久しく、いまとなって修正を加えるのも容易ではないことから、いっそのこと歴史上における本来の姿を留めさせたほうがよいであろうと考え、最終的に前文の修正をあきらめた。

このエピソードからは次のような示唆を得ることができる。川満「憲法」の創作は特定の歴史的状況における産物であり、特に前文には特殊な情緒が漂っている。前文で最も難解な冒頭部分は独特なテキスト作用を担っているが、前文と正文が結合して有機体が形成されることにより、作者本人であれ三十数年後に再びそのなかに介入することは不可能なのである。

前文の冒頭のなかでも「驕り」という言葉は特に解読が困難な部分と言えるであろう。他人より優れた条件を鼻にかけ、上からの目線で他人を見下すような人類の根深き卑劣な性質がこの字には凝縮されている。こうした欠点は個人の身においては人格修養上の問題にすぎないかもしれないが、社会的な習性として体現されることによって壊滅的な災難をもたらす。優越感は一歩踏み出せば差別と排他的態度に変貌する。優越感そのものは必然的に差別的または排他的であるわけではないが、両者の基盤となるものである。差別的かつ排他的な空気が社会に充満することによって、戦争勃発の可能性が高まっていくのである。

川満「憲法」の冒頭で取り上げられた四つの「驕り」の対象に、西洋における強力な社会と文化が含まれていないのは興味深い。川満が選択したのは琉球自身の歴史と四大文明のなかでも近代において列強に蹂躙された二つの第三世界文明であるが、両者に共通する運命とは自己の文明に慢心することで痛手を負ったことである。川満は、人々がよく感情的になる歴史の運命に対して同情を寄せるというよりもむしろ厳格な態度でこれに応じており、四つの対象のあとにまったく同じ言い回しで「軍備」と「法」について論じている。よく問題にされる「軍備」と「法」が挫折した四つの文明符号と並列に配置されることによって話の流れが突然逆流し、一般的にはかつて栄華を誇ったとされる「弱者」と現在のあらゆる政治体制の内部において強権的地位にある国家的手段が、似通った言い回しのなかにおいて突然最大公約数を見出す。つまり川満が強調しているのは、文明の没落をたんに外敵侵入の結果とみなすことは枝葉末節にとらわれた認識にすぎず、エジプトや中国のような大文明であれ、浦添や首里のような小文明であれ、慢心したために衰退の運命を回避できなかったということである。

しかし最も難解なのは、川満が「驕る」から「依る」へと突然言い回しを変えたことである。話の流れはここでまた逆流し、神、人、そして愛という三つの対象への依存が発生することで、依存者もまた「依る」ことにより壊滅的打撃を受ける。本作品の独特な文脈に注意しなければ、川満をいっさいの価値を否定する虚無主義者と想定することは簡単である。川満が前文に修正を加えようとしたのもこうした事情と関係しているのかもしれない。

しかし一九七〇年代頃以降に遡り、当時の歴史を結び合わせながら前文修正の意図が最終的には放棄された理由を考えれば、この難解な文章もよりわかりやすくなる。すでに言及したように、川満「憲法」が執筆されたのはまさに沖縄と日本がきわめて混沌とした時期にあり、沖縄の民衆が日本復帰以降の待遇に強い不満を抱くなか、沖縄社会の知的エリートたちが直面した現実的な課題もかつてないほど緊迫していた。自己同一の問題に関して現実的には選択の余地などなく、一九六〇年代末の佐藤・ニクソン会談の前後には沖縄自治の要求が現われつつも、最終的に沖縄社会の世論を引っ張ったのはいかなる方式で日本に復帰するかという論争であった。[4] 沖縄自治の要求が日本復帰に取って替わられたあと、沖縄人がどのように己れの主体的意志を実現していくのかという根本的な問題は、当時の状況下では屈折した形式でしか表現できなかったのである。そしてたび重なる裏切りを経験してきた沖縄社会にとっては、日本の他県と平等な権利をいかに獲得するのかという問題が現実的な課題とされてきた。また米軍基地の問題が日本との関係において大きな比重を占めていることから、米軍基地の撤去が可能なのか否かも問題の鍵となっている。現実の次元において沖縄の自治獲得運動は途切れることなく継続されてきたが、米軍基地の存在および拡大と直接関係してくることもあり、十分な発展を遂げることはなかった。米軍基地によって次々ともたらされる被害に直面した沖縄社会は結果として日本を選択し、米軍基地に抵抗するうえにおいて日本政府が一定の役割を果たすことを期待した。沖縄施政権の日本返還協定調印十周年を迎えた一九八一年、川満「憲法」を含む三つの「憲法」(憲章)が沖縄の思想界に登場した。これらの憲法のなかでも、特に川満「憲法」と他の二つの憲法の志向性の間には非常に大きな違いがあるが、全体の文脈から見ればどれも日本政府への失望を表明しながら、自治が不可能な状況における現状への批判と自治への思考を体現している。これらの憲法を選択不可能な混沌状態における苦しい選択と見ることもできるが、その出現は一九八〇年代初期における沖縄社会特有の雰囲気をよく示している。またこの時期は沖縄社会が自治を模索する過程における最盛期でもあった。

川満「憲法」の誕生は沖縄社会における自治の要求も反映してはいたが、現実における自治の風潮とは距離を保っていた。前文ではこうした疎外感が集中的に表われている。川満「憲法」は現実における日米両国の強権的政治に対して強く抗議するだけでなく、被害者としての沖縄社会自身に対しても疑問を呈した。また神、人、愛に依る方式に対し否定的命題を提出し、鋭く問題を極限にまで推し進めた。神に依り救いを求めれば神によって叛かれ[5]、人間中心の考えは自然の軽視ないしは破壊をもたらし、また愛に頼れば愛への脅威を必ず敵視するようになる。沖縄の日本復帰という過程から出てきた論述の一部にはこうした思想上の罠にはまったものもある。崇高にみえるこうした価値は人類社会にたびたび予期せぬ災難をもたらしてきた。川満はまさにこうした出発点に立ったうえで、弱者が蒙る災難は確かに強者のヘゲモニーと直接関係しているものの、弱者自身が効果的にヘゲモニーに反対するにはいったいどうすればよいのかという深刻な問題を提出した。言い換えれば、弱者が依拠する思想上の武器に対して自己批判を加えない限り、強者の片棒を担ぐ行為となんら違わないということである。川満は後年、「自由の名における自発的隷従[6]」という問題をも取り上げており、それにあわせて考えれば、「憲法」において彼はまさに、「驕り」という日常社会の雰囲気と戦争という極端な社会状態を洞察的に結びつけることにより、あらゆる文明崩壊の原因は弱さにあったのではなく、慢心にあったことを指摘している。批判精神に溢れる前文とは対照的に、川満「憲法」の正文はこの「自発的隷従」的な現代社会形態に対して理想的社会の構造方式を対置している。川満「憲法」の前文と正文は弾力性に富む空間を形成しているが、そうすることで国家の存在方式ではなく人類の生存方式に対する探求が有機的に構成されている。

また思想史研究にとっても、川満「憲法」は興味深い課題を提出している。この憲法が現実に対して闘争戦略を直接的に提示していないことは明白である。この憲法をリアリズムのテキストとして読むならば、前文にみられた批判は型どおりに解釈され、沖縄独立が主張されているのか否かといった問題をめぐって一連の反論を招くことになる。またもしユートピアのテキストとして読まれれば、正文の内容が非実用的かつ非現実的だといった非難を受けることになる。実際のところ、こうした批判は川満「憲法」が世に出て以来ずっと存在してきたものである。川満本人も慨嘆するように、中国古典における詩人のように悠然と創作することは彼にとって不可能であり、その作品はすべて油鍋で煮られながらもがくような「挣扎」的行為のなかから生まれ出てきたものである。川満「憲法」に対するこういった二種類の批判も、非常に厳しい沖縄の現状を踏まえれば理解できることである。ここで問題となるのは、三十数年の歳月がすぎたのちも沖縄社会は依然として米軍基地の影響下にあり、また日本政府の右傾化がより激しくなる現状において、沖縄と日本の有識者が再びこの憲法に注目しているのだが、沖縄独立という現実的運動を喚起するような効能はこの憲法にないということである。(7) ではいまの時点において、川満「憲法」が思想上のテキストとして議論または共有される契機がようやく訪れたのであろうか。

三　沖縄における「共同体の生理」の精神

思想上のテキストとして見れば、川満「憲法」は憲法ではない。ただ憲法の形式を借りているだけであり、現実的政治上の要求には直接回収され得ない思想上の機能を担っている。

そもそも琉球共和社会憲法という名称そのものが国家を否定している。この憲法は社会総体意思の表われであり、国家統治の道具ではない。憲法前文の冒頭で浦添と首里が慢心によって滅んだとする言い回しから見れば、川満が強権国家を否定するだけでは不十分であると考え、弱小国家を含むすべての国家、また強権への対抗手段として自己強化を肯定する弱小国家の論理をも否定していることがわかる。しかし反国家はこの憲法の真の主題ではなく、川満を無政府主義者と見なすことは誤っている。この作品における本当のテーマはあらゆる形式の暴力に反対することであり、その対象には国家の暴力だけでなく社会の暴力も含まれている。この意味において、川満の「琉球共和社会」とは「琉球共和国」の対立物ではなく、さまざまな名目においてなされる暴力的支配と自発的隷従の対立物である。もしある種の「イズム」によって川満「憲法」を位置づけるとするならば、私はむしろこれを平和主義の傑作と呼びたい。

だが平和主義の視点からこの作品を理解すると、枝葉末節にとらわれその本質を見逃しがちになる。平和主義の理念は確かにこの憲法の反暴力的基調を構成しているが、その精髄の所在を明確に示すには至っていない。川満「憲法」では平和主義にとって核心的な問題である平和と暴力の関係が扱われておらず、平和を構成する基盤そのものに関心が向けられている。よって外部からの強権的暴力に抵抗するための手段といった問題は注目されておらず、絶対的平和主義と相対的平和主義の区分も触れられていない。川満「憲法」の正文では軍事的侵入に対応するさいの暴力といった問題もほとんど論じられておらず、こうした事柄については一部分（例えば第十三条から第十五条まで）で簡単に触れられているにすぎない。一方、各個人の心中にある権力の芽をいかに摘み取り、貪欲が過度に拡張し発展することをいかに防止するかといった問題に関しては多くの規定が存在する。川満は理念の面において、自然界内部を含む万物に対する慈悲の原理に依り、互恵互助に基づく人類社会の制度を創造することをはっきりと宣言しているが、これはもちろん科学イデオロギーに基づく現代世界および人類中心の現代消費社会に対する鋭い批判である。また第四条、第六条、第三十五条、第三十六条、第五十条、第五十一条、第五十二条、第五十三条なども異なる方面からこうした理念に呼応して、消費と生産は人の基本的生存という需要を超えるべきではなく、また自然界のバランス破壊を代償とすべきでもなくて、人と自然が慎み深く共存する社会状態の建設が必要であることを強調している。またこれに合わせて第六条、第七条、第十八条、第十九条、第二十二条などは人々の間における差別の廃絶や相互扶助の形式を規定するほか、夫婦を核とする家庭によって構成された社会にて個人の自由を貫徹させる方法や、あらゆる形式における強制の撤廃に関して規定を加えた。川満「憲法」はまた社会生活におけるさまざまな側面に配慮を加え、所有権の廃止から労働における分業、そして教育と個人の資質の組合せにわたるまで詳細な規定を加えた。

素朴かつ根本的なこうした一連の規定に基づき、国家機構が存在しない琉球共和社会の組織形態が構想されたのである。琉球共和社会には構成員が固定されない代表制衆議機関と連絡調整機関が設けられる。連絡調整機関は専門委員会と執行部によって構成され、異なる自治体間の調整を行ない、各自治体の計画を衆議機関へ建議するほか、批准された政策を執行する責務を負う。公職はすべて交替制であり、代表制衆議機関で合意が成立しない場合は自治体構成員の衆議によって検討されることとなっている。

狭義の政治学的概念から出発すれば、川満「憲法」とは政治が廃止された憲法だと言うこともできる。この憲法は調和不可能な社会的衝突、人類の欲望がもたらす貪欲や搾取、そして闘争をも拒絶しており、また依拠する「慈悲の原理」は現実的政治世界の基本的ロジックとまったく相容れない。川満「憲法」がユートピア的と見なされる根本的な原因はこうした事情と関係しているのかもしれない。また川満「憲法」には琉球村落社会における慣習法的要素が濃厚だが、こうして国家の法律機構が定める成文法と対峙させているのは明らかである。川満本人がはっきりと述べているように、この作品は憲法の普遍的理念につき考察を加えた研究成果ではなく、川満が少年時代を過ごした村落共同体での生活経験に基づいて書き上げられたテキストである。言い換えれば、川満「憲法」は琉球の伝統生活において形成された慣習法を分かちあう方法について論じているのである。この意味において沖縄の思想家、岡本恵徳が一九七一年に発表した名作「水平軸の発想——沖縄の『共同体意識』について」[8]は川満「憲法」と最良の対応関係にある。

この論文は多岐にわたる問題を取り上げているが、根本的には沖縄民衆の「慣習法」について論じた作品とも言うことができる。その基本的な問題意識は川満のそれと通じるところがあり、近代化というイデオロギーに対する反省から出発している点も同じである。岡本は人知れず沖縄社会に感化作用を及ぼしてきた「近代コンプレックス」の存在について詳説し、沖縄の日本復帰運動がこうした感情に基づいてきたことを鋭く指摘した。また岡本は沖縄学の父である伊波普猷以来、日本への自己同一と近代化への憧憬、そして沖縄の「後進性」への潜在的な劣等感が絡みあって存在していることも指摘した。伊波普猷は沖縄が日本本土と異なる自己の文化風土を堅持する必要性もはっきりと述べていたが、日本を自己同一の対象とするさいに「近代」(日本語の「近代」という言葉には近代化と近代的という二つの意味が含まれている)をその全面的な目標とすることには抵抗を感じていなかった。こうした事情に関連し、日本本土の差別的な政策に抵抗しつつも、近代化という目標には疑問を抱かない思想状況のなか、沖縄人が本土から差別を受けるなかで劣等感を抱くようになったとする思想上における一種の誤解が生じた。こうした劣等感についての解釈方法によって沖縄の代表的詩人である山之口貘の代表作「会話」が誤読され、本土人の差別への抵抗と沖縄人の劣等感を表現したテキストとして理解されるようになる。岡本は劣等感や差別に反発する姿勢の意味あいを細かく整理し、どれもが同じように自己の抵抗対象の存在を前提としていることを指摘した。言い換えれば、人が差別されていると感じるときは、本来享受されるべき物心両面にわたる待遇を得ていないときであり、そのため劣等感とは自分を差別する相手よりも自分のほうが劣っていると感じることに起因している。これは相手の価値観に対する高度な自己同一感を前提としているということである。沖縄の復帰問題でみられた差別に関する論争、そしてよく言われる「差別構造によって形成された沖縄人の劣等感」という認識構造は日本の近代化モデルへの自己同一性の体現にほかならない。

こうした岡本の分析には相当広い思想上の見通しが含まれている。まず岡本は差別や劣等感に反発する視点において、近代化というイデオロギーの創造者および推進者としての日本国家が絶対化されていることをたいへん的確に指摘した。また近代的理念(その核心部分とはすなわち個人の主体性や理性といった観念）に憧れる沖縄社会で生まれた最大の誤解とは、こうした理念が国家意志によって媒介されていることを見落とすことによって、いかなる媒介も通さずにこの理念に近づくことができると妄想したことである。これは沖縄「近代」の特徴であるだけでなく、日本復帰という沖縄の社会運動における盲点でもある。次に、沖縄社会の血縁共同体式の「前近代」的生活方式を東京を代表とする緊張感とストレスに満ちた現代的生活に対抗するモデルと見なすだけでは不充分であり、より重要なのは「近代」の想像から距離を取るという前提のもとで沖縄「自立」の中身について問い直すことにある。岡本はここで一つの至難な思想課題を慎重に推進した。現実における沖縄社会が基本的に日本とほぼ同化し、またその程度も日を追って深まりつつも、日本本土と沖縄の批判的知識人は国家による同化および差別政策への批判をずっと続けてきた。こうした批判の価値を認めつつも問題の核心ではないと考えた岡本は、偏見と既成概念を否定するのは簡単だが、こうした批判によって「沖縄」とは何かを明確に語ることができるのかと鋭く問いかけた。

沖縄が日本に復帰したさい、岡本が拘ったのは「復帰か否か」または「いかに復帰するか」といった問題ではなく、「沖縄とは何者であり、いかに表現するのか」という問題であった。彼によれば、こうした問題を追究しない限り、どんな選択をしようと真の独立はもたらされないのである。このため岡本は、沖縄についてはっきりと語ろうとすればするほど相応しい言葉が見つからず、そうした努力のなかにおいて沖縄が実体を喪失してしまうといった思想上のジレンマをあえて直視したのである。最終的には自己の言葉すら歪められ、結果として外殻だけが残されることで、歪曲はますます深刻なものとなっていく。岡本はこうした意味を踏まえたうえで、山之口貘の「会話」を説明しようとする。詩中の男は愛する女に故郷を問われ、彼女に対し沖縄に関する数々のイメージや南島の国であることを伝えるも、最後まで「沖縄」の二文字を口にすることがなかった。この作品は劣等感や劣等感に抵抗する芸術的表現と解釈されてきたが、岡本によれば作品の主題は劣等感ではなく、沖縄人にとって最もリアルな問題である、適切な表現を見つけることができない自己表現の苦しみだという。すでに月日の経過とともに定着した「沖縄」二文字の使用を避けることにより、確かに多くの固定された概念ないし立場に陥ることを回避することはできるが、いかに表現するかという問題が解決されたわけではない。岡本は「水平軸の発想」の結びにおいて本土に出稼ぎに来た沖縄の少女の例を取り上げる。少女は「沖縄人の面目」を潰さないよう懸命に働き、そのためには労働基準法の標準を超えた工場主の搾取も甘んじて受け入れる。岡本は、少女の労働者意識が低いことを批判するのは簡単だが自分はそうする気にはなれないと語り、いまだ彼女を納得させる論理をもちえない己れの無力を嘆いている。

「水平軸の発想」はまさに「沖縄論理」の解釈を試みた傑作である。岡本も川満と同様に、結託しながらもいがみあう日米両国政府の実態に対して矛先を向けたうえで沖縄を日米両国の差別政策の犠牲とみなし、漠然と抗争を沖縄原理の基本的論理とすることだけに満足していない。川満や岡本にとってこれらすべては必要であるが、十分にはほど遠いのである。彼らは別に思想上の進路を模索し、異なる思想空間を開拓する必要があった。岡本が追究した問題とは次のようなものである。沖縄の血縁共同体によって形成された秩序感覚は、強制的に日本に編入されたあとは天皇制イデオロギーによって巧みに利用され、また戦時中や戦後の復帰運動においても日本の国家イデオロギーに覆われてきたのだが、こうした秩序感覚そのものは国家イデオロギーと異なるものなのである。こうした秩序感覚が歴史のある段階において天皇制イデオロギーや「愛国主義」と一致した可能性は否定できないが、国家の秩序は「共同体の生理」に取って替わることはできない。岡本が用いる「共同体の生理」という生物学的用語は内在的規範、思想、理性などの範疇と区別された一種の共同体の生存意志を示しており、その全体的な意味としては共同体の生存および持続そのものを指している。活きた「生物体」としての共同体的生理は「神」の権威のような絶対化を伴わないが、共同体の内部では各個体が他の個体との距離に基づいて己れの動的モラルと秩序の標準を規定している。これは水平軸上における一種の秩序感覚であり、上から下に働く外在的な強制規範とは異なり、日常性の要求に基づいて秩序構造を構成している。岡本が指摘するところによると、「共同体意識」とは具体的な個人と個人の関係のなかにおいてのみ体現されるものであり、「国家」(祖国)、「異民族」といった概念は日常生活に存在する現実的な存在物ではない。こうした概念は一定の方式で共同体の生理と連結され、また共同体の存亡に瀕してはじめて、一定の作用を発揮することができるのである。このため、明治以降の日本による沖縄統治は国家の意志を民衆生活の深層まで完全に浸透させることはできなかった。しかし戦後に日本復帰運動が出現し、またその内部で数多くの論争が引き起こされたのは、疎外状態から抜け出すことで自己回帰を試みた復帰運動において共同体的生理の基本的構造が的確に把握されておらず、また「祖国」に関する深い認識が欠けていたことに起因している。ようするに戦後の復帰運動とは「異民族統治」がもたらした現実的な危機から脱却するため、「祖国」を現実に対置したうえで理想化したものにすぎなかったのである。

また岡本は共同体におけるこうした「水平軸」の秩序感覚を的確に把握するため、民衆の視点と知的エリートの視点の方向性における違いを区別すると同時に、沖縄戦後期に渡嘉敷島の住民が「集団自決」を迫られた残酷な事件を例に民衆の視点に立つ感覚方式について説明を加えている。岡本によれば、この集団自決という過程においてみられる民衆の共同体意志とは、抵抗不可能な極限状態下でともに生き残れないならば、ともに死を選ぶことも辞さないというような幻想世界における「共生」の追求として体現されたのである。このような選択と個人の自由を掲げる現代的理性の間に齟齬が生じるのは当然だが、これも沖縄の血縁共同体という地域観念が「後進的」とみなされることと関係しているのかもしれない。しかし岡本は渡嘉敷島の悲劇の根本的な要因を共同体の生理に求めず、戦争を抵抗不可能な宿命とみなし受け入れた状況、孤立無援であった渡嘉敷島の自然的条件、そして強権的な日本軍に押しつけられた意志に逆らおうとしなかった共同体の構成員の判断などに求めている。

岡本がこうした分析を行なったのも、ただ歴史的事実を明らかにしたり、共同体の生理を「後進的血縁関係」の範疇から救い出すためではなく、複雑な思想的課題を推進するためである。すなわち、戦後から一九七〇年代まで続いた日本復帰を唱える大衆運動とは単純な「本土志向」であったというよりも、むしろ生死を共にする共同体の生理に基づいていたのではないかという問題である。岡本が追究したのは、復帰運動が依拠する異民族統治への抵抗と生活における危機感が結合されることによって、共同体的生理のメカニズムが効果的に動員されていたとするならば、復帰実現後はこうした動員は無効となることであった。本来の社会組織のメカニズムに取って替わったのは「進歩」への憧れであり、これは逆に沖縄と日本本土の同質化を促すことになった。このため岡本は、階級確立の必要性を認める主張に関して、日本国家が過去および現在にわたって巧妙に共同体の生理を利用し統治を進めてきた現実に対抗するうえで、こうした正しい原理は有効な思想武器とはなりがたいと指摘している。

さらに岡本は、生存感覚に基づく沖縄民衆の「共同体意志」が天皇制国家イデオロギーによって利用される過程において、異なる発展を遂げる可能性ははたしてあり得たのかという挑戦的な問題を提出している。「沖縄の思想」が存在するとしても論理的な体系としては確立されがたく、また沖縄だけに限定されるという特殊な問題でもない。あらゆる社会の大衆思想に関する議論も同様のジレンマを抱えている。明らかなのは、「近代」の幻想を暴き打破したうえで、知的エリート層によって体系化・理論化された民衆論を拒否しつつ民衆生活の論理そのものに慎重に接近することで、ようやく既存の国家論と反国家論を引っくり返す出発点に立てるということである。沖縄特有の苛酷な環境から生み出された川満信一や岡本恵徳のような思想家たちは、苦難のなかにおいて自己の悲しみを表現するのではなく、沖縄が日米両国の取引のコマとされている不利な状況を逆転させることで、国家と「近代」の魔力から解放された自由な思想を創造したのである。

川満信一は一九七〇年代初期に岡本と同じ論文集にて「沖縄における天皇制思想」を発表していたが、川満「憲法」のテーマがまさに「共同体の生理」であったことを考えると、岡本と共有した思想課題を十数年後さらに推し進めたと言うことができる。彼は「慈悲の原理」を使うことによって当時、岡本が表現できずに苦しんだ「沖縄」に形を与えようとし、また沖縄自立という目標を模索した。川満は沖縄の「独立」を喚起するのではなく、「沖縄とは何か」を追究しているのである。岡本が述べたように、直接戦争に参加しなかった沖縄戦後世代が国家を相対化しながら沖縄自立の思想を考えるさい、彼らの思想は完全に沖縄戦における戦争体験に基づいていた。川満「憲法」において戦争を極端な表現とする権力欲や暴力手段が拒絶されていることは、蹂躙される沖縄社会の強い思いを訴えるものである。これは外在的な国家暴力のみではなく、沖縄社会そのものも含まれており、また統治階級の権力のみではなく、民衆共同体生理の核心も含まれている。川満や岡本、そして反戦の第一線で奮闘してきた無数の沖縄人は被害者の立場に安住しないことによって悲しみの束縛から脱却し、精神の自由を獲得したのである。

四　人類精神史における川満「憲法」の意義

平和と戦争、そして友好と暴力は人類の精神史における古きテーマである。平和主義を論じた政治哲学の書籍の数は夥しく、平和をめぐる社会運動の変動も激しい。平和を求める声は戦争を完全に消し去っていないが、人類精神のなかに平和を求める声が存在しない世界を想像することは困難だと言わねばならない。

ルソーの『社会契約論』からカントの『永遠平和のために』にわたり、暴力と平和を扱う比重には差異があるとしても、国家および戦争と平和の問題を処理するさいにはどれも平和の「人為的性格」を強調している。言い換えれば、平和とは自然に発生した状態ではなく、確立される必要がある一種の「契約」ということである。カントは平和が権力者の神経にさわる問題であることから、簡単に実現はできないであろうことをよく理解していた。よってカントの『永遠平和のために』には「哲学規則」の文字が刻まれており、またその序文では理論家による空疎な観念が国家に対していかなる危害も加えることはないと宣言されている。

しかし平和は空疎な観念とならず、必ず現実的なエネルギーに転化される。二十世紀において人類が二度の世界大戦を経験して以降、戦争はすでにルソーやカントが想定した限度をはるかに上回り、人類にとって最も深刻な災難となった。第二次世界大戦の終結後に平和を求める声が空前の規模に達したが、その成果の一つとして戦後の世界連邦政府運動を挙げることができる。この運動は突如出現したわけではなく、ヨーロッパ思想における世界連邦政府の理論構想(代表的人物はカント)と米国の連邦主義者たちの実践に基づくもので、戦後における世界規模の反戦感情の波に乗りながら、局地的試みを欧米諸国を主とする地域型行動へと拡大したものである。

世界連邦政府運動は一連の現実的問題に直面していた。それに米国の活動家がこの運動の主導的地位を占めていたため、公けになったとたんソ連からの抵抗を受けることになった。この運動は実質的に冷戦構造の形成を阻止しようとしたものの、現実的意味においては成功するどころか最終的にほとんど冷戦構造に回収されてしまった。また運動の発展段階において発生した原則をめぐる一連の論争を通して、先進国の知識人と社会活動家の描く政治デザインが植民地の問題と実際のところ正面から向き合っていないことがほのめかされた。世界連邦政府運動は原理面において、欧米諸国の国家意志によって形成された人権や国際法の概念を基本的に否定することがなく、結局のところいわゆる世界連邦政府とは欧米諸国が拡大または修正されたものにすぎなかった。しかしこうした事情にもかかわらず、論争の的となったこの運動が歴史に刻んだ痕跡は依然として残っており、現在我々が改めて検討する価値は十分あると言える。

世界連邦政府運動による一九四八年のルクセンブルク大会において、複数の世界憲法草案を含む報告が世界憲法小委員会によって提出されたが、そのなかで最も注目を集めたのが米国の著名な人文学者十一人の議論を経て作成された「世界憲法シカゴ草案」であった。この草案の前文は精神面における発展と物質面における豊かさの実現を地球上の人類の共同目標に位置づけ、この目的のためには正義に基づく世界平和の実現が先決条件であることを宣言している。また諸国民の政府がおのおの主権と武器を正義に依る単一政府に委譲することによって、世界連邦共和国の盟約および基本法が確立される。国民の時代は終結し、人類の時代が始まるとされた。

「世界憲法シカゴ草案」はある単一国家の憲法草案であり、戦争を否定しても国家は否定しておらず、暴力を否定しても法律が認める暴力的侵害に反対する暴力行為は保留している。個人や集団に対する人種的、民族的、教義的そして文化的な征服は否定しているが、哲学および宗教といった「上から下への」自然法をもって世界共和国の成文法となすことを強調している。人類の生活に欠かすことのできない土地、水、空気、エネルギーといった四大要素の人類財産としての公共性を強調するも、これらの要素を事実上存在する異なる規模の私有形態からどのように脱却させるかについては明確な規定を加えていない。さらに問題なのは、長期間にわたり植民地とされてきた後進国の主権獲得および国際社会への参加といった問題を解決せず、民族独立のプロセスを飛び越えて国民国家を否定し、人類の時代に直接突入してしまったことである。

「世界憲法シカゴ草案」起草委員会に参加していた米国の著名な神学者、また倫理学者でもあるラインホルド・ニーバー（Reinhold Niebuhr）は起草委員会から身を引いたあと、筆を執ってシカゴ憲法草案に対して痛烈な批判を展開した。ニーバー批判の基本的な要点は、世界連邦政府運動が異なる種族と異なる文化における差異を疎かにし、また従来の国家形成がある程度において地縁社会の文化、歴史的共通性に基づいていることも見落としていることにある。よって世界における社会的共通性が未だに形成されていない段階で世界政府を樹立することは、人為的にこのプロセスを反対の方向へ進ませることとなり、まず人為的パワーに依拠して政府を作り出したうえで、その政府に依って社会を作り出すことを意味する。こうした方法では社会内部における結合能力が生み出されず、よって必然的に強権によって連邦形態を維持することになる。そして秩序のために正義が犠牲となるか、もしくは正義のために秩序が犠牲となるのである。こうした理由によってニーバーは世界政府を現実的条件が整っていない「神話」とみなし、「世界政府」に対して「世界社会」の理念を提出した。(9)

世界連邦政府の理念は確かに重要な問題において深刻な欠陥を抱えており、こうした欠陥のためたんなるユートピアと見なされただけでなく、ニーバーが予言したように大部分において強権国家のヘゲモニー確立を粉飾する道具と化してしまった。しかしこうした結果に終わったとはいえ、これは「世界憲法シカゴ草案」の初志ではなく、発表時に添えられた次の献辞を見ればシカゴ草案がいまでも記念に値する作品であることがわかる。

もし一九四八年一月三十日（注：ガンジーが暗殺された日）以前に……世界大統領の選挙が行なわていたならば、ガンジーが当選したであろう。「弱小民族」の密集する大量が西方の白人から来るかなりの投票と相俟って、他の二人の、多数の国民からなる勢力の候補者、スターリンとチャーチルに対する圧倒的多数を彼に与えたであろう。彼は「一つの世界」の仮定の初代大統領として死んだのだ。(10)

ガンジーをスターリンとチャーチルに対峙させることは、一九四〇年代末期の戦争が当時の人々に与えた衝撃の深さを物語っている。この時期に沖縄はちょうどサンフランシスコ講和条約前の歴史的転換に直面しており、世界連邦政府の理想は沖縄の現実の前では完全に無力であった。しかし三十数年後の世界では多くの局地的戦争が展開され、主導的地位を占める国家が既存の構造を維持しようとする一方、不利な地位にある国家がより有利な地位に立とうと試み、双方ともに戦争を必要手段と見なしていた。ちょうどこの時期に沖縄のひとりの思想家が三十数年前より徹底した「人類の時代」を呼びかけたのである。川満「憲法」の意義はまさにここにある。

当時「世界社会」を呼びかけたさい、ニーバーにはこの「社会」の意味を追究することはできなかった。なぜなら世界政府に相対する「世界社会」は西洋社会学の意味における「社会」の範疇を超えることができず、沖縄思想家の「共同体の生理」から見ればそれはまだ「上から下への」流れであり、その最終目標が依然として「唯一の国家」樹立であったからである。しかし川満「憲法」は人類の精神史上に現われた社会理解の新しい方法を示している。これは国家および国家機構に対し断固として妥協しない否定的精神であり、沖縄の百年余りにおける苦難と屈辱、そして共同体の生理を基点とする沖縄民衆の奮闘と抗争から導き出されたものである。

川満「憲法」は国家を否定し、また暴力を徹底的に否定しているため、確かにそのユートピア的性質は三十数年前の「世界連邦政府憲法草案」より大きくみえる。しかし逆の視点から見れば、川満「憲法」は後者よりさらに強烈な現実的精神をもっていると言える。それは沖縄の現実的な闘争がこの作品に十分な養分を提供し、その理念を潤してきたからである。辺野古における基地移設反対運動が非暴力的な抵抗を徹底させていることをはじめ、無数の平和的闘争の存在は沖縄人が非暴力によって暴力に抵抗する方法を習得したことを意味している。ヴェトナム戦争中において米軍の軍事行動を牽制することでヴェトナムを支援したことをはじめ、沖縄人は戦闘において「国家利益」を超える人類主義の心情を培養してきたのである。まさにこうした土壌があったからこそ、川満「憲法」が萌芽し生長することができ、また沖縄人の共感を呼ぶことができたのである。

川満「憲法」を日本で再び振り返るさい、我々は同様に次のような試練にも直面している。沖縄思想界の先人たちは沖縄という範疇を越えた重要な思想財産を残しているが、では我々はいったいどう継承すればよいのだろうか。川満「憲法」から我々が学べることには次のようなものがある。真の自立とは強大な外在要素の力を借りることなく、優越感を排除した平等な心理状態だけに根ざし、真の抵抗とは悪をもって悪に抗するのではなく、自己の平和という価値を堅持することにある。

これは絶対的平和主義における博愛理念ではなく、沖縄民衆が百年にわたり積み上げてきた闘争と知恵である。また川満「憲法」は、人類や戦争と暴力に対処するうえで一風変わった自立に関する構想を教えている。それは弱々しくみえるが、永久不変的なものである。まさにこうした真の自立精神こそが人類精神の性質を練り上げ、思想上における成長と成熟をもたらすのである。

（翻訳：倉重拓　清華大学〔北京〕人文学院博士後期課程所属）

（1）新崎盛暉著『沖縄現代史』（岩波新書、二〇〇五年）の附録から再引用。
（2）新崎盛暉著『沖縄現代史』、五五～五六頁。
（3）鳥山淳著『沖縄／基地社会の起源と相克：一九四五―一九五六』（勁草書房、二〇一三年）、一三八～一四七頁。
（4）例えば当時は、日本復帰後の沖縄が核兵器を含む米国軍事設備の配置を受け入れるべきか否か、また日本本土と同様に日米安保条約および地位協定の条件を甘受することで米軍基地を沖縄から撤去させることが可能か否かといったことが核心的問題として激しく議論された。また当時の沖縄社会内部には、原爆の苦しみを味わった日本人が非核国家としての日本を強く意識していることを踏まえ、沖縄への核兵器配備を沖縄を不平等に扱ってきた日本への報復とみなす極端な見方も存在した。
（5）川満はここでいちがいに「神」を否定しているのではなく、日本の天皇制に象徴される神道のことを特に指していると思われる。実際のところ、一九七〇年代の日本復帰という風潮のなかで当時の社会思想を主導した沖縄の知的エリートには、神道を深く信じ、天皇に対し強い敬愛の感情を抱く者も依然として存在していた。

(6)エティエンヌ・ド・ラ・ボエシの『自発的隷従論』を踏まえて、去年(二〇一三年)十二月に東京外国語大学で『自発的隷従を撃つ』を主題にした討論会が開かれ、川満も参加した。自発的隷従というのはまさに川満が一貫して扱ってきた問題でもあり、この問題意識に沿って川満「憲法」を理解するのは的確な方法であろう。

(7)沖縄独立の現実的運動という側面から眺めれば、他の憲法や憲章と比べてみても川満「憲法」が独立論には向いておらず、その反国家的性質と徹底的な反暴力的特徴が現実における独立派に対して思想上の武器を提供することは不可能であることがわかる。

(8)谷川健一編『叢書 わが沖縄』第六巻『沖縄の思想』(木耳社、一九七〇年十一月)には岡本恵徳の論文「水平軸の発想」のほか、川満信一の論文「沖縄における天皇制思想」も収録されている。また「水平軸の発想」の中国語翻訳文は『熱風学術』第四輯(上海人民出版社、二〇一〇年)に掲載されている。

(9)谷川徹三「世界政府か、それとも世界破滅か——世界連邦政府運動と世界憲法」(『中央公論』一九四九年十月)からの再引用。本稿で取り上げられた世界政府運動に関する情報はすべてこの論文に依拠している。

(10)谷川徹三「世界政府か、それとも世界破滅か」、一七頁。

ノモスの消失点、到来する共同体——「死者的視点」から「異場の思想」まで

仲里 効

はじまりの現象、含羞と憤怒

沖縄の戦後世代にとって、とりわけ一九六〇年代後半から七〇年代はじめにかけての転換期の熱と渦にもみくちゃにされた世代にとって、新川明、川満信一、岡本恵徳、伊礼孝、清田政信らかつての「琉大文学」を源流にもつ表現者たちの言動は、強い吸引力となって私たち後続する世代を状況へと誘い出してきた。その吸引的磁力に、私たち世代と先行する世代との中間で批判的共闘関係にあった上原生男や新城兵一の名も付け加えておいてもよいだろう。

近現代を貫いて沖縄民衆の意識を同化主義的に染め上げた復帰思想を裂開し、超え出ていく〈反復帰〉論の名とともに強烈な思想の戦線を構築した新川明、川満信一、岡本恵徳の文の抗争は、私たちにとって避けては通れない門になり壁となった。かつて私は三者の影響力を思い余って「魔のトライアングル」（「世界」二〇〇六年十二月）と呼んでみた。思想の強度ゆえの離脱し難さについて言い

たかったからである。いわばその三辺が作る囲いのなかに捕捉され、思想のハジチ（突針）を施されたわけであるが、その吸引力と格闘しいかに抜け出していくのかが私たち世代の思考を特徴づけていく。意識の皮膚に突かれた時代の紋様は消し難い痕跡となっていまも私たちの歩行をよろけさせる。

なかでも川満信一の詩と思想はやっかいな存在であった。その〝やっかいさ〟の意味は二重である。新川明と岡本恵徳の思考の軌跡が明確な輪郭線を描いているのに対し、川満信一のそれは混沌と闇、飛躍と切断、裂け目と不明瞭さを残し複雑に錯綜していて捕らえがたい。ただ複雑で難解だということではない。そのアモルフな流動が近づいていこうとする者をときに不安にさせるのは、川満自身でも制御できない内部から突き上げてくる荒ぶる力に翻弄されるように文を刻み込んでいくからであろう。内部で吹き荒れている言霊の台風、そう言ってもよい。

友利雅人のエッセイ「含羞と憤怒」（「青い海」七九号、一九七九年）は、私たち世代が感じ取った川満信一の人と思想の〝やっかいさ〟への接近の試みとして読むことができる。このエッセイは『川満信一詩集』（オリジナル企画、一九七七年）と最初の評論集『沖縄・根からの問い』（泰流社、一九七八年）の書評として書かれるはずだったが、その詩と評論を前にしたときの「言葉にならない呟き」や「手に負えない広がりを持つ錯綜した世界」に呆然としながらも、川満の思想が生み出される原初的な場を探りあてようとしている。友利もまた〝魔のトライアングル〟に深く拘束され、存在論的ハジチを突かれたひとりであった。川満と同じ宮古島を出自にもち、のちに職場の先輩記者として接することになるが、そのときの対人関係や挙措から、友利は川満の内部で火照る含羞と憤怒を感じ取った。そしてそれは、出自としての宮古島のミクロ共同体を抜きにしては考えられないもので、川満の「時空意識」を生み出す母胎にもなっていると同時に、「歴史意識が現実の自己意識と重層化する」構造をもっていると述べている。注目すべきなのは、「沈黙に閉ざされている怨恨と憤怒に満ちた不可視の領域」に降り立ち、そこで死者たちの眼差しに深く魅入られていることである。含羞のなかに憤怒が、憤怒のなかに含羞が相互に流れ込み、独特な彫りと陰翳を形づくっている、そんな文体に友利は注意深く目を向けていた。

『沖縄・根からの問い』が読む者を息苦しくするのは、「怨恨」や「呪詛」や「憤怒」という言葉の気圧が巻き上げるデモーニッシュな情念の台風と〈死者的視点〉の再帰性に関係していることは疑い得ない。なかでも「復帰」直前に書かれた「沖縄祖国復帰の意味」（「中央公論」一九七二年五月号）は、「復帰運動」への抑え難い恨の気迫が叙述を引き締めていた。批判というものではない、含羞の背後から突き抜けてくる憤怒が筆鋒に乗り移ったように言葉を刻む。「復帰」が日本の国家支配への収束でしかないならば、その体制的収束とは無縁なところに「沈黙に閉ざされている怨恨と憤怒に満ちた不可視の領域へ、わたしたちの孤独な復帰をそれぞれ果たしていくほかない。それ以外にわたしたちの『復帰』の意味は考えられない」という場へと至る論の運びはときに熱気できしむ。そこから沈黙に閉ざされた民衆の「怨恨と憤怒」「憤怒と救済の渇望」を装塡した文の抗争へと赴いていく。

生を死者の眼で眼差すこと、死者的状況に生をさらすこと、そのことを思想の核にすること——戦争と占領によって踏み躙られた沖縄の地霊は、川満の眠りをけっして安らかにはしない。「戦後思想と天皇制」（「新沖縄文学」一九七五年四月号）のなかの「沖縄の全ての人たちが生きながらに《死亡者台帳》に記載されたも同然の状態」に置かれていることや「沖縄戦で、生きながら《死亡者台帳》に記載されたも同然の自分たちの存在を見せつけられた体験認識は、戦後思想の核となるべきものだった。つまり、自分を死亡者として位置づけ、現実の諸関係から解放することによって、逆に、国家、政治、社会、経済、文化など現実の諸関係の構造を見透かそうとする思想の方法が、そこから導き出されてくる」と述べたところなどは、思想の営みの張りを知ることができる。

別のところでも「現実の諸関係から解放された死者的視点の持ち方は、沖縄戦で犠牲になった死者たちの眼を現在に復活させ、その沈黙を言語化することとの方法」として語られていたが、ここでの「死者たちの眼を現在に復活」させることと「沈黙を言語化する方法」は、第二評論集『沖縄・自立と共生の思想』（海風社、一九八七年）に収められているとはいえ、「復帰」直前に書かれた「わが沖縄・遺恨二十四年――死亡者台帳からの異議申し立て」（「展望」一九七〇年一月）と「沖縄――〈非国民〉の思想」（「映画批評」一九七一年七月）で先取りされ、戦後責任とのかかわりで言及されていた。ここでもアメリカ占領下の沖縄の戦略的位置が、沖縄の人すべてを生きながらにして《死亡者台帳》に登録されているということが強調されている。沖縄を戦略的基地にするアメリカも、米軍基地を標的にする社会主義国家もそこに人と暮しがあるということが見えない。軍事の眼には不在になった人と暮しを死者の眼として異議提起する、つまり沖縄戦の経験と米軍占領の構造から、死者の眼と沈黙の言語化を思想的核にするところに、友利が感じ取った川満の「含羞と憤怒」の特異点があると言えよう。

根、島、非国家的共生

川満信一の代表的論考のひとつとして挙げられる「民衆論」（「中央公論」一九七二年六月号）の基調を成す「共生・共死」、つまり、生と死を〈共〉において分かち合う思想も生きながらにして登録された《死亡者台帳》にアドレスをもっている。「歴史意識が現実の自己意識と重層化する」するところに、死者たちの眼が介在し「共生」と「共死」が重合されるのだ。「民衆論」の要所要所で反復される「過去即現在」「個人即全体」は、宮古島のミクロ共同体を出自にもった歴史意識が西欧の個人主義批判を通して定位され、さらにアジア的共生として据え直されたものである。このアクロバティックな合一とも飛躍ともつかないロジックはファシズムの大衆心理への傾きを想起させ、評価が分かれたところで、激しい忌避にさらされもした。

だが、この生と死を、個と全体を、過去と現在を〈共〉において出現させる危うさを、誰よりも自覚していたのはほかならぬ川満自身であった。あえて火中に身を投じる、川満を衝迫し駆り立てたのは、死者たちの遺恨であった。沖縄戦の、集団自決の死を我がものとするとは、そうした生と死が捻り合わされていく場に出頭し、身をさらすことであった。死ぬことによって生きる、あるいは生きることのうちに死をもって裸出する、無償だがあぶなすぎる行為によって近代の陥穽をねじ伏せようとしたのだ。この埒外な方法は根源的なパラドックスを賭金にすることでもあった。人はこのラディカルさに長く耐え得るものではない。川満自身もまたそうだった。「民衆論」や「共同体論」後の歩みは、この埒外な合一の場を宙吊りにせざるを得なかった。いや、宙吊りにしたというよりも翻訳行為によって転生させたと受けとめた方が納得しやすい。転生は「理念」的なものへと向かい、「未来の縄文」のように編み上げていく。

その翻訳行為を鋭敏に嗅ぎ分けたのも友利雅人のエッセイ「含羞と憤怒」であった。友利は、死者と生者の重なり合うイメージは現実の諸関係に対して永遠に異議を発し続ける位置を占めるもので、「この異議をみずからの内部にかかえこまざるをえないために、かれが提起する未来的な指標がきわめて理念的なものとして現われざるをえない」と述べている。そして現実の総体が否定されるためにすべての思考が「理念的共同性」を呼び寄せること、その可能性において措定された「〈共生・共死の志向〉から出発しながら、それが未来において想定される理想社会の像と円環しているように見えたりする」と指摘している。ここで言われている「理念的共同性」や「理想社会の像」こそ、その二年後に「琉球共和社会憲法私（試）案」（以下「琉球共和社会憲法」）となって復帰後十年の沖縄の現実へと架橋される。

戦前の皇民化に深く囚われ、沖縄戦の集団自決や戦後の日本復帰運動の同化主義に流れ込んでいる負の遺制を抉り出した「沖縄における天皇制とは何か」や、沖縄の重層的歴史意識が生と死を〈共〉の岬で掬い上げようとした「民衆論」などを収めた『沖縄・根からの問い』の、ときに論理の整合性を食い破っていく憤怒と〈死者的視点〉の極みで問われているのは、民衆の〈共生〉と〈自立〉とは何かということであった。友利が『沖縄・根からの問い』の「あとがき」に聴き取った次の言葉は、そのアリーナを示していると見做しても間違はないだろう。

思想的意味からすれば、《復帰》も《反復帰》もどうでもよかったのではないか。ただ強いて、情況的に加担するならば、当然、近代以降の沖縄の知識階級がのめりこんでいった国家志向、中央志向のパターンを拒否し、その逆向きの志向で抵抗した《反復帰》の潮流しかなかったのである。わたしたちが手に入れたかったのは、すでに政治的な価値づけにおいて、正と負に対比された《本土》か《沖縄》かではなく、琉球処分の過程で負の極に封じられた民衆の基層の思想であった。それは海洋島嶼民が、その労働（生活）の場の広がりに応じてもつ意識の空間的広がりであり、労働を介しての、非国家的共生の志向である。

第一評論集『沖縄・根からの問い』が発行されたのは一九七八年である。「復帰」後六年経っていた。この「あとがき」には「復帰」後六年目で川満信一が自らの思想的歩みを振り返り、振り返ることによって根源的な場所を確かめ直しているところがある。「民衆の基層の思想」と海へ開かれた海洋島嶼民衆の意識空間に広がる「非国家的共生」が呼び入れられているということなのだ。この海の越境的広がりを労働を介して意識の野に収めた島と民衆像は、「復帰」という名の国家併合後の歳月で川満の根を問いつめるようにいっそう深められていく。先の引用文の前には「差別論」や、格差論を成り立たせてきたところの、国家の中枢に向けられた本土志向の顔と、国家とは無縁に、国境など意識にもなく、南方へ、東支那海へ、あるいは北方へと、ただ労働（生活）の場の広がりを追っていく顔とである」と川満自身のものでもある、沖縄内部の二つの顔（志向性）について触れながら、自らが到達した場は国家や国境とは無縁に複数性を生きる民衆の共生の思想であったということが明示されている。ここには「差別論」や「格差論」が国家に深く囚われる罠への拒否が言われているだけではなく、「非国家的共生の志向」が〈自立〉を胚胎していくことが予感されている。その理念的かつ構成的達成が「琉球共和社会憲法」であったことは言を俟たない。「共和国」ではなく「共和社会」とした原像がすでにして予感されているのが見て取れるというものだ。

ところで、だが、「非国家的共生の志向」を自立的に編成していこうとするとき、川満が深く傾倒していく仏教思想によって屈折と迂回と陰翳を帯びることになる。一九八〇年に発表され、第二評論集のタイトルにもなった「沖縄・自立と共生の思想」（「新沖縄文学」四四号、一九八〇年三月）は、「民衆論」や「共同体論」の、それ自体の内部に不分明の闇や澱をかかえながらも、求心する力によって呼び起こされたアジア的共生への志向が、仏教的理路を通して輪郭をはっきりさせられていくだけではなく、七〇年代から八〇年代以降へと架橋される川満信一の軌跡にして奇跡の結び目にもなっている、という意味で注目しておいてよい。

母の声、ユシグトゥ、原点の倫理

「沖縄・自立と共生の思想」は、一九七九年八月の沖縄経済自立研究会のサマースクールでの発表をもとにしてまとめられたものだが、その冒頭には幼少のころ母親から聴かされた「唐向《トウンカ》い墓《バカ》の下道《スヌンツ》」というユシグゥト（言い伝え）が置かれている。この説話を私はふたつの理由で注目したい。ひとつは、母の声として聴き取ったことにある。子供が大人になっていくための、あるいはミクロな島共同体で生きていくための人道や人文は、教訓歌や説話のかたちで母から子に伝えられるということは一般的なことだとしても、母と子をつなぐハイフンとしてのユシグゥトは、川満信一の〈共生の思想〉にとって特別な意味をもっているようにも思える。いまひとつは、その母の声による言い伝えが情況との対峙で想起されていることである。「情況の闇に向かい合うときに記憶の底から揺らぎのぼってくる」とか「現実の怪物的な様相に直面するとき、ふいと鮮やかに浮かび上がってくる」と言うことで、川満の思想の倫理を際立たせることになる。

「唐向い墓を通り過ぎて、美濃島村《ミヌズマ》に近づいたら、もうあと戻りは出来ません」という印象的な語りではじまる「唐向い墓の下道」のユシグトゥは、美濃島村に近づいていくと牛のようでもあり、また人間のようでもある醜い顔をした化物が背中に触れてくるがけっしてあとを振り返っていけないことや、道の真ん中に飛び出して迎える子猫と視線を合わせたり声を出してはいけないと戒められる。振り返ってその醜い顔を見たら魂は抜け落ち二度と戻ってくることはなく、視線を合わせたり声を出したりしたら子猫は大猫になり、その眼は皿や満月の大きさになって輝き、精を抜くからである。そして美濃島村のピューズ（日数）だったら、駆け巡る人馬の叫喚や村じゅうの家が焼け落ちる音や子供や年寄りが殺戮されるときの悲鳴が聞こえてきてもけっして気持ちを動かされてはいけない、そのわけは、殺された人たちの魂が取りついて古井戸に蹴落とすからである、という。

化物の誘いや災厄に、振り向いたり、視線を合わせたり、声を出したり、気持ちを動かしたくなるような誘惑に打ち勝つためには「里の御嶽のクバの木の頂にしっかりと眼を定め、ことばをヘソのあたりに飲み込みこんで、しっかりと地面を踏みしめ、前へ進みなさい」と命じられる。なぜなら、クバの木の頂は神々があの世からこの世に降りてくる媒体であり、ヘソは身体の揺るぎない中心だから。

川満はこの「してはいけない」という禁止の言葉の倍音を力にする言い伝えを「私の行為を律する原点的な倫理の通信」として発見し直している。この「原点的な倫理の通信」は、川満の「自立と共生の思想」の輪郭線を鮮やかにしていくが、より重要なことはそれが「国家廃絶」とのかかわりで言われていることである。こんなふうに述べていた。「終りなき抵抗によって、終局の自立に向け、国そのものの廃絶の彼方へと歩き続けるしかないのです」。あの牛や人間の顔をした化物になったり、皿や満月の大きさになって輝く眼に変身する大猫は、ミクロ共同体が疎外した恐れつつも憑かれる共同幻想であることは想像に難くない。ちなみに沖縄が島ぐるみ的に日本を「親」や「祖国」と見立てた共同の幻想とその同化力は、皿や満月の大きさの眼をもった化物に喩えられたとしても的外れには思えない。川満が「唐向い墓の下道」によって手渡された「原点的な倫理の通信」は、世界を覆い尽くした怪物としてのリヴァイアサンの極東における疎外態との終わりなき闘いを促すものであった。伊礼孝はそうした川満の倫理に対し、沖縄戦の末期、ナーファー（那覇人）とウーシマー（奄美人）の二人の〝異人〟をスパイとして日本兵と一緒に殺害した、伊是名島で実際にあった経験から〝異人殺し〟の側面を見て疑義を挟んでいる（「辿りついた宇宙への同化思想――川満信一論の試み」、「新沖縄文学」七一号、一九八七年）。だが、それ自体まっとうな疑義だとしても、かえって「幻にさえ国家を描かなくなっている」川満の徹底した「非国家的共生志向」を逆説的に明らかにするもので、八〇年代に架橋しようとした〈自立の思想〉の遠い原点になっている。

海の文体と還相と暗愚

川満信一のそれ以前とそれ以後の思想的旅程の結び目となっているのが「沖縄・自立と共生の思想」だとすれば、それを可能にしたのは何であったのかに注目するとき、「唐向い墓の下道」とともに根からの問いかけとなっている、もうひとつの少年期の体験を無視するわけにはいかないだろう。追い込み漁の集団労働のときに行なわれた通過儀礼である。そのことが思想的な結節の意味をもっていることを教えてくれたのが、同じ宮古島を出自にもつ、ひと回り若い新城兵一との間で交わされた往復書簡（「情況83・原点からの問い」、「沖縄タイムス」一九八三年十二月一日〜五日）で、新城への応答として書かれた「鶩鳥はもう消えた」である。「生存の基底への凝視」と見出しのついた新城の重く内部に沈み、沖縄の情況からの剝離感と対話の不可能性に翳る文章に対し、川満のそれはそれまでの暗く激しくうねるような文体を知る者を意外に思わせる軽妙な語り口にイロニーさえ漂わせるものであった。

こんな内容をもっている。久松集落の前に広がる与那覇湾は豊かな漁場でもあり、干潮時になると追い込み漁が行なわれる。引き潮どきの潮流は、海草を引きちぎるほどの速さで湾外へと流れ、その急流は追い込み漁へはじめて参加を許された少年の成人儀礼の場にもなった。漁場となる湾内中央の潮の道までクリ舟での競漕が行なわれ、当たり前のように初参加の少年の乗った舟は負ける。負けた舟に乗っていた少年は丸裸にされ、急流のなかに放り込まれる。そこからである、少年たちが試されるのは。たいていは放り込まれた不安から大人たちの乗った舟を追おうとするが、どんどん沖に流される。川満と一緒に放り込まれたS君は潮に逆らって進もうとする。が、うまくいくはずはなく、溺れかけ、しまいには手足をバタつかせ助けを求める。少年川満もそうするが、潮流に逆っても無駄だとわかり、流れに乗って湾入口の岬に辿りつく。このときの経験は川満にとってはよほど特別な意味をもっていたらしく、「日本と中国の谷間で」(「新沖縄文学」二一号、一九七一年)でも国境意識とのかかわりでヴァージョンを変えて紹介している。

この体験を例にして、新城を潮流に逆らいもがくS少年に喩え、内面を重くしている詩や思想を笑い飛ばせ、とまで言い放っていた。ここで注意したいのは、ただ新城の内向する反時代性を突き放したのではなく、新城のそれにかつての自分を重ねていることである。ただ突き放すだけではない。「鷲鳥はもう消えた」という言葉はまた自分へも投げかけられていた、と読み取れるところがある。ひとりの川満信一が消えてもうひとりの川満信一が誕生したということだろうか。たしかにこの逸話には、潮の流れや風や海を身体化した少年の日のイニシエーションが、時代認識や世を渡ることがどのようなことなのかを問いかけているところがある。大切なのはこの逸話を通して何を語りたかったかであろう。

こんな言葉を返している。「潮流に乗るように時流に便乗した方がよいなどと言うつもりはありません。そいう要領のよさを持ち合わせているのなら、現在のような野暮ったい人生をお互いに生きていなかったでしょう」と。詩と思想をマンガタミー（一身に背負い込む）するのはひとつの方法上の問題にすぎず、そうではない、つまり「身は潮流に押し流されてあるとしても、気持ちは東洋の聖賢たち、釈迦や老子や荘子の開いた世界へと近づけ、風と和する木の梢のようにも、光と遊ぶ波のようにも、瞬時、瞬時の驚きと充実を生き得るならば、『生れ生れ生れて暗く、死んで死んで死んでなお暗く』の、暗愚の輪廻も、いま少しは楽しいものになろうかとはかない夢を追っているこのごろです」と結んでいる。

ここにはなにかただならぬ機縁が言い添えられているように思える。それはあの「往相」に対する「還相」の関係である。潮の流れに逆らうことをやめ、風と海と流れを身体化することは「還相廻向」を方法とすることにほかならない。潮流に逆らって重く沈むよりも、「風と和する木の梢のようにも、光と遊ぶ波のようにも、瞬時、瞬時の驚きと充実」を生きること、まことにもって〈還相廻向〉を方法に〈暗愚の輪廻〉を巡り、そこで「夢」を追うこと。その〈暗愚の輪廻〉と「夢」はまた、主権をめぐるゼロサムゲームに終始する国家を自発的に放棄する、「慈悲の内海」を原理にした「琉球共和社会憲法」の解体‐構築の漢方的力にもなっていることは銘記しておいてもよいだろう。ここでの子供から大人になる通過儀礼で体得した海の文体に、「唐向い墓の下道」の母のユシグトゥを重ねるとき、回想の原点となって川満信一の「自立と共生の思想」の結び目を色づかせている光景を目撃することになるだろう。

夢見る力、ユートピアの賦活

ところで、ここまで当たり前のように「自立と共生の思想」とか「自立の思想」と言ってきたが、この言葉の布置の政治性を指摘したのは、誰あろう川満自身であった。こういうことである。「政治」とか「経済」とか「地域」などを冠し「何々のため」に役立つことを前提にしての思想行為を拒絶し、「思想行為そのものは、目的に対して従属的な拘束性を強いられ、思想の表現領域は不自由な情況にしばられたままダメになってしまう。だから思想行為そのものを『自立』させなければならない」からである。つまり「自立のための思想ではなく、思想そのものの自立」として定義し直さなければならない。〈自立－の－思想〉は〈思想－の－自立〉に組み換えなければならないということである。同じように、〈主体性〉という概念についても「国民」や「党」や「民族」の〈主体性〉という概念に埋め込まれた位階を転倒し〈主体〉を救出する。

川満はここでいっさいの従属関係を拒み、「思想」と「主体性」そのものが立って歩く根拠を提示する。「つまり『思想の自立』が必然的に、情況に対する抵抗の拠点となるように、『〇〇の自立』という概念は、体制の矛盾の手直しのためではなく、その自立を志向する行為そのものが、体制に対する根源的な抵抗であり、したがって『自立＝抵抗』として考えなければならない」という境位に進み出る。ここはまた「過渡的」という名で正当化され、ソヴィエトを中心とする社会主義政治体がその内部に収容所をもった「主体性」の国家主義的な暴力を解除するもので、その徹底した非国家・非国民の思想は、引き合いに出した「自立とは個の内部に国家をつくらず、個の外部に国を持たず」という一行からもわかるだろう。この不可能性を帯びた「終局の自立」は、川満の思想地図の稜線をせり上げていくインドの仏教思想を中心にしたアジア的知において内実を獲得していく。

大きく張り出してきた仏教思想は、川満と戦線を共にしたかつてのアスリートたちや川満の影響を受け、その背中を尾行してきた後続する島惑いびとたちを戸惑わせるのに充分だった。だが、国家を欲望するいっさいの芽を摘み取る「原点的な倫理の通信」は「宇宙的生理への同化」と「寛恕と慈悲」にもとづく無産、無境のユートピアを産み落とす。自らの実践と思想の歩みを振り返って「さて、私は、五〇～六〇年代の階級闘争の流れを知識主導型、教育主導型ととらえ、六〇年～七〇年代を情念主導型、情念の叛乱騒擾型ととらえ、七〇年代後半にかけてを情念変革に主題を置いた型としてとらえてきました」としたように、川満の関心は「情念変革」に絞られていく。このまとめ方自体、いかにも切断と飛躍の印象はぬぐえないにしても、「情念の叛乱」から「情念の変革」への道筋をW・ライヒの『ファシズムにおける大衆心理』を認識論的梃子にして描こうと試みる。というよりも、むしろ川満の関心は、ライヒの限界のあとに「情念の変革」を「階級闘争（理論）の自然史的な流れから離陸させていくことは可能なのか」という問いの地平で開くことにあった。そしてやはりここでも物議をかもすことになった、科学的社会主義理論が葬り去った千年王国や一連の空想的社会主義、仏教が奔放なイマジネーションで描出した浄土や仏国土など、無階級社会の理想図としての「ユートピア」を賦活させていく。

現実社会の醜悪さ、非理念性を、私たちが生々しく感受し、認識するためには、人間の資質としての夢見る能力、その壮大な空想能力をあらゆる機会に拡大し、群出するそれらのイマジネーションを集約して、二〇世紀末現在の段階における「理想社会」、理念的基準となる「ユートピア」の映像を創りあげることが必要だと思います。その理念としての「ユートピア」がしっかりと確定され、そして、そのユートピアを生きる人間の在り方が想定されたとき、階級闘争を生きる人々は、はるかな未来から使わされた「理念の使徒」として、泥沼に降りた白鳥の純白さで、まだ目覚めぬ人々を魅了する存在になるだろうと思います。

冗談を聞かされているのだろうか。この空想のクニへ張り出した高気圧のような想像力を前にして、その途方もなさにたじろぐ。眉にツバする。しかしすぐに気づかされることになる。ここには、空想的社会主義を科学的社会主義や唯物史観によって批判的に転倒した一九世紀的思考を、もういちど転倒する二重の転倒が言われていることを。この転倒の転倒によって招来されるのが「夢見る能力」であり「ユートピア」であるとすれば、またなんとパラドックスに満ちた営みだろう。それにしても「理念の使徒」とはいかにもパルタイ的な尻尾を引きずった言い方ではないだろうか。いや、この「理念の使徒」に、やはりあの「唐向い墓の下道」の母の声を「原点的な倫理の通信」として国家廃滅を目指した川満の、軌跡にして奇跡を見るべきなのかもしれない。「ユートピア」や

「理念の使徒」を、「われわれにとって、つくりだされるべきあるひとつの状態でもなければ、現実が則るべき何らかの理想といったものでもない」ということや「現在の状態を廃棄しようとする現実的運動」（マルクス『ドイツ・イデオロギー』）とした言葉によって共同体（コミューン）を定義した場所から批判することはたやすい。

川満信一の「ユートピア」を川満信一の「非国家共生志向」によって逆らうことはできるだろうか。こう問うとき、「民衆論」や「共同体論」などで繰り返し立ち返っていた、やはりマルクスの「人間の本質は社会的関係の総体である」という場所が新たな意味を帯びてくるだろう。つまり「ユートピア」や「理念の使徒」を「現実を止揚する運動」と「社会的関係の総体」が出会い直すところで「階級闘争（理論）の自然史的な流れから離陸させていく」肝心要のポイントが浮かび上がってくる。

そしてこの出会い直しや「離陸」の方法的要諦としての〈還相廻向〉という言葉をここに見出すことになるだろう。この〈還相廻向〉こそ、川満信一の「ユートピア」に川満信一の「非国家共生志向」をもって逆らうことを可能にする潜勢力である。〈往相廻向〉が「自分の善行功徳を他のものにめぐらして、他のものの功徳とし、ともに浄土に往生しようと願う」ことだとすれば、〈還相廻向〉とは「浄土に往生したものが再びこの世に生れて、衆生の救いのための教化を垂れること」だということになる。その〈還相廻向〉を川満は、吉本隆明の『最後の親鸞』のなかで言われていた「知の頂を究めたところで、かぎりなく〈非知〉に近づいてゆく還相の〈知〉」とのかかわりで捉え直していた。〈還相〉と〈非知〉においてこそ「ユートピア」は賦活されなければならないということだろう。「理念の使徒」がどのような位相から言われているのかがはっきりしてくるというものだ。ここから川満は「八〇年代においては、あらゆる理想、理念、空想世界が人間性の真の回復のためにイメージされ、描き出されてこなければならないし、科学的社会主義が退けてきたそのおめでたい空想社会主義の、現代版を描きあげるあらゆる努力が必要とされている」と大胆にも言い放つ。この〈非知〉に向かって折り返すように招き寄せられた「科学的社会主義が退けてきたそのおめでたい空想社会主義の、現代版」こそ、翌年、川満によって起草された「琉球共和社会憲法」にほかならない。

復帰と変貌の内界

ここでなぜ「琉球共和社会憲法」が生まれたのか、そしてなぜ「国」ではなく「社会」だったのかについてより踏み込んで考えていかなければならないだろう。この憲法が起草された一九八一年という時は、「復帰」という名で沖縄が日本に併合されてから十年目の節目を翌年に控えていた。「復帰」後の沖縄社会は大きく変貌したが、その変貌を測るのに参照されたのが「県民意識調査」である。なかでも「復帰」と「自衛隊」と「天皇・皇室」は、沖縄の人びとの意識の特徴と動向をつかむ重要な指標とされた。ここでは「復帰」に対する評価の推移を辿ってみることで沖縄社会の変化を考えてみたい。「復帰」直前の七〇年と七一年に「琉球新報」が行なった調査では、「復帰に不安を感じるか」という問いに対し、「感じる」と答えたのがそれぞれ五六％（七〇年）、六五％（七一年）となっていて、「不安を感じない」の一六％（七一年）を大きく上回っていた。またNHKが実施した七三年から七七年までの意識調査では、「復帰してよかった」が約四割だったのに対し、「復帰してよくなかった」が約五割に上り、八一年まで若干の変動はあるものの「復帰」に対してマイナスの評価で推移していた。それが逆転するのが、ちょうど「復帰」十年目の八二年からであった。

この「復帰」に対して「よくなかった」から「よかった」への逆転に、沖縄社会の変化が象徴的に反映されていることは間違いない。十年間に進行した、政党や労組などを含めほとんどの組織や団体におけるヤマトとの系列化や一体化は、「復帰」に対する評価に少なからぬ影響を与えたはずである。系列化や一体化は沖縄が形成した固有な戦闘力と文化創出力を削ぐものであった。戦後沖縄の大衆運動の母胎となった復帰協（沖縄県祖国復帰協議会）が実質的な総括もなされないままに解散したのが一九七七年で、「復帰」を前後する激動期に粘り強い闘いで基地の内部から基地そのものを揺るがし、復帰運動に集約された沖縄の抵抗の質を変えもした全軍労（全沖縄軍労働組合連合会）が、全駐労（全駐留軍労働組合）と組織統一したのは七八年九月であった。その二ヶ月前の七月には、交通方法が「人は右、車は左」のヤマト式に変更され、交通処分とまで言われた。系列化しないのはオリオンビールと旭琉会（暴力団）だけだと自嘲気味に語られたのもその頃である。

「復帰」後の沖縄の社会的経済的環境をドラスティックに変えたのは海洋博（沖縄国際海洋博覧会）と石油基地建設である。本土企業の土地買占めと大規模開発などで、海が埋め立てられ、山が削られ、自然が様変わりしたばかりではなく、開発主義は人心にも影響を与えずにはおかなかった。「沖縄崩壊の危機」が叫ばれはじめた。系列化や一体化を統治システムのなかに装置化した国家併合が沖縄に何をもたらしていくのかを、「土着前衛の再生を問う」（『中央公論』九月特大号）という論考で川満信一がいち早く警鐘をならしたのは「復帰」直前の七一年だった。戦後沖縄の固有な政治風土のなかに形成された土着前衛政党の戦闘性の喪失を糺し、解体的再生をラディカルに問うものであった。岡本恵徳が「『崩壊』の根底にあるもの」（『新沖縄文学』二六号）を書いたのは、「海 その望ましい未来」を標語にした海洋博を翌年に控え、沖縄じゅうが浮き足立っていた一九七四年だった。沖縄の風景が変貌していくだけではなく、文化の根にあるものが深く傷つけられていくことへの危機意識がベースにあった。一方、沖縄振興開発の国家的プロジェクトは、崩壊の根底を覆い隠すほどの物量で沖縄社会を敷き均していった。その変貌と画一化の激しさから十年は百年に喩えられもした。「復帰」後十年の帰結を見せつけたのが、意識調査での「復帰」に対する評価の逆転だったと言ってもよいだろう。

こうした「復帰」後十年の沖縄の現実に「新沖縄文学」での「琉球共和国への架け橋」特集を置いてみるとき、統合のエコノミーに対する抗いをともなった根源的な応答となっているのがわかる。興味深いのは、この特集は新川明から川満信一が編集長を引き継いだ最初の企画であったことである。「新沖縄文学を総括する」と銘打った休刊特集号（九五号、一九九三年五月）には、歴代編集長のインタビューが掲載されている。そこで川満は、編集長として取り組んだ最初の特集について「復帰から十年たち、そろそろ復帰に対する強い反省、絶望感が見えてきた頃だった。沖縄の真の自立とは何かという問いを提起するのに、最もふさわしい時期だったと思う」と振り返っている。とはいえ、川満のそうした問題意識は必ずしも編集委員に共有されたわけではなかった。「僕も琉球共和社会憲法の草案を作ったわけだが、『新沖文』でそういうのをやることについては、編集委員の中からも『まじめにやるのではなく、知的パロディとしてならわかるが』との意見が出た。しかし僕は、『そうじゃないんだ。状況的にはパロディでも、思想的には本気なんだ』と主張した」というコメントはその間の事情を伝えていて目を引く。この発言からは、川満が「民衆論」や「共同体論」を構成する力能として再考、再提示していこうとする問題意識を読むことができるだけではなく、沖縄の時代思想の分岐を垣間見ることもできる。川満の「本気」は孤立していたということだろうか。たしかにそうともとれる。だが、特集は大きな反響を呼び、「印象に残っている特集」のアンケートで最も高い評価を得ていた。危機の深層に届いたということである。

特集「琉球共和国への架け橋」がどのような意図のもとで実現したのかを、川満自身もたびたび書いたり言ったりしているのでもう少し付き合ってみよう。たとえば一九九七年十一月二十三日に行なわれた「沖縄――日本を結ぶシンポジウム」パートI（沖縄）の発言では「返還後に、アンケートをとると『復帰してよかった』という回答が半数以上を占めました。琉球共和社会憲法私（試）案のような『もう日本の国なんかいらないよ』いう咳呵の切り方はその状況にはまったくふさわしくない。しかしそういう切り返しによってしか、先行きは打開されないと、その時は思い、観念的なら観念的でよい」（「沖縄、この奇妙な島にて」、『併合二十五周年と沖縄自立の展望』、一九九八年）と思ったこと、会場を東京に移した二十七日のパートIIの「反復帰――独立論の現在と未来」では「琉球共和国憲法F私（試）案」や「異質文化論」による独立論との違いを明らかにするように、「日本国家の特殊性・歪みと近代国家の限界性」を越えるところから展望しなければならないこと、したがって「日本VS沖縄の図式では処理できない問題」を抱えていることを指摘している。

二〇〇八年五月に行なわれたシンポジウム「来るべき自己決定権のために——沖縄・憲法・アジア」と関連して「沖縄タイムス」文化面に掲載された、佐藤優との往復書簡（他に孫歌・仲里効、松島泰勝・平恒次、崔真碩・新川明）「沖縄をめぐる対話」では「憲法改正問題が進行し、自衛隊の国軍化昇格を指標に、九条の取り扱いが怪しげな揺らぎをみせ、危機感が迫ったからです。それで日本が戦後の理念を放棄するなら、見切りをつけて沖縄がその理念をさらに発展させようではないか、という反発心で作文したわけです」と当時の政治的問題とのかかわりで述べていた。

比屋根薫との対談では、国政参加拒否闘争を契機に「国家とはなにか」という課題が持続して取り組まれたこと、「復帰」が実現し世論も「復帰してよかった」という意見が多くなり、『復帰反対』を唱えていた『あの世間はずれ』の連中はなんだ」ということになっていったこと、したがって『憲法案』が出てくるのは、敗北の果てのどん詰まりに立った『開き直り』と考えなくてはいけない。幸い僕が『新沖縄文学』の編集責任をまかされたから掲載できたのです」（『沖縄発——復帰運動から四〇年』に収録、世界書院、二〇一〇年）と特集が実現した事情をいささかのイロニーを交えて紹介している。また同じ対談の別のところでは、特集実現の理由から「琉球共和社会憲法」そのもののエッセンスに踏み込んでいくように、民族や国家のドグマを前提にした憲法を作ったとしてもテリトリーに囲い込むこととそのことによる周辺地域との対決関係を惹起することへ注意を喚起しつつ、「いまの国民国家の国境というテリトリーの囲い込みを、社会の交流によってなし崩しにしていくという指標を立て、自分たちのスタンスを取っていこうというのが『琉球共和社会』の基本になる」という視点を提示している。

東へ西へ、南も北も

川満信一が編集長になってはじめて取り組んだことと、川満信一が編集長になったからこそ実現した特集であったこと、このことの内情は、同特集の巻頭に置かれ、企画趣旨にもなっている『日本国』への見切り」を見出しにした「石鼓《いしちじん》」の「日本国に見切りをつけて理念の『琉球共和社会』建設へと志向するのは、絶望を希望へと転換するための避けられない試行だといえよう。だが、その試行の最大の障壁は日本国家権力と沖縄内の無気力であろう」という言で知ることができるだろう。「日本国家権力」とともに障壁とされた「沖縄内の無気力」とは、「まじめにやるのではなく、知的パロディとしてならわかるが」と皮肉った編集委員の退行へ向けられていると見做しても言い過ぎにはならないだろう。

さて、ここまでは主に「琉球共和国への架け橋」を特集した背景や意図について触れてきたが、「琉球共和社会憲法」それ自体についてのコメンタールとなっているという意味で「『琉球共和社会憲法草案』の思想」は注目しておいてよい。占領と文学をめぐる国際シンポジウムで発言した内容をまとめた『占領と文学』（「占領と文学」編集委員会、オリジン出版センター、一九九三年十月）に掲載されたものだが、このなかで川満は、復帰運動の反米ナショナリズムへの批判を一九七一年に書いた「沖縄――〈非国民〉の思想」に拠りながら自説を展開していた。

以下の四点に要約できる。すなわち、第一に、五〇年代の土地闘争を経て、そのエネルギーは六〇年代になって祖国復帰運動に集約されていったが、国家の問題への視点を欠き、日本を「母国」や「祖国」とするきわめて情緒的な運動になっていることの危険性について指摘したため、六〇年代後半にはかつての「琉大文学」時代の仲間たちとも意見が対立したこと。第二に、復帰運動を本格的に批判していくためには、復帰していく日本とは何かを国家論的な視点から考えなければならないことの必要性を強調したことである。日本の歴史では天皇を中心とした宗教国家的な側面がそのまま近代国家と重なり、一民族一国家というイデオロギーが統治システムとして作り出され、根強いイデオロギーとなっていることとの特殊な構造を問題にしていた。第三に、そうした一民族一国家としての日本からすれば沖縄の位置は、たとえば明治の琉球処分のとき、沖縄島以北は日本の領土に、宮古、八重山は清国の領土として分割するとした「分島条約」や敗戦後のサンフランシスコ講和条約で米軍の占領下に分断される、いわば切り離されたりくっつけられたりする琉球（人、民族）とはいったい何かという、ぬぐい難い疑念へ目を向けたことである。第四に、そうした国家支配の道具にされた沖縄から国家イデオロギーを超克していくために出てきた「沖縄異族論」や「反国家論」が、もうひとつの国家を作ってしまうことであるならば、近代民族国家主義の枠組みを出るものではないということの問題性を指摘したことである。

「国家論」をもたない「復帰運動」の問題点とその超克を摸索した「沖縄――〈非国民〉の思想」

はまた「沖縄異族論」や「反国家論」への川満なりの応戦として書かれたという性格を併せもっていた。この原イメージになったのが、敗戦後の台湾と与那国の間での非国家的、無境界的な交流であった。

今のように日本国家の辺境に位置付けられ、国境線を引かれてしまったのでは、こちらは片手を縛られたと同じです。わたくしたちの生活圏域は、そのために半円形しか描けないような不自由な拘束を受けてしまう。それは不当なことだ。その拘束を解消するには、要するに非国民という立場をとればいいんだ。非国民という立場なら、国境も何もなくなるわけですから、実にわれわれの発想は南へ西へ東へと自在に広がります。その南北東西へ広がる発想に基づいて自分たちの生活圏域をこれから創造していければいいんだというわけで、この非国民の思想というのは、少しづつ前の方へ可能性を開いていくわけです。

排他的な主権と国境を介在させず〈社会〉の自在な組合せによって出現する共同体――川満信一の〈非国民〉の思想は、国民‐国家体制によって覆い尽くされた現代世界の政治地図から見れば不可能性を帯びていっそうユートピア的様相を濃くしていくことはある意味で避けられないことである。だが、その〈非‐国民〉の思想は、沖縄の歴史の闇に分け入り、悲歌を聴き取り、共生と共死の諸刃をあえて呑み込んだところから導き出されているということははっきりさせておかなければならない。そしてやはり〈死者的視点〉を忘れてはならないだろう。『琉球共和社会憲法草案』の思想」の結論部分で、拠って立つ根を繰り返したしかめ直すように、冷戦下の沖縄基地が東洋一の戦略的拠点であったことによってたえず核の標的にされていたことと、日米安保条約の要石であることによって、国家の眼からすればそこに住む住民は不在にも等しいこと、つまり、沖縄住民は「生きたままで、まるごと死亡者台帳に掲載されている」ということに眼差しを返していた。「われわれは要するに非国民ではないか。国籍もなし、死亡者台帳だ。そこから思想を展開していくとき、わたくしたちは国家が作り出すどんなイデオロギーにもだまされない自在な思想を展開できるはずだというふうになってきたわけです」という〈死者的視点〉に立ち返っていく。この「生きたままで、まるごと死亡者台帳に掲載されている」ことと「国家が作り出すどんなイデオロギーにもだまされない自在な思想」こそ「琉球共和社会憲法」が立ち上がっていく原理であり現場でもある。〈社会〉の自在な組合せによって出現する〈間 - 主体〉化された民衆における交通は、境界を限る国家と主権のドグマへと一方通交化されるのではなく、東へ西へ、南も北も多元的な接触と通交を確保していくだろう。

慈悲と非 - 場、国家に抗するということ

対位法的なフーガのような技法で「浦添」「首里」「ピラミッド」「長城」「軍備」「法」「神」「人間」「愛欲」「科学」「食」そして「国家」など、権力と欲望の膨化と物象化がそれそのものの驕り

によって滅ぶことの戒めを重ねていく「前文」の格調や、「国家廃絶」（第一章第一条）と「法律を廃棄するための唯一の法」（第二条）を謳いあげたところに、「琉球共和社会憲法」の卓越した理念がある。そして、第二条から第七条までの一章全体の基調をなす「慈悲の戒律」と「慈悲の内海」という法ならぬ法は、「〈非知〉に近づいてゆく還相の〈知〉」によって出現した共同性であり、まぎれもないそれは〝国家に抗する社会〟のバッファーゾーンにもなっている。目を凝らしたいのは「われわれの足はいまも焦土のうえに立っている」という一行が、この憲法が沖縄戦の〈死者的視点〉を出自にしていることと、この憲法を構成するアンカーになっているということでもある。そして「非国家的共生志向」をもっともよく表現しているのは、第十一条の「共和社会人民の資格」で「琉球共和社会の人民は、定められたセンター領域内の居住者に限らず、この憲法の基本理念に賛同し、遵守する意思のあるものは人種、民族、性別、国籍のいかんを問わず、その所在地において資格を認められる」と謳ったところであり、さらに第十七条の「亡命者、難民などの扱い」で「各国の政治、思想および文化領域にかかわる人が亡命の受け入れを要請したときは無条件に受け入れる」としたところであろう。いわば国民国家の主権権力を定礎する人種や民族や国籍などを無‐根拠に解体する無条件の歓待にこそ、徹底した非国家性が書き込まれているはずだ。

この憲法はたしかに川満自身も認めるように「ユートピア」に違いない。しかし「われわれの足はいまも焦土のうえに立っている」という一行をもつことによって、ほかならぬ「ユートピア」を異議提起する「コミューン」の批判力としての「現存の状況を打破する現実的運動」（マルクス）へと送り返され、そのことによって逆に「現実的運動」を試し続けもする。「琉球共和社会憲法」の母音となり、それゆえにまた異和や冷笑の対象にもなって評価を分けもした「慈悲の原理」や「慈悲の内海」は、幼少期に母の声として聴き取った「唐向い墓の下道」のユシグトゥを遠い原点にして、沖縄戦の焦土のうえに立つ足の記憶において理解されなければならないだろう。

そういった意味で、思想史研究家の孫歌が「琉球共和社会憲法」の「ユートピア的性格」について「それは現実社会から隔たったものではなく、現実政治のなかに幾つかの『要素』を忍び込ませることで、現実の既成秩序を崩していく効果を持つことである」（「沖縄に内在する東アジア戦後史」）と指摘した、現実批判力と響き合っていると見なすべきだろう。あるいはジャン＝リュック・ナンシーが「ユートピアの場に／代わりに」のなかで、「ユートピア」の語源がギリシャ語のトポス（特定の場、場所、特殊な地域という意味での場）に否定のouが接頭語として付加された「誰でもない、いかなる誰かでもない」を意味するものと同じで、「非‐場」あるいは「場‐の‐外」なるものを参照にすべきだろうか。現実的なるもののなかに穿ち続けられた「開口部」であり、「ユートピアはこの世界の中に非‐場を開く、そしてこの非‐場は、任意の（与えられた）意味の不在化（意味からの離脱）の傷痕のようなものを形成する」とも言っている〈意味からの離脱の傷痕のようなもの〉を。そしてスラッシュを入れて「それゆえに、何がユートピアの場に／代りに到来すべきであるのか、というのがまさしく問いであるように思える。これは想定しうる二つの意味で聞き取るべき問いだ。つまり、ユートピアの代りに、それに置き換わる、取って替わるものとして何が到来すべきなのか、そしてユートピアであるこの場に、言い換えれば、この非‐場ないし場‐の‐外なるもののうちに、何が到来すべきなのか」という二つの問いを問うべきだとすれば、憲法を構成する政治体を〈国〉

ではなく〈社会〉としたことで、〈死者的視点〉と「非国家的共生」が〈共〉において分かち合われていることに気づかされるだろう。共和の政治体に／〈国家〉に代わり〈社会〉としたことは、「琉球共和社会憲法」が「非－場」ないし「場－の－外」なるものを不断にかつ動詞的に開示し続けることが言われているのだ。国家という〈場－の－外〉、すなわち〈代わりに〉がこの憲法の潜勢力になっているのは間違いないだろう。

無人島、主権のリビドー、法外

意表を衝くようでもあり、人を食ったようでもある、世間の常識からすればおおよそ思いも及ばない埒外な言葉を繰り出しては周囲を戸惑わせたり驚かせたりする。詩人の奔放な想像力のなせる技といえばそれまでだが、その規格外の想像力は「琉球共和社会憲法」の越境性の推力のようなもので、「国家が作り出すどんなイデオロギーにもだまされない自在な思想」の発露と見なせば多少は納得がいくようにも思える。

雑誌『情況』の「沖縄・尖閣特集」（二〇一二年一・二月合併号）に寄せた「アホウドリのものはアホウドリに返せ」を副題にした「尖閣・魚釣島って？」も、川満の徹底した非国家的民衆共生志向から生まれた産地直送の思想産物になっている。この特集には新川明（「『尖閣』は沖縄に帰属する」）や松島泰勝（「尖閣諸島は『日本固有の領土』なのか」）の論考も掲載されている。川満信一の一文は、尖閣諸島は沖縄に帰属すべきだとする新川明や松島泰勝の見解と対照をなしていて、昨年（二〇一三年）五月の琉球民族独立総合研究学会の設立や沖縄独立論の台頭によって前景化した国家と独立をめぐるプロブレマティークの尖端を問うものである。他人事ではない難題となって私たちを試してやまない。

川満はこのエッセイで、尖閣諸島をめぐる歴史や日中台の関係史、その狭間で翻弄された沖縄の経験、そして豊富な地下資源の埋蔵の可能性を指摘した国連アジア極東経済委員会の調査をきっかけにして領有権が東アジアの政治と外交の前面にせり上がってきた経緯などを追い、問題点を整理しながら解決策について提言している。このなかでも目を引くのは、日本政府の「領土問題は存在しない」とした主張を三点挙げて問題にしているところである。すなわち「一つには日清条約前後の取り決め、二つ目は実効支配の根拠とする開拓史、三つ目は沖縄を米軍占領に切り離したときのサンフランシスコ条約」。一点目に挙げた「日清条約前後の取り決め」とは、前にも触れたように、日本と清国が琉球列島を北と南に二分割する「分島条約」のことで、もしもこの条約が実現していたら、尖閣どころか宮古や八重山まで中国領となっていた。

川満はこの「分島条約」をたびたび取り上げ、宮古島に出自をもつ自分は中国人になっていたかもしれない、という歴史が流産させた〈もし〉に思いを返している。このありえたかもしれない可能性を光源にして、主権の囲い込みの暴力を群島人の立場から批判的に言及している。こうした過去の出来事を、〈もし〉という仮構を力にして国家の問題とかかわらせ不断に現在と未来に開き再考するところから、領有権を括弧にくくる「棚上げ論」を当面の了解項としつつも、これまでの資源開発を改めるエネルギー革命と共同開発のための東アジア共同体創設の必要性を説く。そのうえで、済州島と琉球諸島と台湾を横断する非武装緩衝地帯を構想し、「物事の解決策を戦争でしか考えない反動政治の状況下では、群島を生きる人間は、実現困難な寝言をつぶやいているしかない。領土権をめぐる戦争を避けるための残された方法があるとすれば、カイザルのものはカイザルに返せ、アホウドリの楽園はアホウドリに返せ。二十億円は島の自然回復に返せ」と結んでいた。「実現困難な寝言をつぶやいているしかない」とは、いかにも〈暗愚の輪廻〉を巡る夢追い人らしいにしても、〈非知〉と〈還相〉の力を会得している者にしかできない物言いは、相当にしたたかである。

アホウドリの楽園はアホウドリに返せ——この法外な言葉に私たちは、聞いてはならないことを聞いたときのように、ただカタクチワレー（隠微な苦笑）するかその法外さを無視するふりをするかのいずれかである。国家と主権を不動の前提にした近代的思考や国際政治のリアリズムをコケにした「実現困難な寝言をつぶやく」あえての物言いは、だが、国体護持のために恣意的に境界を書き換えられてきた群島人の、まさに「歴史意識が現実の自己意識と重層化する」〈死者的視点〉を徹底してくぐったところから送り届けられていることに思い至るとき、憲法「前文」のなかの「われわれの足はいまも焦土のうえにある」という一行が不意に立ち上がってくることに撃たれるだろう。国民人間主義を打ち捨てた法外な一行の背後には、琉球弧の島々を恣意的に分割しようとした国家に対する抗いと中国人になったかもしれないというヴァーチャルなリアリティ、そして敗戦後なぜ与那国島と台湾の間で自在な往来は可能であったのか、という根源的な問いが分有されている。この無条件の贈与とも主権の放擲ともとれるメッセージにはまぎれもない「琉球共和社会憲法」の

「慈悲の内海」と通い合うものがあるはずだ。たとえばそれは、第五章五十条の「産業の開発」の条項で「生態系を攪乱し、自然環境を破壊すると認められ、ないしは予測される諸種の開発は、これを禁止する」としたことや「技術文明の成果は、集中と巨大化から分散と微小化へ転換し、共和社会および自然の摂理に適合するまで努力することを要す。自然を崇拝した古代人の思想を活かさなければならない」とした第五十一条の「自然摂理への適合」、五十二条の「自然環境の復元」にこめられた人間‐国民中心主義の改変と、第十三条「不戦」や第十六条「外交」で謳われている絶対平和主義の発露に求めてもよい。

だが、こうした個別的な条項をあげつらうよりも、国家主権を自発的に放棄する「琉球共和社会憲法」の〈社会〉であることのラディカルさについて考えるべきだろう。たとえば「主権者とは例外状態に対して決定をくだすものをいう」とカール・シュミットが『政治神学』のなかで定義した「例外状態」が、西欧の近代を定礎もしたリヴァイアサンの胎内から産まれたファシズムやスターリニズムという全体主義の至高性だとすれば、その至高性に秘められたおぞましい暴力を廃棄するのは何かに思いを返すとき、〈還相廻向〉と〈暗愚の輪廻〉の無為の力に思い至るだろう。主権権力の神学に秘められた暴力を発動させる「例外状態」という法外を、主権権力と国民人間主義の自発的放棄によって解き祓う、そんな「還相」と「暗愚」の法外さがある。そこに〈国家〉ではなく〈社会〉とした原‐理が装塡されているはずだ。

尖閣諸島（釣魚島／釣魚台）の領有権をめぐる日中台の対立は、逆に「琉球共和社会憲法」の現代性とアクチュアリティをあらためて私たちのもとへ届けることになった。尖閣諸島の領有権を

「琉球共和社会憲法」において問うこと、問うことによって引き出される国家と主権の陥穽に注意深くあること——まさに尖閣問題において海獣に喩えられた国家としてのリヴァイアサンのリビドーが根本から糺されることになるだろう。なぜ、無人島である島に国家主権がかくも激しく引き寄せられるのか、そしてそれはなぜ国家の核心的利益として過剰に眼差されるのか。東シナ海を「固有の領土」論で波立たせる無人の島々は、無人であることによってかえって国家の欲望を写し出す。〈無人‐島〉とは、主権と国民人間主義の欲望を逆説的に形象する鏡像だと言い換えることもできよう。リヴァイアサンにとって主権の及ばない〈無人‐島〉は許されるものではない。島は先占され領有されなければならない。主権のリビドーは法のかたちをとって表出され、ネシアはネーションによって陵辱される。ここに「無主地先占論」からはじまる領土、領海、領空という現代国家のノモス（法秩序）をめぐる神話を目撃することになるだろう。「琉球共和社会憲法」が「法律を廃棄するための唯一の法」であるならば、そしてその自己解体的な法のうちに〈社会〉の非国家的共生が分かちもたれているならば、まさにそのことにおいてこの憲法はこの世界に対して島＝始原の場としての「ユートピア」であり続けるだろう。

異場と越境憲法、再び非‐場へ

「琉球共和社会憲法」の「前文」で、破壊と殺戮ののちに「戦争放棄」と「非戦、非軍備」の憲法をもったにもかかわらず、その反省はあまりにも底浅く、淡雪となって消えた日本国民へ愛想をつかし、「好戦国日本よ、好戦的日本国民と権力者共よ、好むところの道を行くがよい。もはやわれわれは人類廃滅への無理心中の道行きをこれ以上共にはできない」と闡明した場所から、台湾の二・二八事件や済州島の四・三事件の国家テロリズムによる被虐体験を中継して、済州島・琉球・台湾に延びる島弧に自由の新たな空間を転綴していく。その越境の道行きは七〇年代はじめの「民衆論」の〈共生―共死〉の思想から、「沖縄・自立と共生の思想」での〈還相廻向〉と〈暗愚の輪廻〉の方法を八〇年代に架橋した「琉球共和社会憲法」を経て、世紀が改まった二〇〇〇年代には「異場の思想」によって〈東アジア越境憲法〉へと至る流紋を描きあげていく。

「異場」とは川満信一の造語であり、「異場の思想」とは「日常から非日常へ」と入り「時間と場所を包括している歴史や、日常とは異なった地点に、思考や感性のスタンスを定め、そこから現実に打って返す思想」だという。そのうえで、理想とする親鸞の『非僧非俗』の場所」や「不二元の阿弥陀仏と出会う場所」や「悟りや涅槃の境地」へ至るためには、四つの次元の「異場の思想」の方法があると説いている。つまり、第一次は「現在という共時における」それで、第二次は「歴史の時間を遡行して発見する時系列上」のもので、第三次は「歴史の事象や、未体験の土地の『事態』に見つける空間上」のもので、第四次は「悟りと言われる円環の時空に見つけるメタフィジック」なものであるとされる。そして異場はけっして静的なものではなく思索の絶え間ない運動において実存する場であり、名詞ではなく動詞としてイメージされるという。

仏教的素養に裏づけられた川満のジャルゴンは、なかなかわかりづらいところがあるが、この

「異場の思想」を「他の思想」と言い換えてみるといくらかは理解できるのかもしれない。階級や民族や地域を自民族中心主義的に我有化し固定するのではなく、また歴史時間を進歩主義的な史観に閉じ込めるのでもなく、時間と空間が、自己と他者が相互に絡まり合い、重層化しつつ変成され、自己は他者によって活かされている。ここに至って〈自立〉とは、「異場の思想」によって〈他律(立)〉を分かちもっていることを知らされる。してみるならば、川満の「異場」はジャン＝リュック・ナンシーが「誰でもない、いかなる誰かでもない」という意味の「ユートピア」を「非‐場」あるいは「場‐の‐外」としていたこととそれほど隔たりはないようにも思える。いやむしろ「共同体」への途絶えることのない関心と、たとえばナンシーが「共同体」を〈無為〉や〈共‐出現〉において分有し、川満が〈死者的視点〉や〈暗愚の輪廻〉において召喚させたということにおいて、惑星的に隣り合っているように思える。

「琉球共和社会憲法」は「異場の思想」によって構成‐措定された法だと読み直してみたい。構成‐措定された法はつねに動詞的であることによって、法の外へ、異他なるものへ、つまり法は法そのものにおいて超出されていく運動性において生きられているということでもある。法ならぬ法によって法‐外を不断に開口している「前文」と六章五十六条からなる条文は、法を成り立たせているトポスを自己解体的に組み換えたところに出現したトポスであり、そうであるがゆえにそれは異場を歓待する。法が法そのものを超え出る、つまり法措定の暴力への批判を法そのものの内部が動詞的にもっている、ということでもある。第一章「基本理念」の第二条「この憲法は法律を一切廃棄するための唯一の法である」という一行は、この憲法がほかならぬ〈異‐場〉を分かち合っていることを宣揚しているはずだ。「国家」ではなく「社会」であることとは、こうした「法律を一切廃棄するための唯一の法」としての憲法をアトピックサイトとしてもっているということだろう。そしてそれは第一条の「国家の廃絶」において極限の像を裸出させる。場なき場、いや〈場の外〉〈に代わって〉、すなわち〈異‐場〉なのだ。

そもそも憲法が「国家」の基本法だとすると、「社会」において構成することははじめから自己同一性を傷つけるジレンマを抱えることを意味している。だが、そのジレンマが国家と国民の境界を書き換えられ、取り込まれながら排除されてきた沖縄の歴史と経験からくるものであるならば、〈異‐場〉は可能なる中心となるだろう。「琉球共和社会憲法」は近代を定礎したノモスを不断に問い糺し、国家と主権の〈外〉を開門する。

私たちはもういちど耳を鋭くして聴いてみなければならない。「アホウドリのものはアホウドリに返せ」――主権権力や国民人間主義の領土に開口部を穿つこと、近代が生んだ怪物であるリヴァイアサン（国民‐国家）の限界で考えること、リミットを生きること。国家主権と領土を自発的に放棄するところに到来する共同体とは、ほかならぬ「琉球共和社会憲法」の構成する力を基礎づけている、〈非‐場〉ないしは〈場‐の‐外〉として、いかなる主権的リビドーにも還元されない、ただ来たるべきものとして出来事のうちに分かち合われていると言えないだろうか。「琉球共和社会憲法」とはまぎれもない国家を放擲するところに到来する共同体なのだ。

独立は発明されなければならない、と思う。だとすると、もはやその共同性は国民と国家の球型の内部に拉致されるものではない。「琉球共和社会憲法」は沖縄の戦後思想の極北としていまも私たちの思考を問いにおいて開き、試すことをやめない。少年から大人になるイニシエーションで海と潮の流れを身体言語にした〈還相廻向〉と母の声として伝えられた「唐向い墓の下道」を「終局の自立」への道にしたことから、沖縄戦の惨劇と占領の不条理に伸びる〈死者的視線〉を経て「異場の思想」まで、川満信一の〈非国家・非国民〉の思想は「琉球共和社会憲法」に、まさに法外として結実させられている。そしてそれは「国家廃絶」へと向かう永続革命と「法律を一切廃棄するための唯一の法」であることにおいて、時ならぬ時、場ならぬ場としてただ未生《みしょう》を裸出しつづける以外ない。この裸出する未生はだが、大地を囲い込み、海と空をも囲い込もうとするノモスを消失点で晒しつづける。国家を放擲するところに、やはりあの声を聴くべきだろうか。「われわれの足はいまも焦土のうえにある」と——「琉球共和社会憲法」はこのヘソの声によって琉球弧の〈弧〉をアジアの歴史と記憶へと投げ返し、現代史の尖端をまわる。

第二部

アリーナで、交差と交響

「孤島苦」と「流動苦」――「琉球共和社会憲法私案」の根拠と可能性

丸川　哲史

はじめに

川満信一氏の「琉球共和社会憲法私案」（以下「私案」）を強く意識しはじめたのは、二〇〇七年九月のこと。本書の執筆者の一人である仲里効氏、その他友人と中国社会科学院の孫歌氏を北京のご自宅に伺った時からである（この期間北京にてテント芝居の公演を行なっていた桜井大造氏も同席していた）。ざっくばらんなお茶飲み話の中から、やや唐突に仲里氏が「琉球共和社会憲法私案」のことを話し始めた。「私案」が『新沖縄文学』にて公表されたのが一九八一年のことであるから、すでに二十六年の月日が経っていた。そこでなぜ、仲里氏が「私案」を北京で持ち出したのか。私の推測で補うならば、その二年前に遡ることになる。大陸中国の北京と上海において、それぞれ一万人と二万人の反日デモが起きていた。当時の小泉首相による靖国神社参拝があり、また同時に日本の国連常任理事国への昇格の願望が打ち出され、それへの反発が中国大衆において巨大デモの形を伴って噴出していた。いわば、今日の領土問題などを含む日中間の軋轢が、都市大衆行動の形をとって顕れた初期段階、と定位できるだろう。さらに付け加えると、その時の中国の大衆が掲げるバナーの幾つかに、中国語で「琉球を返せ」というスローガンの文字があった。もちろん、この要求は政府レヴェルのものではないだろう。だがこの表現は若干の痕跡であったとはいえ、（仲里氏も含め）沖縄の人々にとって、いくばくかの困惑を引き起こしたことは想像に難くない。いずれにせよ、今日問題になっている尖閣諸島（釣魚列島）問題も含め、また沖縄本島の米軍基地問題も含め、さらには石垣島など国境防衛の拠点化なども含めたところで、琉球弧の島々は東アジアの内部に穿たれた特異なトポスとして、否応なく浮き出て来てしまっている。まさにその扱われ方は、辺境、孤立、無援といった旧来のイメージから、一挙に係争、介入、援助にまで大きな揺れ幅を経験するに至っている。まさに琉球弧は、東アジアの準紛争地域と化している。

私が「私案」を意識し、そして何事かを論じる必然性を実感する「現在」を規定しているのは、以上の文脈である。ただ個人的な経緯を言えば、それはまさに仲里氏の熱意であり、そして孫歌さんの応答である。『沖縄タイムズ』の読者である方はご存知であろうが、この「私案」にも絡んで、ご両人の間での往復書簡がすでに紙上にて発表されている（『沖縄タイムズ』二〇〇八年四月〜五月）。仲里氏の熱意は、琉球弧から西進し、大陸中国を一つの起点にして再提起されたことになる。翻って、私が感ずるところは、つまり「私案」は単にヤマトVSウチナーの構図には収まらない新たな段階に対応し、もう一つの運命を生き始めたことである。行動提起的に申せば、「私案」はただちに中国語や韓国語に翻訳されねばならないだろう。

「慈悲」の論理

のちに仲里氏が市民運動主催の講演会で語ったところで、「私案」にかかわるキーワードとして、「非暴力」、「慈悲」、そして「民衆自治・自立」の三つが挙げられている。「私案」のもつ思想系譜にアクセスするのに最短距離の紹介であり、実に的を射ていると私は思う。そこで「非暴力」や「民衆自治・自立」に関して言えば、ある意味で日本の市民運動レベルでは接近しやすいタームである。まず「非暴力」——周知の通り、このタームには反植民地闘争をリードしたガンディーの思想が響いているだろう。またかつて、両属制を有効に機能させようとしてきたため、琉球処分のさい、むしろさしたる武力装置も持っていなかった尚王朝の悲劇性を深いレベルで受け止めた態度なのではないか、などうっすらと想像される。つまり、この琉球弧に強制されてきた近代以降の数々の反復的暴力——それに耐えてきた主体性を表示しているのだろう。また「民衆自治・自立」である。これも七〇年代以降の「新しい社会運動」の流れを想起させるが、特に沖縄においては、戦前における強力な文化統制(同化)を経験してきたことへの反応、また強い武力を背景とした大国の論理への抵抗感が基礎となっており、先の「非暴力」とも強い親和性を持っている。そしてさらに、この二つのキーワードに絡み合うのが「慈悲」だが、この言葉は他の二つと違ったレベル、すなわち宗教的な位相を強く有している。実に「慈悲」は特権的な位置を占めている。

「慈悲」は、「私案」のなかで、宗教的なコロラリーとして「原理」や「戒律」といったタームと連結されるのみならず、また「海」や「内海」とも連結されているところに最大の特色を持つ。もともと「慈悲」は仏教用語で、二つの梵語の組み合わせを漢語で表記したものである。つまり、「慈」は“maitrī”であり、「幸せを与えること」、「悲」は“karunā”であり、「苦しみを取り除くこと」である。私が気になったのは、「私案」の作者がいかに仏教に影響されているかを指摘することではない。作者をしてこの「慈悲」を選ばせたなにがしかの必然性に注意が惹かれるのだ。というのは、庶民レヴェルのところに視点を据えるなら、琉球弧における仏教の影響自体はさほどは大きくないはずなのだ。尚泰久が即位し尚徳へと引き継がれていた時代、京都の五山僧が沖縄を訪れ、そして仏教が広められたとされている。が、その主たる狙いは、五山僧たちが持っていた貿易にかかわる交渉能力に尚王朝側が期待してのことであった。尚王朝の主たる繁栄は、まさに中継貿易によってもたらされたものである。この脈絡において、「慈（幸せを与えること）」のヴェクトルはこのような交易の歴史に適応するのだろう。だが類推するに、「私案」作者は、むしろ深く「悲（苦しみを取り除くこと）」の方に接近したのではないか、と推察される。しかしてその接近の論理が重要となる。

そこで「慈悲」が「海」とともに使われているとは、やはり地勢的な文脈で「島」の論理を語っているわけで、この「私案」の最大の特色を示している。そこで注目したいのが、「私案」の「前文」である。

「島」の論理

第一段落の冒頭――「浦添に驕るものたちは浦添によって滅び、首里に驕るものたちは首里によって滅んだ」と語られる文言は、そのまま「科学に驕るものたちは科学によって滅び」、「国家に驕るものたちは国家によって滅び」などと同様の反復を繰り返し、第二段落の最後においてやっと「われわれの足もとはいまも焦土のうえにある」で結ばれる。一九一九年三・一独立運動への弾圧に抗議の意を示した宮崎滔天の「力を頼むものは力に倒れ、剣を頼むものは剣に敗る」を彷彿とさせる。いずれにせよ、この文章形態が明らかにしているのは、歴史の反復である。単純に琉球弧が平和な島々であったところに暴力的な近代（日本）が侵入した、という構図を採っていない。先ほど述べた尚泰久が仏教を導入したもう一つの理由として、彼が王位を継ぐ直前、跡目争いから派生した戦乱のため首里城が焼かれた「戦後」の文脈が潜在する。歴史的に琉球弧の内部においては、宮古・八重山なども含んで、人類学史的にいうところの小戦争が多発していたわけである。レヴィルは違うとはいえ、内部感覚としてこの歴史の反復の延長線上に「焦土」の光景が据えられたことになる。そして「前文」の最後の文言は「もはやわれわれは人類廃滅への無理心中の道行をこれ以上共にはできない」となっている。

憲法とは明白に近代的なものの所産である。しかしこの文脈からわかるのは、「私案」は近代を超えた歴史の反復を射程に入れたところで「人類」を選んでおり、そこで「慈悲」という宗教的タームが引き寄せられる、ということである。

ここで思い出されるのは、ジュネーブ赴任の前の一九二一年、沖縄、宮古、八重山を訪れていた柳田国男の「島」の論理である。柳田の沖縄との関わりは、戦後に書かれた『海上の道』で有名だが、その時の沖縄は日本から行くことが困難な時期であり、日本の起源として「南方」を強調していた。だが二〇年代の時期の柳田の念頭にあったのは、一つには日本における山人研究の延長線上にある問題意識であり、もう一つは、南太平洋の島々の国際管理にかかわる問題意識であった。『遊動論』の著者・柄谷行人による柳田読解の筋で言えば、大陸ならばすぐに横に移動すれば済む矛盾の蓄積を、「島」の人間はある程度我慢してしまうのであり、そこに島特有の内部力学として内紛が始まってしまう、ということ。そこで、そのような内紛を逃れた人々の日本列島での生存形態こそが「山人」だという。つまり柄谷によれば、柳田の「島」の論理は、「山人」という存在形態を琉球弧において別角度で考え直した結果である。そうして柳田によって名づけられたのが、「島」が地勢的に抱える「孤島苦」というコンセプトである。が、これは琉球弧に限らず、日本列島そのものが抱えた問題でもあることを柳田は指摘している。

これが一箇単独の歴史ではなくて、諸君のいわゆる人文地理の現象であったことは、南太平洋の多くの大島が、次第に近代化した路筋を比べてみればよく解かる。沃野千里という大陸であったならば、こんなに事情の切迫する前に、住民は必ずもっと分布したであろう。また国覚《もと》めの宗教が我々の祖先を興奮させていた時代ならば、人は小舟に乗って未知の海に飛び出したであろう。奈何《いかん》せん最初この島に入って来た時の悦ばしい安逸と幸福とが、個々の家には記憶となって伝わり、どうしてもわが島を愛せずにはいられなくなってしまったのである。従って人を押し除けなければ住まれぬ時世が来ると、従弟でも叔姪でもまたその末々でも、同じ血筋の間にも争いが起きるのである。

日本の歴史にもその証跡が少しはある。南北朝以降足利期を通じて、所領は一族繁栄とともに分割し得られるだけは分割したが、やはり本家には格式があって、それまで失えば本家ではなくなる。従ってどの家もどの家も必ず二組以上の中心ができて、骨肉が殺し合うまでに闘争したのである。応仁の大乱はその一つの行詰まりであったが、わずかな年代を過ぎると再び同じことが繰り返された。これを民族性などと名づけたら、それこそ大まちがいである。要するに島は隣が騒々しくなくて落ち付きやすい。従って繁栄する。人口増加の弾力性がある。外へ出て行くことはそう容易ではなく、鎖国政策は自然である。従って内紛が起りやすく、これを平和の裡に処理しようとすれば、陰謀ともなれば虚偽ともなるのである。そこへ外部の勢力が参加する段になると、そこにまた新種の痛苦が出現する結果を見るのである。（東京高等師範学校地理学講演会、一九二六年、『青年と学問』一九二八年所収）

柳田に則して考えれば、琉球弧が負う「孤島苦」は確かに地勢的なものであって、抽象的な「民族性」といった概念に還元できないものである。この意味からも、「私案」の第十一条（共和社会人民の資格）に「人種、民族、性別、国籍のいかんをとわず」とあるのは、きわめて情理に合ったものであり、「私案」の原理としての「慈悲」はまさにそこから派生したものと思える。そしてさらに、否応なく「島」は、柳田が述べるように、新たな段階として「外部の勢力」の到来により、「新種の苦痛」を重ねていくことになるのであろう。

先の柳田の問題意識――つまり琉球弧が抱える歴史的条件をむしろ日本列島の分析に結びつける発想は、思想史的文脈においては竹内好がそれを踏襲している。竹内によれば、沖縄は日本の縮図として見える、ということになる。竹内がそういう発想をもったのは、六〇年安保運動の前の時期であり、ここには当然のこと、米軍基地の問題が絡んでいる。竹内はその時期に「沖縄は日本全体の明日の運命を示している」と述べていた（ただ、六〇年安保以降、本土の米軍基地は劇的に減らされ、米軍基地問題を起点にしたところでは、この論旨は妥当しなくなる）。ただし、この時点の竹内の発想は、米軍基地問題から発想された一時の思いつきでもない。竹内がずっと考えていたのは、中国（大陸）と日本（島）との比較であったのだから。いずれにせよ、琉球弧を中国大陸との関わりで描写するならば、さらにそれが日本にとっての参照枠となることは必定となる。なにより も琉球王朝は、中華との間で朝貢関係を結んでいた。そして、竹内がかつて述べていた日本に関わる「転向」文化の規定は、単に「脱亜入欧」を批判するだけのものではなかった。竹内が述べていた日本の真の独立とは、中国からの文化的独立も含んでいたものであった。

周知の通り、日本の近代化の過程において、暴力装置を動員した「処分」によって琉球王朝は廃止されたのである。さらに清朝との協議のプロセスの中で琉球弧全体の所属問題が話し合われながら、最終的には日清戦争の勝利によって琉球弧全体の実効支配が完成、琉球弧は日本の内部に組み入れられた。その意味では、琉球弧の運命は、外部との関わりにおいて受動的に決定されてしまったことになる。その意味において、先の竹内の言うところの「運命」は日本の近代国家としての成立と成長を前提とするものであって、日本（ヤマト）からする琉球への一方的印象とも見做せよう。ただ、にもかかわらず、日本と琉球が同様の近代史の「運命」にあること——これもペリーの浦賀への来航の直前、その艦隊がまさに沖縄に立ち寄っていた事跡などからも、否定できない歴史の一部となっている。さらにまた第二次大戦末期、沖縄は日本が起こした戦争の唯一の地上戦の舞台となった。こういった歴史的な文脈が生じた限りにおいて、琉球弧にとって日本（ヤマト）はまた純粋な外部とは言い難いものとなっているだろう。

日本国憲法との関係

ここから考えてみたいのは、「私案」が日本国に対して「好むところの道を行くがよい」と、お互いの離別の意向を仄めかしながら、ただやはり「私案」の中に響いている日本国憲法（戦後憲法）との参照関係である。

戦後憲法の最大キーポイントは、第一章において「天皇」の地位を規定しなければならなかったことにある。実に戦後憲法は法理上、欽定憲法たる明治帝国憲法を修正したものとして成立しているからだ。その修正のポイントとしてあるのが、天皇を国民統合の「象徴」に定め、そして「主権」の所在を国民へと書き換えなければならなかった事態である。翻って、王朝がすでに存在しなくなっていた琉球弧においてこの問題は生じえない。戦後の日本は、この「象徴」――何が何を象徴するのか、またそれは正当なことなのか――という問題をめぐって、いくばくかは思想的な挑戦がなされてきた。ただこの広義の「象徴」の持つ暴力性は、九〇年代に入ったところから、さらに現実のものとして惹起されるところとなった。それまで法的地位が曖昧であった「君が代」と「日の丸」は法的に位置づけ直され、それに忠誠の姿勢を見せない人々に対して「非国民」のレッテルを貼る状態へと日本社会は落ち込んだ。

九〇年代、日本は湾岸戦争への躊躇の態度に対し「旗を見せろ」と批判され、そのような米国の要請も含んだところで政府主導の「国際化」が叫ばれるようになっていた。君が代・日の丸の法制化は、そのような「国際化」の行き着いた結果である。このような日本社会の変化を鑑みたところで、「私案」における「象徴」の扱いはまた興味深く読める。第十二条（琉球共和社会象徴旗）に「琉球共和社会の象徴旗は、愚かしい戦争の犠牲となった『ひめゆり学徒』の歴史的教訓に学び、白一色に白ゆり一輪のデザインとする」とある。そしてさらに次の第十三章（不戦）において、この象徴旗を活用し、「侵略行為がなされた場合でも、武力をもって対抗し、解決をはかってはならない。象徴旗をかかげて、敵意のないことを誇示」とも記されている。

ここで彷彿とさせられるイメージがある。マスメディアでもよく引用されている、米軍によって撮影された沖縄戦の記録の中のシーンである。一つは、海に突き出た断崖からひめゆりの一員が飛び降りるシーン、そしてもう一つは、白い布を掲げて島のガマ（洞窟）から少女が出て来るシーンである。いずれも、沖縄という「島」を襲った極限的な苦しみとして「孤島苦」の近代戦ヴァージョンとなるものであり、まさに「私案」全体は、この沖縄戦の苦しみを「慈悲」というコンセプトの元に結晶化したものとも言えるだろう。

ではここからまた日本（ヤマト）の側の広義の「象徴」を考えてみよう。例えば、日の丸。それは日本人においてではなく、日本列島の外側においてどのような機能と歴史記憶を持ったのかが重要である。先に述べたところで、九〇年代からの「国際化」がなぜ東アジアにおいて失敗しているかはその証左となる。さらに比喩的に言えば、日の丸は末端の日本兵にとっても、たとえ投降を企図したとしても「赤い丸」に邪魔され、その用途を果たせないものであったろう。そしてまた昭和天皇の声。日本の降伏は、玉音放送「万世ノタメニ太平ヲ開ク」という宣言から始まったとされる。この著しく身体性を消した朱子学由来のコンセプトが意味するのは、島国へと借り受けられてきた中華王朝の欺瞞的代補である（竹内の言う中国からの文化的独立とは、ここに響いている）。先に紹介した仲里氏が「私案」に対して示したコンセプトの一つ、「非暴力」をここに置いてみよう。「万世ノタメニ太平ヲ開ク」は明らかに自らの暴力を隠蔽する王の欺瞞である。言うなれば、柳田がそう規定したところの、「孤島苦」の感覚を振り払う「虚偽」として「玉音放送」が聞こえてくるようだ。戦後の日本の秩序は、天皇側とそしてＧＨＱが合作ののちに推し進めてきた「陰謀」の歴史として見えてくるではないか。

さてその他、日本国憲法との参照関係を思考するための材料は、実に豊富に「私案」の中に潜在している。特に気になる戦後憲法のコンセプトとの差異に関して、大きくまとめると二点あるように思われる。まず一点目、「私案」には私有財産と商取引の制限が書き込まれている。これを思想的にまとめるなら、資本主義の否定であろう。そしてもう一点、「私案」には納税の義務の廃止、そして司法機関を設置しないことが記されている。これをまた思想的にまとめるなら、近代国家の否定であろう。このような思想傾向を単純に表現すれば、おそらくアナーキズム、あるいは国家装置を媒介としない社会主義＝アソシエーショニズムということになるだろうか。これはまさに、日本の戦後憲法には存在していない成分である。ただここで持ち出したアナーキズムにしても、またアソシエーショニズムにしても、言うなればヨーロッパ思想の分類から採られたカテゴリーである。むしろ仲里効氏が「私案」のコンセプトに関して示したところの「民衆自治・自立」、これがその思想内容を説明するのに最も適合的であろうと思われる。ただこの「私案」における「民衆自治・自立」なる発想にしても、ヤマトの市民運動の側が想定しているよりも色濃く、労働や食や居住、そして教育の問題が有機的に組み合わせられている。

ところで、この「私案」にかかわる「民衆自治・自立」の成分について論じることに関しては、筆者の力量の不足を責めるしかない。つまり、これ以上の分析を加えることは筆者の能力を超えた次元となる。ただし一点だけ言えば、「私案」の作者には、「民衆自治・自立」の原光景となる「島」の記憶――「慈（幸せを与えること）」――が潜在しているということ、さらにその記憶の中にある民衆の生活が根こぎにされ、破壊されている感覚としての「悲（苦しみを取り除くこと）」があるに違いない、ということであろう。いわば、「私案」の作者が試みようとしているのは、この原光景を「憲法」というある意味では近代的な枠組みの中で止揚し、回復しようとする所作であるに違いないのだ。

東アジアの論理構造

二〇〇〇年代、沖縄と韓国との間で、米軍基地の再編をめぐる共通点から、太い交流が生み出されている。すなわち東アジアの中で、冷戦国家群体制の枠を超えた繋がりが模索されてきているのである。特に韓国の場合には、済州島における米海軍基地が建設されようとし、それへの反対運動が起きている。この動きは、世界的な冷戦構造の再編が起きたのちの一九九三年からのことだが、二〇一〇年代に入った今日の、いわゆる米国による「アジア回帰」に伴い、俄かに圧倒的な力として浮上してきている。当然のこと、この米海軍基地は、北の共和国への監視と、そして台頭する中国への牽制の意味を強く持つ。その反証として、この済州島における基地建設とそれへの反対運動の惹起について、日本のマスメディアはほとんど触れない態度に終始している。

さてこのような朝鮮半島の不安定状況と並んで、二〇一〇年代の大きな懸案となっているのが、日中の間で発生した尖閣諸島（釣魚列島）をめぐる領土問題である。この問題に関しても、やはり安全保障＝軍事部門に携わるひと握りの人間だけに任せておいてよいはずはない。その意味でも、ほぼ三十数年前に書かれたものではあれ、「私案」を読み直す作業は、実に今日的な東アジアの課題と鋭く交差するはずのものであり、またそうでなければならない。とはいえど、これが書かれたのは一九八一年段階である。北の共和国は核開発にまだ踏み出していなかったし、大陸中国はソ連との激烈な敵対関係を抱えており、米国とそして日本との協調関係を優先し、また日本社会もそれを受け入れていた。八〇年代における日本の世論調査における中国への好感度は、実に七〇%を超えていた。

いずれにせよ、「私案」は、現在の東アジアにおける危機に直面しつつ読み直さねばならないことになる。そこで鍵となるのは、かつて柳田や竹内が採った日本と琉球弧を「島」の論理で繋げていたこと――それとは別種の操作を発明することとである。端的にそれを言えば、「島」と「大陸(中国)」をいかに有効に対比し、そして繋げるかということである。これも、実に先に引用した柳田が先駆的に大陸の論理について「沃野千里という大陸であったならば、こんなに事情の切迫する前に、住民は必ずもっと分布したであろう」と素描していた問題意識に繋がる。先にも述べたように、大陸においては、不都合な抑圧や蓄積は横への移動によって解消されてしまう傾向があるわけだが、だからこそ大陸では過剰な流動性がつねづね生じる。かつての中国における革命や時に露わになる社会的混沌は、それに起因するものと見做せよう。柳田が「島」の論理として「孤島苦」を言い当てたとすれば、おそらく大陸に関しては「流動苦」といった概念があてがわれることになるかもしれない。そして、いわばこの「流動苦」を抑える装置として、党や国家(中央政府)の介在が民衆自身からも必要視されてしまう。その意味からも、先に紹介した仲里氏と孫歌氏との間で交わされた往復書簡は、貴重であった。孫歌氏はその中でこう述べている。

沖縄から、自由の代償がいかに重いか、ということを学びました。その目で、私は中国社会を見ています。今日世界的に「人権問題」と「言論自由」の枠を押しつけられた中国にも決して地勢学の問題がないわけではありません。しかしそれは、仲里さんの鋭く指摘した「国家を介在されない民衆における異集団との接触の思想の現像」を原点にしなければ、地勢学どころか、いわゆる「反体制」の地政学に止まるのみで、それ以上に原理的な精神を生み出すことはできないでしょう。……

膨大な人口を抱えている中国は、冷戦期に形成された国際的な不平等な環境において、グローバルな資本にけん制されながら、国内の格差と国際的格差という二重の意味で、限界状況に直面しています。しかし、宙づり状態になった「人権イデオロギー」によって抹殺された「民衆」の意志そのものは、かえって国家を介在させることによってしか表出できませんでした。もしも沖縄のつらい自由からアジア性が生まれてくるとすれば、中国大陸という混沌たる空間において、「内在化された近代」へのあらがいがあってはじめて、つらい自由を生み出し、アジアに向かって開くことになるでしょう。(http://www7b.biglobe.ne.jp/~whoyou/ofukushokan0805.htm)

より具体的に中国との対話というテーマを取り出したとして、大陸に住む一般庶民（老百姓）を直接的な対話対象として選ぶことは、まだ難しいと言わざるを得ない。彼らは生活するのに手いっぱいで、大陸の外の論理を想像する条件がまだ十分に与えられているわけではないからだ。このような一般庶民（老百姓）との対位法として、特に中国においては知識人（広義の意味であり民間の活動家も含む）の存在がやはり、いまさらながら外に開かれたアクターとして一定の機能を果たしている。この知識人たちと今後どのように有効な対話がなされるのか、これを過渡期の対話形態として、まずは追求すべきいまである。

それとともに、日本と東アジアの間に起きた近過去の出来事を振り返るなら、東アジア共同体という構想の頓挫のプロセスを省察してみるべきだろう。この構想は数年前、鳩山政権時代に大きく前進する可能性があった。この鳩山政権が潰れた主たる要因も、実に沖縄の米軍基地の移転問題に起因したものである。私たちはこの教訓を忘れてはならない。そこで鍵となるのも、やはり大陸中国との関係性である（もちろん、台湾との関係も無視できないものであるが）。

繰り返すことになるが、大陸と「島」は類似という観点ではまったく繫がりようがないほど異なった社会である。類似しない者同士が繫がるとすれば、かつての朝貢を模した交流の記憶もさりながら、さらにここで必要なのは共通の理想を設定することであろう。しかしてその理想の中身が重要となる。その理想の中身が確認された地点から、お互いのお互いに対する認識の転換が生まれることとなるだろう。孫歌氏から出された理想への一つの筋道は、「内在化された近代」へのあらがい、というものであった。そしてそれは、実に「私案」の求めているものでもあった。

結びに代えて

冒頭で紹介させていただいたのだが、私が「私案」を意識し始めることになった二〇〇七年からの四年後の二〇一一年、不思議なことに私は同じ北京にてご本人、川満信一氏と出会うことになった。魯迅生誕百三十年を記念するため、北京の魯迅博物館にて、沖縄の佐喜眞美術館に所蔵されていたケーテ・コルヴィッツの多くの作品が展示され、またそこでシンポジウムが開催されていた。川満氏も発言者として参加されていたのである。周知の通り、コルヴィッツの版画作品は、一九三〇年代に魯迅とその弟子によって紹介され、反帝国主義抵抗運動の象徴となったが、実際のところ中国に保管されている実物は少なかった。そこで、むしろより多くの作品を所蔵する佐喜眞美術館が魯迅博物館に作品を貸与する形で、展覧会とシンポジウムが組織されたのである。私も当日、傍聴者のひとりとしてその場に居合わせたのだが、川満氏の発言に、深く心を揺さぶられることになった。

歴史を省みますと、民衆は性懲りもなく、自分で自分の墓穴を掘るという誤りをくりかえしています。民衆のそのような愚かさには辛い、悲しみの鞭を打たなければなりません。だけど一方、民衆は希望であり、思想の宝石です。田畑や、山林、川や海に糧を求める民衆は、人間が生存するという純粋の喜びを体現しています。しかしその純粋さは、悪知恵に感染されやすく、結果として自分の墓穴を掘る破目に落とされるのです。魯迅先生の民衆に対するこのような深い哀惜は、私の血となり、肉となって、私の思想や生き方を決定づける要素になっています。皆さんは『阿Q正伝』からどのようなことを学んでいますか。

……日本の思想が、アジア植民地侵略について、深く反省し、アジア共同体的発想で国際関係に向かわないかぎり、アジアの危機を回避するのは難しいと思います。沖縄は東アジアにおける戦争の火種になっていますから、国と国との関係という大きな問題についても関心を持ち、発言もしなければなりません。あの難しい時代に、ドイツからケーテ・コルヴィッツの作品を購入し、青年たちに生きる希望をもたらした魯迅先生の思想と勇気を、遅ればせながら、私たちもまた引き継がなければならないと思います。今回の魯迅生誕百三十年記念展を機会に、アジアの文化窓口を大きく開き、歴史に明るい展望を見出すことが出来れば、と期待してやみません。（シンポジウム当日に配布された資料より）

「皆さんは『阿Q正伝』からどのようなことを学んでいますか」という川満氏の問いかけにどのような応答があったか、私は残念ながら覚えていない。しかし確かに、このような問いが発せられたこと自体に東アジアの新しい時代の到来が感じ取れた。だが、まさにこのシンポジウムの翌年二〇一二年、領土問題が爆発するところとなったのである。ここで川満氏が述べたように、（いわゆる政治家が行うようなやり方ではないにしても）「国と国との関係という大きな問題」について回避できない時代となったのである。

私の「私案」に対する読み方は、まさにこの文脈に負っている。「国と国との関係という大きな問題」に対する一つの「島」からの応え方としても「私案」がある、と私は読む。いずれにせよ、川満氏のそのような応え方の中に魯迅の思想が潜在していることは、（私のこの時の経験からも）紛れもないことであるようだ。すなわち、沖縄の抵抗思想と中国における抵抗思想には、共通の根があり、共通の理想があるということだ。私はそのように川満氏の「私案」を読んだ。

疲れた口笛

大田　静男

山が溶けて行く
海が陸を翻って上ってくる
ビルは倒壊し
軍事基地では大爆発が起き
核も爆発
人も
犬も
ネコも
木も
花も
火の雨が降りすべてがマグマに呑みこまれ

ドロドロに溶けて行く
オワリダ……
〇〇億年、雲に覆われた銀河に浮かぶ
死の球体は
流星群と衝突し木端微塵となり
暗黒の宇宙のゴミとなった。
そこには人類の証などどこにもなかった

こんな夢にときどき起こされる。退職後、絵を描いていた。そんなとき衝撃を受けたのが三・一一東北の地震や大津波であった。絵が描けず、無力感に襲われた。壮大な宇宙の歴史からすれば、人類の歴史など無に等しい。闇のなかで浮かぶ青い球体のなかで繰り広げられる人間のおぞましい日々。ひとにも誕生と死があるように、地球にも死が訪れるはずだ。限定された人間の生命。そのなかで、殺戮が繰り返される人間の歴史。僕はエデンの園を夢見すぎかも知れない。かつて、〈復帰運動〉は日本国にエデンの園ありといい、疑念さえ拒絶した。その後、〈日本は祖国ではない〉と日の丸を燃え盛る枯れキビの山にくべて訣別した僕にとって、反復帰論や川満信一の『琉球共和社会憲法C案』というのを二十年?前に読んでクレーヌーヤガ(これはなんだ)と興奮したり、醒めると、これは大人の夢物語、夢想的であると、冷ややかであったりした。僕が幼稚で、無知のせいでもあったはずだ。当時、アナキズムに傾倒し、ろくに読みもせずに、川満、新川明氏等の〈反復帰論〉は吉本隆明の「異族の論理」を根拠に沖縄の歴史と無政府主義の外装を纏った延長線にあるというのが結論であった。ところが、数年前、自衛隊教官の高井三郎の尖閣諸島領土問題や、右派の雑誌で日米中が戦争になれば石垣島が真っ先に攻撃の対象となるとのシミュレーションを読んでショックを受けた。こんな、粟粒のような島がターゲットにされたら島人は全滅だ。敵が攻撃して来るなら、いっさい抵抗などせず、白旗を掲揚し、降服することだ。「ヌチドゥタカラ」(命こそ宝)と担当していた月刊誌のコラムで書いた。

その後、資料を整理していたら、『琉球共和社会憲法C案』のコピーが出てきた。読んで驚いた。「共和社会のセンター領域内に対し、武力その他の手段をもって侵略行為がなされた場合でも、武力をもって対抗し、解決をはかってはならない。象徴旗をかかげて、敵意のないことを誇示したうえ、解決の方法は臨機応変に総意を結集して決めるものとする」(十三条)とあるではないか。これは、徹底した民衆目線であり、国家目線からは絶対に出てこない発想である。なぜなら、国家権力は国民に死んでも国体を護持せよがスローガンだからである。軍隊が国民を護らないというのは至極当然なことである。

そんなことによって、僕は再びこの憲法案と付き合うことになった。

近年、琉球(沖縄)独立論や自治論、州論がマスコミでも盛んに論じられるようになった。これらの論が出て来る背景にはいつも、「東アジアがざわめく」ときである。つまり、時代の変換期に必ず台頭するのである。そして、ざわめきが収まると、藍の花のように消え、本棚の片隅で蜘蛛の巣や埃を被り、ときおり泡盛を呑み、「そこらあたりに」横たわっているのである。また、暗雲が急を告げるとき、のそっと亡霊のように這い出て来る。大宜味朝徳の琉球国民党、野底武彦の琉球独立党、沖縄人の沖縄をつくる会、沖縄近現代史はその伏流水が浮沈を繰り返すようにみえる。反復帰論、琉球共和社会憲法も歴史の曲がり角や、日本施政権が米軍支配となにも替わらぬという現実のなかで登場した。

それにしても、琉球独立がよく話題にのぼる。『うるまネシア』という琉球弧の自立・独立論争誌も出版され、昨年は、「琉球民族独立総合研究学会」が発足した。その会則第2条「本会は、琉球の島々に民族的ルーツを持つ琉球民族の琉球民族による琉球民族のための学会であり、琉球の独立が可能か否かを逡巡するのではなく、琉球の独立を前提として、琉球の独立に関する総合的な研究を行うとともに、その研究にたずさわる会員の研究成果の発表と相互交流を通じて、琉球の独立の実現に資することを目的とする」。そして、「会員は琉球の島々に民族的ルーツを持つ琉球民族に限定する」（第4条）と規定する学会である。この趣旨を読んで驚いた。下司の勘繰りをすれば、よく会議や集会に「ナイチャー（内地人）が入ればチャーカキマーサレテナラン（いつもかき乱されてならない）」という愚痴を聞く。そのため琉球人と言われる〈民族〉のみの学会?　あるいは、「日本人締め出し学会」「琉球ナショナリズムに根差した学会」となったのであろうか。それとも、まずは、ウチナーンチュだけで沖縄を考えてみたいということだろうか。なぜか、県人会や、郷友会、島宇宙社会、ヤケノヤンパチを想起させる。

学会の代表でもある松島泰勝龍谷大教授は「琉球ナショナリズムとは何であろうか。歴史や文化、土地や慣習を共有する民族（ネーション）は自らの国（ステーツ）をもつものと、もたないものに分けることができる。現在、琉球は国家を持たない民族（stateless nation）である。一八七八年まで国家をもつ民族であったが、翌年の琉球合併後、国を失い、今は日米両国の植民地である。琉球はMinority Nationでもある。日本国のマジョリティーは日本人であり、琉球人はマイノリティであるがゆえに米軍基地を押し付けられてきた。日本ナショナリズムと琉球ナショナリズムを混同してはいけない。前者は中心が周辺を支配のための暴力であるのに対し、後者は抵抗のための武器である。過去、現在において植民地状態にあり、独自な歴史や文化を他の琉球人と共有しているという自覚があれば、自ら民族を名乗ることができる。日本人が決めた基準に従って琉球人が存在するのではなく、琉球人が自らで民族と名乗るのである。」（『うるまネシア』第一二号）と。

琉球人は国を併合され、差別され、植民地状態に置かれている、日本人は琉球を支配し、差別してきたのであり、琉球人は植民地被支配者である。両者は水と油の関係である。琉球人が同時に日本人になるというのは自己分裂性であるとも断言している。

沖縄の近現代史を読めば、松島の気持ちもわかる。だが、シカーグワー（臆病者）の僕にとってそこまでは断言できない。

「具体的な支配・差別の実態があるのに対して、琉球人知識人・文化人の中には『琉球ナショナリズムは危ない』『コスモポリタンになって状況を冷静に考えてみよう』という人が少なからずいる。植民地、琉球の現実を直視し、それからの脱却を求めるという人間の主体性が欠如した言説である。日本人知識人と一緒になって琉球人の抵抗の芽を奪う行為でもあるともいえる」と手厳しい批判もしている。松島はなにをそんなに苛立っているのか。日本の知識人や民衆のなかにも、沖縄のために抵抗したり、運動したりしている者もいるのだ。唯我独尊にはなるべきでない。

学会は、民族自決して、日本から独立するというからには、琉球国家を建設するということであろうか。それならば、琉球民族国家の青写真、つまり憲法のような骨子はできているのだろうか。国家でなければ、どのような社会形態を描いているのだろうか。川満信一が提唱した非国家社会を目指すのであろうか。

琉球民族独立総合研究学会設立の趣旨と、川満の『琉球共和社会憲法C案』（以下憲法私案）における共和社会人民の資格「琉球共和社会の人民は、定められたセンター領域内の居住者に限らず、この憲法の基本理念に賛同し、遵守する意志のあるものは人種、性別、国籍のいかんを問わず、その所在地において資格を認められる。ただし、琉球共和社会憲法を承認することをセンター領域内の連絡調整機関に報告し、署名紙を送付することを要する」とを比較すると、日本からの独立を目指す両者の方向は似ても似つかないものであろう。閉鎖とも解放とも見受けられる。（この比較には問題もあるが、いちおう提起する。）

憲法私案の特徴は日本国家や国民に別れを告げ、独立国ではなく国家廃止、非国家、自治社会、コンミューン建設を唱えたことにある。私有財産を廃止し、国家権力の基盤である軍隊、警察、国家的管理機関、官僚体制、司法機関など権力を集中する組織体を撤廃する。直接民主主義と、琉球弧に包括される地に州を設け、連合体を統括する衆議機関をおくとしている。私有財産の廃棄——つまり共産主義的社会のようにもおもえるが、憲法私案から匂ってくるのは資本主義が高次元に達した社会のイメージではない。自治社会をどうやって実現するか。初の公選主席選挙のさい、イモ・ハダシ論争というのがあった。日本へ復帰すると、戦前のヒンスー（貧乏）社会に後戻りして、イモを主食とするみじめな生活をするぞ、という論であった。そのとき、イモ世界でなぜ悪いという論調は知る限りではなかったように思う。ソテツ地獄の飢餓への後戻りを人々は恐れたのであろう。つまり、ひとびとは〈復帰〉による豊かな（欲望）生活を望んだのである。憲法私案は生活レベルを落としてでも国家廃絶といっているようにみえる。明確ではないが、反近代的社会である。

憲法私案前文は、驕る者たちの栄枯盛衰の歴史から始まる。米軍の巨大基地がつくられ、それに対し非武装の抵抗をして『戦争放棄』『非戦、非軍備』を冒頭に掲げた『日本国憲法』と、それを遵守する国民に連帯を求め、最後の期待をかけた。」だが、結果は無惨にも裏切られ、「われわれはもうホトホトに愛想が尽きた。／好戦国日本よ、好戦的日本国民と権力者共よ、好むところの道を行くがよい。もはやわれわれは人類廃滅への無理心中の道行きをこれ以上共にはできない。」そこには川満の沖縄戦や戦後体験が反映されていることはいうまでもない。これは沖縄人のだれもが胸内に秘めていることだろう。こんな日本に、売ったり、買ったり、脅されたり、騙されたり、侮蔑されたり、差別されたり、狡猾で猜疑心の日本国（日本人）なんてどうにでもなれやという心情は、ウチナーンチュであれば、だれでもがもっている感情であろう。憲法私案の「基本理念」に「われわれ琉球共和社会人民は、歴史的反省と悲願のうえにたって、人類発生史以来の権力集中機能による一切の悪業の根拠を廃止し、ここに国家を廃絶することを高らかに宣言する。／この憲法が共和国社会人民に保障し、確定するのは万物に対する慈悲の原理に依り、互恵互助の制度を不断に創造する行為のみである。／慈悲の原理を越え、逸脱する人民、および調整機関とその当職者等のいかなる権利も保障されない」という。

国家廃絶を宣言し、慈悲の原理を人民に求める。慈悲とはなにか。「①仏・菩薩が衆生をあわれみ、いつくしむ心。一説に、衆生に薬を与える慈、苦を除くを慈悲という。②いつくしみあわれむ心。なさけ慈悲心」（『広辞苑』）とある。これは、「こころ」の問題である。心の黒い闇が、国家権力を生みだし、逆に制御できずに抹殺されるという国家幻想を否定し、慈悲社会を確立するのであろうか。憲法私案は慈悲によって「軍隊、警察を固定的な国家的管理機関、官僚体制、司法機関など権力を集中する組織体制は撤廃し、これをつくらない。共和国社会人民は個々の心のうちの権力の芽を潰し、用心深くむしりとらねばならない。」（「基本理念第二条」）権力体制を撤廃しこういう機関はつくらない。そのためには個々の精神に宿る権力志向の芽を摘み取るという。つまり、琉球共和社会は精神を重んじるということである。

「いかなる理由によっても人間を殺傷してはならない。慈悲の戒律は不立文字であり、自らの破戒は自ら裁かなければならない。法廷は人民個々の心の中に設ける。母なるダルマ、父なるダルマに不断に聴き、慈悲の戒律によって、社会および他人との関係を正さなければならない」（第三条）。司法や警察を廃止した社会であるから、人が人を裁くのではなく、自己が自己を裁くのである。憲法私案は、恐ろしいほど高いレベルの倫理観と自意識を課しているのである。アナキストのプルードンがいう〈各人による各人の統治〉世界である。

憲法第二章は（センター領域）として「象徴的なセンター領域として、地理学上の琉球弧に包括される諸島と海域（国際法上の慣例に従った範囲）を定める」としている。未来をめざす憲法が領域を設定するというが、そんな必要性はあるだろうか。地上も海域も、可視されない有刺鉄線を張り、ヤクザのような縄張り争いに終始している近代国家に対して、反近代とも思える国家廃絶を目指す憲法がいまさら領域範囲を決める必要などあろうか。領域、海域というのはワッタームン（我らが物）という近代や、国家権力の発想ではないか。「共和社会センター領域内に立ち入り、あるいは通過する航空機、船舶などはあらかじめ許認可を要する。許認可の条件は別に定める。軍事に関する一切の航空機、船舶その他は立ち入りおよび通過を厳禁する」（十四条）という。許可制など、軍事を否定した平和な魅力ある自治社会には相応しくない。川満は昨年（二〇一三年）、尖閣諸島について「アホウドリの楽園はアホウドリに帰せ」（「情況」二〇一三年一・二月合併号）と述べている。鳥が自由に空を飛び、魚が自由に泳ぎ回るような共和社会でなければならないはずだ。

憲法はその領域内に州を設置するという。「センター領域内に奄美州、沖縄州、宮古州、八重山州の四州を設ける。各州は適切な規模の自治体で構成する」（第九条）と謳っている。この構想は近世琉球においては、蔵元制度、戦後は米軍が南西諸島の奄美、沖縄、宮古、八重山諸島に民政府や、群島政府を設置したのと同じである。各諸島独自の歴史や文化が州を設置させる要因であり当然のことである。「自治体、自治州、共和社会は直接民主主義の理念からはずれてはならない。衆議を基礎として、それぞれの組織規模に適切な代表制衆議機関を設ける。ただし代表制衆議機関は固定しない。衆議にあたっては勢力争いを禁止し、合意制とする。代表制衆議機関で合意が成立しない場合は、再度自治体の衆議にはかるものとする」（第四十二条）と直接民主主義制度の社会であることを規定している。

州設置や連絡調整機関、直接民主主義などはアナキズムの直接行動や自由連合論に影響を受けたのではないかと思われる。代表制衆議機関は固定しないというのは、戦前のアナ・ボル論争を想起させる。手段と目的、過渡的な権力、プロレタリア独裁を認めるか、否定するかというのが論争の争点であった。憲法私案の〈衆議機関を固定しない〉というのは確立し固定化した国家権力が権力自体によって消滅することはないという、アナキズムの無政府論や、永久革命に近いといえる。

さて、琉球独立、あるいは自治州論で最大の問題は経済をどうするかである。憲法私案では「個人の納税義務は撤廃する」（第五十三条）という。つまり、税金は支払わなくてもいいというのである。これほど喜ばしいことはない。夢でなくて、現実であって欲しいなと思うよね。生産手段である、「土地、水源、森林、港湾、漁場、エネルギー、その他の基本的生産手段は共有」（第十九条）し、そして人々は、児童から老人までおのおのに適した労働の機会が保障されるが、労働は自発的、主体的に行なうとされる。しかし、その労働範囲は「食を超える殺傷は慈悲の戒律にそむく。それ故に飢えをしのぎ、生存するための生物植物動物の捕殺は個人、集団を問わず、慈悲の内海においてのみなされなければならない。」（第四条）という。

これは、島嶼に生きる人間の知恵が生みだした条文である。なぜなら、生物を採りつくしたら、自己の生活基盤が破滅に至るからだ。むやみやたらの殺生禁止を戒律としているのもそのためであろう。「琉球共和社会は豊かにしなければならない。衣も食も住も精神も、生存の全領域において豊かにしなければならない。ただし豊かさの意味をつねに慈悲の海に問い照らすことを怠ってはならない」（第六条）。豊かさの意味を慈悲の海に問いただす、ダルマの精神に耳を傾けよということである。東南アジアの湿潤地帯や照葉樹林地帯のひとびと、太平洋の島々の人たちの生活や精神社会をイメージしているのであろう。これは、飽食や、神をも恐れぬ原子力という人間の底しれぬ欲望を痛打する。生産性は低いが、精神の豊かさを打ち出した憲法と言える。この憲法私案をいま問い直す意義はそこにあると思われる。島嶼国家で、資源のない日本が、米中、それにロシア、EUという超大国や機構、台頭するインド、東南アジアの狭間でめざすべきは、軍事国家であってはならないはずだ。安倍内閣誕生以来、日本は急速に右傾化し、慰安婦問題、靖国神社参拝、尖閣諸島領有権問題、竹島問題等々で、中国、韓国、北朝鮮と緊張関係にある。同盟国であるアメリカからさえも懸念や批判の声が聞こえる。国内的には、憲法改正、集団的自衛権、いずれ戦前の『治安維持法』となるであろう『特定秘密保護法』の成立、武器輸出三原則の見直し、福島の原子炉さえ第一原子力発電所の放射能処理さえまだ完全にできていないのに、原子力再稼働や核輸出などメチャクチャな政策をとっている。教育委員会制度改革も今国会に提出するという。この法律は地方自治体の長が教育長の任免権限を握るという。「教育が制されたら終わりだ」というのは戦前教育運動に関わった者の箴言だ。教科書を通して児童生徒に国家権力の意志を徹底的にたたきこみ、洗脳することである。権力を疑う者は扼殺される。権力の常套手段だ。沖縄では、県民の反対にも関わらず、オスプレイ配備、辺野古への基地建設、高江のヘリパット基地建設が国によって強行されている。その手先である仲井眞知事、自民党国会議員団、自民党沖縄県連の裏切りや背信。日上がる国の日落ちる島々では、軍事面で、尖閣諸島領有権問題を背景に、中国脅威論をもって、中期防衛計画で、与那国島、石垣島等に自衛隊を配備する計画が着々と進行している。四月二日には海上自衛艦四隻が石垣港に初めて入港する予定で、石垣市商工会（我喜屋隆会長）、石垣市観光交流協会（宮平康弘会長）等地元商工関係や八重山防衛協会（三木巌会長）などで実行委員会を結成し歓迎会を盛大に行なうという。与那国町では、自衛隊基地用地も買収合意し、建設に向けての計画が急ピッチで進められ、配備は時間の問題となった。教育面では、二〇一一年八月、教科用図書八重山採択地区協議会が採択した育鵬社の公民教科書答申について、玉津石垣市教育長の狡猾な策動があったことが運営に疑義ありと、竹富町教育委員会は地方教育行政法を楯にこれを不採択とし東京書籍版を採択した。九月に八重山地区の全教育委員による協議会で育鵬社版に替わって東京書籍版を採択した。しかし、今度は与那国町、石垣市が拒否。文科省は竹教委を教科書無償措置法違反として教科書配布を拒否した。そのため、竹富町は町民が寄贈した東京書籍版を生徒に配布し使用してきた。民主党政権当時、文科大臣は町に教科書の無償配布はできないが、町の採択行為は無効とは言えない。町が教科書を購入して配布することも法律で禁じられていないと述べた。教科書を配布しないということは、こどもの教育を受ける権利の侵害であろう。

自民党政権に替わると、文科省から竹富町への圧力が強まり、沖縄県教育委員会を越えて、三月十四日、直接是正要求をした。これに対し、竹富町教育委員会はこれを拒否。東京書籍版を配布することを決定した。教育に対する政治の介入であることは明白だ。国家による強圧があらゆる面で行なわれていることを日々実感している。

黄昏の島の汀に立ち、島々を眺望しながら共和社会憲法を考えると虚しさがこみ上げてくる。近世八重山では、小さな島々で人口が増加し、生活に困窮したひとたちは他島に耕地を求めて移住した。人頭税制度が敷かれると田のない島の人たちは納税のために危険を冒して海を渡った。ときにはハイドナン（南の与那国）、パイパテローマ（南波照間）という幻の島を求めて逃散した。近代になると、台湾や南洋へ移住した。彼らの仕送りがなければ、八重山経済は成立しなかったであろう。戦後、無政府状態となった八重山は八重山自治会が組織されたが、経済的には台湾や闇物資によってしか生きることはできない状態であった。現在、日本政府による莫大な補助金漬けで生きているなかで、共和社会憲法が実現するには生活レベルに重大な覚悟と決意が求められる。いまの琉球弧の人間にそんな覚悟が期待できようか。残念ながら不可能と思う。民俗学者の谷川健一は沖縄の海を眺め、日常と非日常の空間が一望に見わたせると感動した。それを一語で表現すれば「かなし」という語が最もふさわしい。そのことばは、愛着と悲哀の入り混じった語として使われ、「現世への愛着と他界への悲哀だけではなく、現世の悲しみと祖霊の在ます他界への思慕もこのことばには込められている」（谷川著『日本人の魂の行方』）。汀は現世と他界の接点である。日本に圧殺される現世、共和社会憲法に羨望を覚えながらも、現実との落差に愕然とする。これを書いている最中にも、ロシアによるクリミア自治共和国の編入という大事件が起きた。クリミアのロシア人たちが、ロシア編入をのぞみ、ロシアは武力を背景として狡猾な編入。ますます強化されていく民族主義。暴力に立ち向かうコトバを紡ぎださねばならないが、憲法私案はひとびとの心をとらえ、暴力に対抗できるか？　金環食に染まって落ちていく太陽をみていると無力感に襲われるのである。

栄枯盛衰……明日を信じよう。ヌツアンカヤー（命はあるでしょうか）。

琉球共和社会憲法私（試）案について思う

大田　昌秀

　このたび、未來社が、川満信一さんが一九八一年五月一五日に起草した『琉球共和社会憲法私（試）案』を取り上げてその思想的射程の検証を課題にしていることは、いかにも時宜に適うことである。

　筆者は、川満さんが一九八七年二月に刊行した『沖縄・自立と共生の思想――未来の縄文へ架ける橋――』（海風社）という著書を頂いた。この著作には、現在課題となっている絶対平和主義の社会構想たる「琉球共和社会憲法私（試）案」が収録されている。この私案は「琉球共和国憲法F私（試）案」とともに、一九八一年の「新沖縄文学」四八号に掲載されたもので、両者は表裏一体の関係をなしている。そのため「F私（試）案」を読むと『琉球共和社会憲法私（試）案』は、理解しやすいと思う。

　それらを一読して、著者の傑出した感性の豊かさと自己の内面への仮借ない問いかけや徹底した批判に筆者は、感嘆するとともに、深く心を打たれたものだ。

と同時に川満さんが、戦後の沖縄の苦難にじかに立ち会ったことに特に感銘を覚えた。すなわち占領支配者の米軍政府が一九五三年に「土地収用令」という悪法を公布して農民の土地を文字どおり〝銃剣とブルドーザー〟で強制的に取り上げ軍事基地の拡大強化を図ったさい、その象徴的事例とされる宜野湾市伊佐浜住民の抵抗運動に彼も参加して身をもって数々の苦難を体験しているからである。川満さんがこの憲法草案を起草したのは、敗戦後沖縄のありとあらゆる苦難の体験、とりわけ「復帰」後の沖縄の情けない実情のなかから生まれるべくして生まれたものに他ならない。いわば当時の時代的所産ともいえる。そのことは、川満さんの数々の詩や論考が如実に物語っている。

ちなみに彼は憲法草案起草の動機についてこう語っている。

「言うこと、なすことがすべてウラ目に応えられる、というこれまでの沖縄に対する政治的処理の過程で、わたしたちの精神は異様な狂気を孕んでくる。この狂気が、自分自身を精神病院の鉄格子内に引きずりこまないよう抑制する手段として、わずかにことばによって自己を対象化する方法をとるのだと思う。つまり、政治権力への告発とか抗議、弾劾といったことで、何ものかを期待しようとする甘さはもうない。そうした告発も弾劾も、自分の狂気への疾走をあやうく手綱しめるための、つまりはカタルシスなのである。」(一二九頁)

「中央大学でマルクスを学び、五〇年代の土地闘争に向けて秀れたイデオローグの役を果たし、そしてある政党の理論的支柱と期待されたH氏は、いま那覇市近郊の精神病院の鉄窓でうつろな目を空中に泳がせながら、なにものかに突き動かされるように壁を殴り、怒鳴り暴れ狂う。」

川満さんはさらに語を継いで言う。

「六〇年代に、琉球大学文芸部で詩や俳句を書いていたM君は、とうの昔に自殺してた。また同世代で、沖縄の詩人のなかでももっとも影響力が大きく、すぐれた一冊の詩集をもつK君は、日常的な関係を含めて、頑なに今日的状況を拒絶したために、いたるところの就職先からしめ出され、いよいよ自らの狂気を増長させている。

戦後、一時に乱入してきた様々な価値観が、島のゲマインシャフトを攪拌し、社会意識を錯乱させていることもこうした狂気を増長させる要因であろう。（中略）激変する政治の危機に追い打ちをかけられ、それに刃向かっていく以外に生きる術もないと思うので、言わずもがなのことを言いつのる破目になる。」（一三〇頁）

以上のような状況は、川満さん個人の体験に留まるものではない。筆者の友人にも一橋大学を出てアメリカのシカゴ大学で学んだ有能な人物がいたが、米軍のCICにつきまとわれ自殺した者がいる。これが沖縄の偽りない実情だったのだ。

さる沖縄戦では、県下の一二の男子中等学校と一〇の女学校のすべての学校から十代の生徒たちが戦場に駆り出された。そのあげく男子生徒は二三四四人余のうち、六七人の教師も含め一五四五人余が戦死。女子生徒は九八四人余のうち、三三人の教師を含め五四五人余が犠牲となった。しかも十代の生徒たちは、なんら法的根拠もなしに軍に動員され過半数があえなく尊い生命を奪われたのである。（本土で義勇兵役法が公布されたのは、沖縄守備軍の組織的抵抗が終結した昭和二〇年六月二二日のことで、この法律によって初めて十代の若者たちが戦闘員として戦場に送られるようになった。）

筆者も学業半ばに、半袖半袴の軍服を着て、一挺の三八式銃と一二〇発の銃弾と二発の手榴弾で武装して戦闘に参加、文字通り九死に一生を得ただけに、川満さんの絶対平和主義の思想には少なからず賛同する面がある。

川満さんは、さらに語をついでいう。

「日本の新しい軍国主義の復活を図り、憲法の改悪と六兆円の軍事予算を含む第四次防の実施を七二年に準備する佐藤内閣は、当然のこととして、アメリカとの軍事同盟を結び自動延長の名にかくれて沖縄返還で核安保、アジア安保を作りあげるため日米交渉が開始されました。佐藤－ニクソン会談を前にして、すでに日本政府は、B52の常駐、海外出撃の態勢を承認したと報道されています。まさしくアメリカの要求する沖縄返還であります。大浦湾に核爆雷サブロックの巨大な貯蔵庫を作り、知花爆弾貯蔵地域に軍用道路と巨大な施設を建設しながら、本土並み返還とうそぶくことをもう決して許すことはできません。」

「ぼくらに課された課題は、体制にも、またうらぶれた反体制思想にも牽引されることなく、二重に自由なのびやかさで備えていた沖縄の内部深層へ遡及する還元意識を強靭な媒介として、自らの思想表出の端緒とし、プロレタリア自己権力に基礎をなす沖縄コンミューンへの思想的視座をうちすえることにある。」

とはいえ、川満さんは、たんに現実の時局に拘泥しているのでなく、はるか未来の人類社会をイメージして憲法草案を案出したのである。『新沖縄文学』四十八号は、「琉球共和国への架け橋」と題して特集を組み、平恒次氏ら十数名の論考を載せている他、『『憲法』草案への視座」という座談会も催している。そのなかで『琉球共和社会憲法C私（試）案』の起草者は、次のように述べている。

「まず手始めに、百年先の沖縄はどうイメージされるか、ということで、工業誘致の問題とか、中城湾の開発等の工業化社会を目ざしている今の沖縄がこのままの形で百年先を迎えた場合、そこでイメージされる沖縄の実態というのはどういうものなのか、ということを考えたい。それを辿ることによって現在の状況に対する根本的な批判点を確かめ、憲法草案を考える前提にしたいと思います。」

筆者は、この起草者の考え方を共有する人物として色川大吉氏と太田竜氏をあげたい。色川大吉氏は前引の『新沖縄文学』に「『琉球共和国』の詩と真実（基本構想）」と題して寄稿し、琉球共和国憲法には少なくとも次の十項目はいれてほしい、と提言している。

「一、常備軍の廃止、その徹底としての軍備撤廃。世界に向っての平和生存権の宣言。
二、土地の共有、近い将来の国境および国家の廃止の予告。
三、一切の位階勲等、序列標示の廃止、封建的遺制の根絶。
四、各級議会、委員会の完全普通選挙。
五、基本的人権の無条件の保障、一切の差別の禁止。
六、一切の官吏の公選、人民による任免制の保障、人民の不服従権の承認。
七、裁判官の公選、検事公訴権の制限、陪審制の採用。
八、人民の学習権の保障、教育費の無償、試験入学制の廃止。

九、死刑の廃止、拷問その他残酷な刑罰の廃止。
十、言論出版集会結社の自由、表現の自由の保障。」

これらの提言は、表現は必ずしも同一でないにしても多くが両憲法草案に取り入れられているように思う。

一方、太田竜氏は自著の『琉球弧独立と万類共存』（新泉社、一九八三年）のなかで『琉球共和社会憲法C私（試）案』を取り上げ、多くの点で共感を示している。ちなみに彼は、共感の動機を次のように述べている。

「国家権力形成以前の人類は、自然のこの創造系の現象と破壊、風化系の現象という二つの性質のバランスを、よく理解していた。国家の形成と共に、狂いが生じた。なぜなら、国家とは、生態系に対する暴力であるからである。国家とは、有畜農業を土台とし、野生の生きもの（野生の人間を含む）を絶滅させずにはおかない暴力である。国家のイデオロギーは、自然創造系の側面を切り捨て、自然破壊系の側面のみを絶対化するところに成立する。」

「西欧近代のルネッサンスに始まる現代科学は、この方向を純化させたものである。しかし、西欧ではまだしもキリスト教というブレーキがついているのであるが、明治以降、とりわけ敗戦、米占領以降の日本は、キリスト教抜きで、この生命破壊系の西欧科学を絶対化したものであるから、いまや日本の公害、環境破壊は、群を抜いて世界一位となり、故湯川秀樹を始め多くの科学者たち自身が科学公害による日本民族の滅亡を警告する段階に来ているのである。」

「私はアメリカ占領軍によって用意された新憲法下で、日本人は、新たな『一億玉砕』に向かって、柔順な家畜のようにアメリカ帝国主義と日本政府にコントロールされて生きているように思う。

新たな『一億玉砕』は、アメリカ式科学技術文明の暴走による環境破壊、生活の全領域にわたる公害、農業の潰滅、原子力発電による放射能汚染、そして第三次世界核戦争による核絶滅、ということになるであろう。」

「独立運動が、欧米的、日本的な科学技術文明とは異なる価値観、別の生活様式、べつの生命観を土台にしていなければ、人々の魂をふるい立たせることはできないのである。」

「沖縄を占領した米軍は、できれば沖縄を日本から永久に切り離しておき、半永久的に沖縄をアメリカの太平洋前線軍事基地たらしめようとした。そしてこの方向での一つの可能性として、沖縄を親米的独立国とすることも考えた。」

「琉球独立運動は、いずれの段階の場合にも、琉球の民族的自覚、民族的抵抗は成熟することなく、『日琉同視論』のイデオロギーに圧倒され、天皇制日本への同化の道へ、沖縄人は押し流された。

この新たな学問は同時に、国家権力に毒されない沖縄の古神道の伝統、琉球王国の支配層、貴族でなく、沖縄の庶民のカミガミの世界に根付いたものでなければならない。

このような学問は、当然のことながら、人はいかに生くべきか、を教える生活革命、倫理革命の道しるべの役割を果すものであろう。そのようなものとして、それは沖縄人の自治、自由、解放から出発して、全人類の自治、解放に至る指針となるであろう。」

こうして太田氏は、二つの琉球共和国憲法については、次のようにコメントしている。

「琉球共和社会憲法C案はいかなる原理で人々の社会を結びつけようとするのか。『万物に対する慈悲の原理』、自治の原理、が示されている。生態系を攪乱する開発は禁止し、自然の摂理への適合の努力、自然を崇拝した古代人の思想を活かすこと、破壊された自然環境の復元、が特に示されている。」

「F私案の特徴は『困民主義革命』を想定していることである。F私案への『注釈』によれば、困民主義とは……民主主義革命の歴史的任務の終了、それに打ち続いた社会主義革命の官僚制国家資本主義的堕落という歴史的現実を踏まえ、古くはアナルコ＝サンジカリズム、そして社会主義国家連合軍によって圧殺された一九八〇年代ポーランド労働者運動の歴史的痛憤を背負って、人民の参加と自主管理によって、〝無政の郷《コンミューン》〟を樹立しようとする歴史哲学にほかならない。」（『新沖縄文学』四十八号、一七五頁）

「さらに、F私案は、『一九××年、第三次世界大戦によって、人類滅亡の危機に瀕した各国は、ようやく地球連合政府の構想に、人類存続の夢をかけた』と想定し、『地球連合政府の構想は、かつての国際連合のような、権限の弱い国際機関ではなく、〝人類みな兄弟〟というたぐいまれなる人類愛に基づき、従来の諸国家を、ひとつの人類政府へと形成するブント組織である』と云う。そして琉球共和国憲法は、『地球連合政府が樹立され、わが琉球共和国がその連合体に参加する日の前日において自動的に失効する』とも述べている。

いみじくも、この二つの憲法草案は、

（1）国家権力の廃絶。

（2）地球の生態系、生命系との共生、共存の原理。

（3）地球連合、人類政府。

という三つの柱を打ち立てている。そして、琉球民族の独立が、以上のような全人類的自治の実現の一部としてのみ可能であることを打ち出している。基本的に私はこうした構想に同意できるし、ほとんど妥当なものと評価できる。」

「沖縄は日米中ソの四大国の世界戦争の枠組の中にがっちりと押えつけられ、この枠組にあるかぎり、身動きもできない。いつ、新たな『沖縄県民玉砕』ということになっても、不思議ではない。この枠組から脱却すること、ともかくこの危険なワナから離脱すること、それこそが沖縄人の明日の生存のための、唯一の現実的な選択ではないだろうか。

そしてこの離脱を、政治的に表現すれば、沖縄が日本から独立すること、日本と手を切ること、そして自動的に沖縄の米軍基地とも手を切ること、ということになろう。

われわれはもうホトホト愛想がつきた。好戦国日本よ、好戦的日本国民と権力者共よ。好むところの道を行くがよい。もはやわれわれは人類廃滅への無理心中の道行きをこれ以上共にはできない。」

「このように、C私案前文は述べている。たしかに、私たち日本人は、心ある沖縄人から愛想をつかされてもしかたがないようなところがある。」

「私たちは、みずからの手で戦争責任を追及することを放棄し、むしろ、敗戦の瞬間から、一転して勝者、米国に迎合し、米国式科学技術文明と、拝金主義を受け入れることに狂奔した。その帰結はどういうことになったか。

私たち日本人は、保守も革新も、右翼も左翼も、老いも若きも、男も女も、子どもも大人も、唯物主義、金権主義、拝金主義一色に塗りつぶされてしまった。とくに悲惨なことは、殆んどすべての宗教教団が、金もうけ一辺倒の金権教団化してしまったことである。

このようにして私たち日本人は心を失い、情を失い、すべてをカネに換算するようになった。カネに換算できないものは、ゴミクズとして捨てられた。

沖縄が『復帰』した『祖国日本』は、実にこのような日本であった。」

「それゆえ、いま改めて私たちは日本列島に国家が発生する前に成立している日本原住民の精神文化、自然観、宇宙観、倫理、食文化の伝統をよみがえらせるという課題、そして、アイヌモシリと沖縄独立の運動の結びつき、こうした根源をあくまでも追求してゆくことの中に、私たちの真の自治と解放もありうるということを確認しているわけである。」

こうして太田氏が指摘するとおり、両憲法草案は、一見したところ、まるで夢物語にも見えようが、あながちそうとはいえない。

早くも、沖縄では平恒次、松島泰勝、友知政樹といった先島出身で経済学が専門の三教授が、琉球独立論を唱導しているだけでなく琉球史上初めて琉球民族独立総合研究学会も設立されていて、県内各地でインテリたちが独立に向けてのシンポジウムを開催するなどしている。それゆえ、この二つの憲法草案は、いかなる意味でも百年先の夢物語として終わることはあるまいと思う。

沖縄の一住民たる川満さんが自らの手で住民自治の理念に沿って琉球共和社会憲法私（試）案を

起草したことは、大いに評価するが、願わくはいま少し一般の人々が理解し共感をもてるようにわかりやすく書いたらなお良かったと思う。そのためには、いま少し憲法・行政法の専門家の意見も取り入れた方が良かった気がする。さらに言えば、この草案をどう実現したら良いか、少なくともその大まかな道筋を示すことも必要である。

ちなみに一九七八年に東京大学から沖縄国際大学に赴任された玉野井芳郎教授は、沖縄で地域主義集団会を組織し、生存と平和を根幹とする「沖縄自治憲章」案を起草された。

それを同教授もメンバーとなっていた「平和をつくる沖縄百人委員会」で提起したところ、一部の日本復帰を目指すメンバーから「独立する気か」と一種の沖縄独立論と受け取られ「角を矯めて牛を殺す」恰好で百人委員会自体が潰れてしまった。だが、この憲章は地域共同体の分権を志向して止まない多くの自治体に強烈な影響を与えたことは否めない。

この憲章案と川満案を較べてみるとその難易度は歴然とする。同自治憲章案は、制定の趣旨を次のように述べている。

「われわれは、沖縄に生きる住民、沖縄に生きる生活者として、自治、自立を目ざす理想および権利を有する。その理想および権利は、琉球弧の温帯的、亜熱帯的かつ島嶼的な絶妙な自然環境を背景に、〝守禮の邦〟に象徴される非暴力の伝統と平和的な地域交流の歴史とに、深く根ざすものである。

われわれは、第二次大戦下の沖縄戦において、軍民混在の国土戦とは、いかなるものであるかを身をもって体験した。それは、まさしく非哭の一語につきるものであった。また、われわれは、戦後米軍の占領下に、人間としての自由と権利を拘束され、言い知れぬ苦難を経験した。

われわれの平和への希求は、かくて生まれるべくして生まれた。しかし、われわれが平和の実現を目ざす今日の世界は、自然生態系の荒廃と地球的、さらに宇宙的規模での核の脅威によって、重大な危機に瀕している。わが国の最南端にあって、現在巨大な米軍基地を抱えるここ沖縄において、この危機はきわめて深刻である。

沖縄の戦後の歴史、とりわけ復帰運動および平和運動の歴史を踏まえて、日本国憲法および本憲章が定める権利を拡大、充実し、これを永く子孫に伝えることは、われわれ沖縄住民の責務である。ここにわれわれは、生命と自然の尊重の立場を宣明し、生存と平和を根幹とする『沖縄自治憲章』を制定して、年来の自治・自立の理想と目的の達成を心に誓う。」

また「平和主義」を規定した第一三条では、こう記している。

「沖縄住民は、永久絶対の平和を希求し、自衛戦争を含むあらゆる戦争を否定し、沖縄地域において、戦争を目的とする一切の物的、人的組織を認めない。

沖縄地域において、核兵器を製造し、貯蔵し、または持ち込むことを認めない。また核兵器の搭載可能な種の艦船、航空機の寄港および海域・空域の通過を認めない。」

なお、最後の抵抗権について述べた第一八条ではこう規定している。

「この憲章によって保障された基本権が、国および自治体の行為によって侵害されたときは、住民は、これに対し抵抗する権利を有する。

自治体の自治権が国の行為によって侵害された場合は、自治体は、これに対し抵抗する権利を有する。」

いかにもわかりやすい表現で親しみがもてる草案なので普遍化するのに大いに役立つように思う。

沖縄・再び戦場の島にさせないために――沖縄基地問題の現状とこれからの闘い

山城　博治

はじめに

戦争ができる国家へ暴走する安倍内閣の動きがやまない。国会で圧倒的多数の勢力を背景に、その動きは独裁政権の様相さえ帯びている。

沖縄では、県選出の自民党国会議員団、県議団になりふり構わない圧力を行使して選挙公約であった「普天間基地の県外移設要求」を「辺野古基地建設容認」に転じさせた。同様に県政トップの仲井眞弘多県知事にも、平然と県民公約を破り捨て政府へ全面屈服する醜態を晒させた。げに権力とは恐ろしいものだ。「民主主義」とはほど遠い政治暴力の地金をむき出しにして沖縄に迫った。「基地をつくれ」「戦争の先頭に立て」と。沖縄はいま、政府の強権と向かい合っている。「安保の最前線」に位置づけられ、政府によって用意される「新しい戦争」の恐怖に慄いている。

一九六九年一一月、訪米した佐藤首相とニクソン米大統領とで合意された「沖縄返還協定」は、

「祖国復帰」運動に取り組んだ沖縄に大きな衝撃を与えた。軍政下であらゆる暴力と不条理に耐えかねていた沖縄が求めた「米軍支配」と「軍事基地からの解放」運動は、無残にも日米両政府の綿密な計算と合意によって買い取られ潰されていった。それから一九七二年五月の沖縄返還にいたるまで、沖縄は思想と行動の混迷を強いられた。暗雲漂い向かう先への明確な展望が抱けない時代の閉塞。今日の政治状況が二重写しになって炙られてくる。

復帰運動に内在した「祖国」幻想による「思想と運動」の限界が否応なしに明らかにされ「ウチダリ」てくる時代のなかで、新川明、川満信一、岡本恵徳氏らが「反復帰」論を唱えて登場した。沖縄とヤマトの関係を史実に沿って考証するなかから、ヤマト政府の一貫した差別的沖縄政策が結果として無謀な沖縄戦を招き、その後の米軍支配に繋がったこと。差別は天皇制という特殊な支配の装置が沖縄を丸ごと「化外の民」として「同化」を強制する過程で苛烈を極めるものとなったこと。国家によって取り込まれた沖縄がそれゆえに国家の無謀を糾弾することもできなかった「復帰」運動の限界等々に、彼らは厳しく切り込んでいった。それは永年の差別から萎縮する沖縄の魂を解き放ち、国家のなかに包摂されながらも、国家のなかから国家を撃ち続ける位置を確立しようとしたかつてない思想の営みであったように思えた。

私自身はこの衝撃的な反復帰論との出会いについて誰にも語ることはなかったが、二〇一一年四月九日に開催された川満信一さんの新著『沖縄発　復帰運動から40年』出版を記念して開催された「四・〇九沖縄パネルディスカッション」に呼ばれた際に初めて人前で話した。一部を引用して思いに代えたい。「私は個人的な体験しか語れませんが。私は高校に入学したのが一九六八年。その年に何があったか。Ｂ52が嘉手納基地で爆発して、核の恐怖、沖縄は島ごと吹っ飛ぶのではないか、こういう思いに駆られて高校生活を過ごしました。二年のときに沖縄返還協定があり、いよいよ沖縄返還がまやかしで、足元をすくわれていく、そういうことが六九年に宣言されます。そして高校三年で七〇年安保を迎えます。無茶苦茶な時代でした。私が無茶苦茶だったのではなくて時代が無茶苦茶だった。二年のときに学友たちと一緒に（返還協定反対で）ハンガーストライキを一週間やりました。三年のときはついに（安保反対で）学校をバリケード封鎖して、六月に除籍処分を食らってしまいました。そんななかで、沖縄はどうなるかという思いを引きずっていました。そんなときに出会ったのが川満さんたちの反復帰の思想でした。新川さんの著書名でいえば『反国家の兇区』そんな思想に出会いました。」（中略）「六八年から七〇年にかけての、あの時代の変わり目に、どう向き合ったか、少し話したいと思います。あれだけ期待をかけた復帰運動が日米政府によって買い取られ、六九年の返還協定は、文字通り沖縄の基地の自由使用、表向きは『核抜き本土並み』とか言われたが、核もついている、核付き自由使用の返還協定であったことは間違いないだろうと思います。その結果が、現在私たちの目の前で繰り返されている基地問題です。そのようななかにあって、私たちは川満さんたちの提起をこのように思いました。沖縄の異質性、沖縄の違和感、そういうものを、ウチナーンチュであるとか琉球人であるとか、私たちの親の世代が聞けば卒倒しそうな言葉を平気でちりばめて、むしろ見つめて、そのことを大事にして国家に向かい合おう、私たちを足元から掬っていく国家を、私たちを差別し続けてきた言葉を逆に捉えてその国家に対峙していこうというお話だったと思います。非常に鮮烈な思いで聴いていた気がします。」（中略）「ウチナーンチュとか琉球人とか非国民など、言ってみれば沖縄の負の遺産を逆にひっくり返して国家に向かう思想の根幹として位置づけようとしたのだと思います。そういうことなしに私たち自身もあの時代を生きていけなかった。当時、元気をいただいた沖縄の思想の発信には、本当に心強く感じたところです。もう一冊、私が（当時）読んだ本のなかに中屋幸吉さん『名前よ立って歩け』という本がありました。琉球大学の学生さんですが、六五年当時、一生懸命学生運動をして、勉強もするのですが、沖縄の現状に絶望して自ら命を絶っていく、こういう人の遺稿集です。『名前よ立って歩け』。あの当時私たちは本当に立って歩けるのか、そんな思いがありました。私たちを疎外し、差別し抑圧し続ける国家とは何か、沖縄社会を辺境扱いし、取り入れながらも内なる植民地として鞭を打ち続けるヤマトとは何か。そういうことをずっと考えていました。そのような思いが受け継がれて、いま、たくさんの若い人たちから、たくさんの発信がされていることを力強く思います。最近読んだ本では、知念ウシさん、田仲康博さん、目取真俊さん、沖縄の若い世代が力強く発信して、ウチナーを決して卑下しない、差別されても萎縮しないで堂々と沖縄を論じて、沖縄の立場を主張して沖縄の解放をうたっていく、このことも、川満さんたちの先駆的な取り組みがあればこそ、いまこのように開花しているのだと思います。」

多少長い引用となってしまったが、私の「反復帰」論との出会いが伝えられたらと思う。時代はいま新たな局面で、再び奔流となって牙をむいてくる。そのなかで、鍛えられてきた沖縄の強靭な思想を糧として立ち向かう気概をもたなくてはならない。同時に、積み重ねられてきた沖縄の自立・解放に向けた「知の営為」に新たに継ぎ足していく努力を惜しんではならない。そうは言っても、私には今回の『琉球共和社会憲法私案』をいま考える」企画に正面から論及する能力がない。そのために、運動の現場にいるものとして、沖縄の基地問題を中心に、今日なお国家権力と対峙し続け葛藤する沖縄の現状を伝え、抱える課題を考えるなかから論議に参加できたらと思う。

1　暴走する安倍内閣

戦争国家へひた走る安倍内閣の猛威が全国でそして沖縄で吹き荒れている。「安保最前線」に位置づけられた沖縄では、尖閣問題をめぐる日中間の緊張の高まりとともに「戦争の脅威」が現実のものとして迫ってくる。戦場にさせるわけにはいかない。

二〇一二年一二月にスタートした第二次安倍内閣は、憲法「改正」とりわけ九十六条の先行「改正」を強く打ち出した。狙いは自民党憲法改正草案にあるように憲法を全面的に書き換え、かつての天皇制軍国主義社会を復活させることにある。憲法改正のハードルを通常の法案並みに引き下げて、そのうえで「国民主権」「平和主義」「人権尊重」を大原則とする憲法体系を全面解体する凶悪な陰謀を秘めている。二〇一三年七月の参議院議員選挙で憲法「改正」発議に必要な三分の二以上の議席を獲得することができなくなると、急遽、これまで歴代の内閣が一貫して違憲としてきた集団的自衛権行使容認検討へと舵を切った。交戦権の否定と武力の保持を禁止する憲法九条の明確な規定の下で、どうすれば「解釈」によって「同盟国」と称する外国軍隊と一体となった戦争行動ができるのか。そのようなことが可能となるなら、そもそもなにゆえに憲法「改正」が必要なのか。それ以上にどのような憲法規定も意味をなさなくなる極めつけの発想、暴論と言わねばならない。国民の圧倒的多数が「解釈」改憲によって「戦争国家」へ突入することに反対していることが各種の世論調査で明らかになったいまでも、安倍内閣はその動きを止めようとしない。さらに警戒すべきことに、二〇一三年末の特別国会で強行採決された特定秘密保護法がある。国民の知る権利・報道の自由を奪い、それどころか国会での自由な討議や質疑さえもが罪に問われるという恐るべき国家秘密法。年明けからの通常国会には、この特定秘密保護法にさらにひとまわり輪をかけるような国家秘密取締り法「共謀罪」がみたび提案される予定という。軍事国家「再生」に向けた正面からの動きを強めるだけでなく、あわせて政府反対勢力を取り締まる治安立法の整備も抜かりはない。恐るべき事態だ。

安倍内閣は一方で、靖国参拝を強行し、「河野談話」「村山談話」見直しを進め、「戦後レジーム」を清算しようと躍起だ。この流れはアジア周辺国家とりわけ韓国・朝鮮、中国から激しい反発を受け、正常な外交関係が途絶える異常事態に立ち至っている。振り返れば、第一次安倍内閣によって戦後民主主義教育の理想を掲げた教育基本法は全面的に書き換えられ、教育の中心に「公共の精神」や「郷土愛・愛国心」が据えられた。日の丸・君が代が「国旗」「国歌」として法制化された。高校歴史教科書から沖縄戦における「集団自決（集団強制死）」への日本軍の関与を削除させたのも安倍内閣であった。歴史の真実に謙虚に向かい合う歴史認識を「自虐史観」と激しく攻撃し、今日、在日の韓国朝鮮系の人々に「ヘイトスピーチ」で襲いかかる右翼排外主義行動の先鞭を着けたのも安倍内閣であった。安倍首相の姿勢は一貫している。このすさまじい「右翼軍国主義者」が再び内閣を組閣した。しかも今回は国会で圧倒的多数の与党を背景としての再登場だ。私たちは、いま、かつて遭遇したことのない反動的で凶悪な内閣と向かいあっている。心しなければならない。

マスコミが伝える日々のニュースに明るい話題は皆無だ。安倍内閣がやっていることといえば軍拡と戦争準備の法整備、かたや原発の再稼動と新自由主義経済政策による弱肉強食、貧富格差社会のいっそうの推進だ。「状況はコントロールされ汚染水はブロックされている」というIOC総会での福島原発事故に関する発言は、安倍首相がほとんど国民の命と暮らしになんの関心も寄せていないことを明らかにした。看過できない犯罪的発言といわねばならない。目に余る右翼タカ派政治の強行と、遅々として進まない原発事故対応への批判をかわすために、「アベノミクス」を鳴り物入りで喧伝しているが、一般の国民にとってはなんの恩恵もない。実体のないマネーゲーム。GDPの二倍強にも達する国債発行。しかも市中銀行から引き上げて日銀引き受けをさせ、市中に資金が溢れれば経済が活性化すると見込む危うさ。常軌を逸した博打ち経済だ。一部輸出企業が潤い株価が上がれば景気が持ち直したと自画自讃する。大企業は利益を上げても雇用や雇用条件の改善に回さずに内部留保金として溜め込んでいることは広く知られた事実だ。労働法制の規制緩和は歯止めがなく、いまや働く人の四割は非正規で明日をも知れない生活を余儀なくされている。雇用不安と低賃金そして消費税増税に端を発する諸物価の値上げで生活はいっそう厳しいものになっている。TPPへの参加は農林水産業を中心とした地域社会を破壊し、さらには、国民医療を支えてきた国民皆保険制度や年金制度を国際金融資本に売り払うなど、まさに国民経済、社会システムの解体に道を開くものだ。綱渡り的国家運営と言わねばならない。このままでは、先は見えている。金融恐慌となり経済は破綻する。

安倍首相に残されている道は、それだから、「中国の脅威」を振りかざし「韓国の非道」を煽って「外敵」を作り、一種の恐怖政治で政権の求心力を図る以外になくなっている。安倍首相が本来もっている「右翼軍国主義」的傾向と国内政治の閉塞感が、いよいよ危険な政治状況をつくっている。典型的なファッシズムの政治手法だ。麻生副総理の「ナチスに見習う」発言はまさに政権の本質を示している。

2　強まる沖縄への圧力

戦争につき進む安倍内閣の動きは、沖縄では、「島嶼防衛」となって辺野古新基地建設や高江ヘリパッド建設、また国境の島・与那国での自衛隊基地建設問題となって顕在化している。さらに石垣島での自衛隊基地建設や宮古・下地島のパイロット訓練飛行場の軍事利用の問題が常に画策されている。尖閣諸島の「国有化」によって惹起された尖閣海域での日中間の軍事緊張を逆手にとって「防衛力の整備」を喧伝し、これまでなかったことだが、在野の右翼勢力を使って、米軍基地ゲート前でのオスプレイ配備反対行動や新基地建設反対行動に介入し始めている。かつてなかった事態だ。

（1）普天間基地の辺野古移設問題

沖縄は、迫り来る欠陥機オスプレイの普天間基地配備に反対し、「オール沖縄」で日米両政府に抗した。その力は二〇一二年九月九日に開催された「オスプレイ配備に反対する沖縄県民大会」に一〇万人余が参集する大集会となって示された。県選出すべての国会議員、県議会全議員団、県内四一全首長、四一全市町村議会議員が一同に会し、オスプレイの配備と普天間基地の県内移設に反対して団結した。米軍支配下の厳しい時代のなかでも、保守革新が基地問題でこのような形で結束したことは皆無であった。その団結する沖縄に安倍内閣は恐怖し、ありったけの権力を行使してぶち壊しにかかった。二〇一三年暮れ、赤裸々な権力の暴力が沖縄を襲った。

安倍内閣は普天間基地の辺野古移設を実現するために、「県外移設」を要求し続ける自民党県選出国会議員ならびに県議団を中心とする自民党県連に圧力をかけ県内移設容認に転じさせた。一一月二五日、普天間基地の県外移設という選挙公約を掲げて信を問うた国会議員たちが、石破自民党幹事長を先頭とする中央権力者たちに屈服させられ、「政府方針承認」に転じる共同記者会見場に引き出された。顔面蒼白となってうな垂れる様は怒りを超えて哀れすら感じさせ、沖縄が立たされ続ける苛酷な位置を再認識させるものとなった。そして、ついに一二月二七日、仲井眞弘多県知事の「驚くべき評価」発言が飛び出した県民裏切りの転向表明に繋がった。仲井眞知事の発言は際立っていた。政府に対する評価のくだりは、知事が初めから政府方針に従う腹でいてそれを隠し、県民を騙し続けていただけのことであったことを明らかにした。連日県庁、県議会周辺に駆けつけた県民は悔しさに空を仰いだ。安倍内閣はさらに県民に付け加えた。辺野古移設工事に際して、海上での「妨害行動」に躊躇することなく刑事特別法を発動し、陸上での「違法行為」に対しても厳しく対処すること、また事前の行動に対する対策も検討していくことを国会答弁の形を借りて表明した。まだ工事が着工もされないうちから最大級の刑事弾圧の予告。まさに沖縄全県民に対する恫喝という他はない。民主主義の建前さえかなぐり捨てた権力のなりふり構わぬあからさまな暴力と欺瞞。沖縄は怒った「ウセーランキヨー！」

その後、年が明け一月一九日に投開票を迎えた名護市長選挙。「陸にも海にも新しい基地は造らせません」「名護市のことは名護市民が決める」と訴えた現職の稲嶺進候補が四千票以上の差をつけて圧勝、再選した。市民は「五〇〇億の振興基金を創設する」という自民党石破幹事長のあからさまな選挙誘導を撥ね退けた。名護といわず沖縄じゅうが感涙した。「民意は生きている」「県民は屈しない」と決意を新たにした。稲嶺市長は「あらゆる市長権限を使って新基地建設を阻止する」と力強く宣言した。今度は、政府から想像を絶する弾圧、妨害、嫌がらせに直面するであろう稲嶺市長を市民、県民が全力で支えるときだ。辺野古の海を埋めたてて新しい一大戦略基地建設に乗り出してくる日本政府に、戦争のない平和な未来をかけて数百数千の規模で座り込もう。二〇〇四年からすでに丸一〇年にわたって辺野古の護岸に座り込んでいる市民と共に。政府の暴力に対抗するには県民の団結以外にないことを私たちは多くの闘いから学んでいる。あらためて勇気をもってそのことを実行していく。

（2）東村高江ヘリパッド基地建設問題

沖縄本島北部、国頭村と東村にまたがる八千ヘクタールに及ぶ広大な米海兵隊北部訓練場。沖縄本島唯一の手付かずの自然が残り、ヤンバルクイナやノグチゲラなど稀少な鳥類、動植物が生息する世界自然遺産にも推薦される貴重な森だ。その北部訓練場の国頭村側に位置する四千ヘクタール以上のエリアが、一九九六年のSACO合意で返還されることになった。しかし、米軍はとてつもない条件を付けた。返還予定地内にあるヘリパッド（ヘリ着陸帯）七ヶ所のうち六ヶ所について、残余の東村側の訓練場に移転するという。すでに東村側には一六ヶ所のヘリパッドがあり、しかも新設されようとする六ヶ所のヘリパッドは人口一五〇人余の高江集落を完全に取り囲むように設計計画されている。これまでも連日のように集落の上空を低空飛行で、普天間基地に配備されたオスプレイや二〇〇四年に沖縄国際大学に墜落炎上事故を起こしたCH53型・大型ヘリコプター同型機が飛び交っている。住民は、新たに持ち上がったヘリパッド建設に反対して立ち上がった。

二〇〇七年七月にN1地区、N4地区と称される箇所のヘリパッド建設工事が着工されて以来、テントを張り出し昼夜を分かたぬ監視行動で新基地建設反対を訴えている。反対行動は東村側に残される広大な演習場の撤去まで含めて主張しているのではなく、単に新しく建設される六ヶ所の工事を止めて欲しいといっているにすぎない。二〇一四年三月までに完成したとされるN4地区二個のヘリパッドと合わせれば、この貴重な森に一八ヶ所のヘリパッドが存在していることになる。どう考えれば、これ以上のヘリパッドが必要になるのだ。計画どおり建設されたら村の生活はどうなるのだ。爆音と高熱を噴射して離着陸を繰り返すオスプレイが、自由気ままに飛び交うようになれば森やそこに棲む動植物は守られるのか。この小さな島で何千年に及んで育まれてきた命の営みが消滅させられるのか。

そのような切なる思いで反対行動を取り組んできた住民一六名を、沖縄防衛局はあろうことか通行妨害禁止仮処分申請で訴え、その後、本訴訟に切り替えた。訴えられた住民のなかには七歳の児童も含まれていた。明らかに住民弾圧を目的とする不当な裁判（スラップ裁判）である。工事が開始された翌年二〇〇八年のことだ。しかし住民は国の不当な弾圧に抗して闘い続けている。

いよいよ、二〇一四年七月から残された四ヶ所のヘリパッドの建設予定地になっているN1地区等に舞台を移して激しい攻防戦が繰り広げられることになる。残念ながら、オスプレイの普天間基地配備に反対し、辺野古新基地建設に一丸となって反対する県民世論も、この高江ヘリパッド建設にはなぜか大きな声を上げない。人口が少ないから影響が少ないと思っているのか。そうであれば、「普天間基地よりは辺野古の方が影響は小さい」という政府や県政の言い草と何が違うのか。人の命は平等だ。歴史を通じて常に中央から犠牲を強いられ続けてきた県民が持ち出す論理ではないはずだ。ぜひ、各市町村議会や県議会が七月から着工される予定の工事に反対決議を上げて欲しい。そして多くの県民が共に立ち上がって建設現場に通じるゲート前に座り込んで欲しいと願わずにはいられない。

（3）島嶼防衛と先島

島嶼防衛の最前線に位置づけられた先島地域では、各島々への自衛隊の配備、駐屯地建設が相次いで検討され、与那国島では計画が具体化し、二〇一四年中にも実行に移されようとしている。当然のように持ち上がる、基地建設賛成・反対の論議が小さな島を引き裂く。それだけでなく石垣島における自衛隊駐屯基地建設計画が明らかにされた（二〇一四年二月二三、二四日。「琉球新報」、「沖縄タイムス」）。さらには、JALやANAが最終的に撤退を表明した宮古・下地島にあるパイロット訓練場に防災対策・防災訓練を理由として航空自衛隊が進出する動きが報じられている（二〇一四年三月一四日。「琉球新報」、「沖縄タイムス」）。沖縄本島における辺野古、高江の新基地建設だけでなくて、宮古、八重山、与那国を含めて、それこそ沖縄じゅうの島々が軍事基地化されようとしている。再び「戦争がやってくる」恐怖を感じないわけにはいかない。

尖閣諸島問題がここまで緊張した原因が日本側の「国有化」にあることを思えば、安倍内閣が緊張緩和に向けて動き出すことは望めない。安倍内閣にとって軍事緊張はむしろ望むところで軍備増強の格好の論拠となっている。そして本物の有事が勃発し戦火が開かれたときに備えて日米が一体となって軍事行動を展開するために、集団的自衛権の行使に踏み出そうと画策するのだろう。すでに日米安保条約が締結され、米国が尖閣問題を安保条約第五条の「共同対処行動」の適用範囲だと表明しているなかで、あえて米国との集団的自衛権行使に踏み出す狙いが不明だが、しかし安倍内閣にしてみれば、単に日本の領域内で日米の軍事共同行動ができるだけでなく、「地球上の裏側」まで米軍の支援を行なうことを約束することで、中国と武力衝突が勃発した際に米国の支援をより確実なものとして引き出す狙いが込められているものと思われる。しかしそれは他方で、①「尖閣の領有権問題には関与しない」とする米側に対していまひとつ信頼が置けないでいること、②米国抜きで「単独で中国と向き合うことはできない」ことの立場を自ら表明するようなものだ。そうであればなおさらに、米国の世論が尖閣をめぐる日中の緊張を諌め、冷静になることを呼びかけていることに耳を傾けるべきだ。「米国が無人島の岩礁のために米中の武力衝突へ踏み出すことはない」とニューヨークタイムスが指摘し、ワシントンポストは「日中両国は当面この問題を棚上げすべきだ」と主張している。また米国の多くの政治家や学者たちが同様のことを指摘している。

しかし、安倍内閣の戦争国家に向けた執念は半端ではない。文科省の竹富町・中学校社会科教科書採択問題に関して強硬な介入を繰り返し、ついには教科書無償措置法改正案を三月二七日に衆議院で通過させた。下村文科大臣は異常な執念で竹富町の中学校教科書問題に介入し、教科書無償化法で指定された地域協議会の協議結果を盾に育鵬社版教科書の採択を求め続けている。しかし「沖縄戦の記述もなく」「沖縄の基地問題も扱わない」「選考委員会で推薦のなかった」教科書を採用するわけにはいかないという竹富町教育委員会の主張は正論である。それを強引に選考委員の誰もが推薦しなかった教科書を採択せよという主張こそ「政治的」であると言わねばならない。しかも、自治体における行政上の最終的な判断は当該自治体にあることは地方自治法上当然のことであり、地方教育行政法は教科書の採択権が当該地方自治体にあることを明示している。文科省、下村大臣が法体系の瑕疵を認めつつ金科玉条の如く地域協議会の結論をもって竹富町に「異例の指導勧告」を繰り返すことこそ違法である。

安倍内閣は、尖閣有事が発生すれば真っ先に戦場となるだろう先島地域に、自衛隊を大きくＰＲする教科書を持ち込んで子供たちの、そして地域住民の「意識改革」を図りたい、そう決意している。だから、政権誕生以来、執拗に竹富町教育委員会に「指導」という名の介入・恫喝を続けている。石垣市教育委員会の玉津教育長を最大の味方につけ、保守町政・与那国町教育委員会を抱き込んで、竹富町教育委員会を陥れようと必死だ。そのことから見えてくるのは尖閣周辺の緊張がただならぬものであり、安倍内閣が本物の有事勃発を想定しているのではないかという恐怖だ。

狂気となって見境なく戦争へと突進する安倍内閣によって、沖縄は再び戦場とされるのか。あれだけの犠牲を払いながら、「軍隊をもたず」「戦争をしない」という憲法下で、再び政府の無謀な行為でまた生贄に差し出されるというのか。断じて許すわけにはいかない。

3 沖縄の闘い

政府は、沖縄の自民党の指導者たちを転覆させたことに満足しているだろう。「これで、沖縄に新しい戦略基地を造ることが可能になる。日本本土が枕を高くして眠れる」と。安倍首相以下政府閣僚の高笑いが聞こえてきそうだ。しかし政府は沖縄を甘く見過ぎていないか。県政転覆劇の裏側でどれだけ激しい日本政府に対する怒りがたぎっているか。あるいは、これまで政府の「沖縄振興策」なる財政援助に沈黙を余儀なくされてきた多くの県民が「このままではいかん」と静かに決意を固めたか。沖縄はかつての沖縄ではない。中央政府に唯々諾々と従っているだけの無力な存在ではない。二度も日本政府の踏み台にされるほどヤワではない。沖縄は平和を求め戦争を求めない。

しかし沖縄を再び食い物とする陰謀には断固として闘うだろう。「沖縄は決して屈しない」。

(1) 一一月県知事選挙への取り組み

今年、二〇一四年一一月には県知事選挙が実施される。まさに天下分け目の戦いとなる。政府は、自民党県連・県知事サイドを方針転換させるのに、あれだけの力を行使した。そうであれば今度はその「成果を守る」ために遮二無二になってくる。常識では計り知れない力が働くはずだ。簡単な選挙ではないことをあらかじめ肝に銘じたい。そして同時に、この選挙の結果如何で沖縄の未来が決められることになると決意を固め合いたい。本当に中国との戦争も辞さないとする狂気の内閣。沖縄を再び戦場に差し出すことをにべもなくやってしまうであろう権力と県民の命と暮らしをかけた闘いだ。

その意味で、今回の選挙はこれまでの県知事選挙で幾度となく闘われてきた保・革の争いの構図ではなく、政府を相手とする「オール沖縄」の闘いでなくてはならない。一九九五年の米兵による凶悪事件に県民が総決起で抗議の声を上げて以来、高校歴史教科書改ざん問題で、そして今回のオスプレイ配備、普天間基地の辺野古移設問題で保革を超えて団結したように、まさにいま、沖縄の未来に「戦争か平和か」が問われる歴史的な局面で県民が団結しないわけにはいかない。かつて知事選挙をそのような位置づけで取り組んできたことはない。しかも現実の問題、「保革を超える」候補者選考など容易でないことは十分に予想できる。しかし年末に振り下ろされた政府中央の、不条理で凄まじい沖縄に対する圧力の行使を振り返るとき、もはや県知事選挙の選択基準に「保革」

の要素がほとんど意味をなさないものであることは明らかだ。いま、問われているのは、政府から丸ごと差別され再び戦争の劫火に抛られようとする沖縄の現在の局面で、権力の横暴を丸ごと怒りに変えて団結する力、その力でつくり出す県民の代表としての県知事であり県知事選挙ではないか。できるはずだ。ぜひ、県知事選挙選考の理念を広範な政党、諸団体、市民が結集して議論し煮詰めかつ公表し、そのうえで候補者を決定していく人選であって欲しいと切に願う。政府によって壊された「オール沖縄」の団結の力を再構築するまたとない機会とするべきだ。

名護市長選で稲嶺進氏を選考した過程はまさにそのことであった。名護の未来のために求められる「最大公約」に結集し、そしてぶれずに愚直に力強く訴えた稲嶺氏に勝利がもたらされたのではないか。私たちはその勝利をつい先日手にしたばかりだ。今度は県知事選挙で果たそう。

(2) 政党の再編を

県知事選挙を、「植民地」扱いされる沖縄が政府の不条理な権力の行使に一丸となって闘うことが可能であれば、私たちはそこから先にさらに大きな展望をもつことができる。そのためにはまずなにより、四分五裂し存在感を弱める本土の政治状況のコピーあるいは地方版としてある県内政治状況を改める必要がある。大同団結する県民の力をより形あるものにするために、政党もそれにふさわしい統一と団結を図らなければならない。かねて言及されるように社民党、社大党は個別に存在する必要があるのだろうか。社民党が中央レベルでもすでに「ローカル」政党化した今日、むしろ沖縄に根を張る大衆政党として両党が統一を検討すべき時期にきていないか。率直にそう思う。

そのうえで、県議会の無所属議員会派「県民ネット」の広範な政治ネットワークや民主党県連、生活の党等々に合流を呼びかけよう。自民党の改憲草案第九十八条は、「国家緊急権」の規定を明記している。「武力攻撃」「内乱」などの「緊急事態」に対応するため、「憲法秩序を一時停止して非常措置を取る権限とされ、政府に権力を集中させて人権を一部制限できるようになる」（毎日新聞）政府に対する全権委譲規定だ。まさに究極の国家独裁体制ができあがる。沖縄周辺の軍事緊張の高まりを思えば遠い話ではない。悠長な時間はない。国家の暴走によって戦争の悲劇を強制された歴史を振り返るときに、政治の歯車が狂い出したらどのような事態が待ち受けているか沖縄は身をもって経験した。国家を暴走させてはならない。県民の命と暮らしを守るためにできるだけ広範囲な結束を図り、政府に対抗しうる政治力を保持していなくてはならない。沖縄版政界再編を進めよう。

他方で労働組合も本土系列の弊害を正し、「沖縄」の立場にこだわり、「縦の連携」から「横の連携」へ比重を移す組織再編が求められる。労働組合が所属企業や業界の権益に左右されず働く者の社会的正義に立脚する組織に生まれ変わり、そのうえで前記のように限りなく統合を進め「沖縄党」として再生していく政党と連携が図られれば、きわめて強力な社会的力を発揮していくことができる。さらにそのことが可能となり動きを強めていけば、その他の平和団体、民主団体、市民団体にも必ず繋がっていく。できるはずだ。

しかし沖縄の団結を強調しすぎると誤解も受けそうだ、特に本土側には。しかしこの展望は日本本土の人々と袂を分かち孤立するというのではない。沖縄が総体となって日本政府に対峙していくということと、「日本人」全体と向き合うというのとでは意味はまったく違う。私たちはなにより相互理解と連帯を強く求める。理解を求めたいのは、沖縄の置かれている政治状況そのものである。政府は本音のところで沖縄をどこにもある一地方とみなしていない。その気もない。論述してきたように政府にとって沖縄はいまなお「国内植民地」である。そうであるから常軌を逸した扱いが可能となる。そして表向きは「平等に扱われる地方」として、沖縄が全国のなかで「均質化」され、その主張は「一地方」の声にとどめられる。沖縄が殺され続けた政治のシステムだ。私たちはそのことを明らかにし、主張しているにすぎない。そのことに対する理解があってはじめて「相互理解」が生まれ、本物の「連帯」が生まれる。かつて大田昌秀元県知事が「安保が大事というならその負担も公平であってほしい」旨の発言を行なった。以後、沖縄はそのことを一貫して訴えている。今日、普天間基地の「県外移設」という要求に反映されている思想だ。それに対して「米軍基地は沖縄にも要らなければ全国のどこにも要らない」、それゆえに「県外移設の要求はおかしい」という「もっともな主張」が踏み誤っているのは、政府の統治の論理に絡められている点だ。「沖縄の主張はよく理解できる。結構だ。それで我が方に回って来たらその時あらためて、沖縄に要らないものはどこにも要らないと声を上げよう」という理解と主張であってほしいと願う。沖縄は団結する。四七分の一に矮小化され、丸ごとの犠牲を押しつけられようとすることに総決起で抗議し抵抗していく。政府が、沖縄を再び「祖国防衛」の盾に差し出す動きを強めるなかで沖縄が取りうる唯一最大の手法は、県民が団結する以外にない。それは全国にも理解されるはずだ。いやむしろ、「沖縄の本気」が全国へ勇気と希望を与える動きとなる。日本全体の闘いの指針ともなりうるはずだ。同時に私たちは、全国にもそのことを強く訴えていきたい。「個々バラバラでは闘えない」「闘う体制を構築しよう」「戦争とファッシズムに反対する国民連帯」を築き上げようと。危機のときは迫っている。既成の観念から解き放たれて大胆に打って出るべき時期に立たされている思いを強くする。後退は許されない、前へ進もう。

4 むすびに

この稚拙な小論は、未來社の『琉球共和社会憲法私案』を考える」出版企画の要請によって思案された。もとより私は物書きでも「思索」を業とする者でもない。要請の趣旨に応えることは叶わぬことであったことから標題のタイトルとした。ありきたりのアジテーションビラの論調になってしまったことをお詫びするしかない。それでも、沖縄の偉才として畏れられる川満信一氏の業績を振り返り、いまに生きる思索の営為を共にしようとする企画の一員に加えていただいたことは身に余る光栄であり、それゆえに恥を忍んで企画の一隅に置かしていただくこととした。

一九六九年秋、佐藤・ニクソン会談で三年以内の沖縄返還が合意された。中身は悲惨を極めた。沖縄の闘い、すなわち「祖国復帰運動」後に「本土復帰闘争」と呼ばれた闘いが、日米の陰謀によって刈り取られたからだ。沖縄の施政権返還は、日米の共同支配に変わったにすぎず、それから数年、沖縄は無念と焦燥のなかで歴史の転換期を生きた。佐藤・ニクソン会談で合意された沖縄返還協定の中身は県民の期待をことごとく裏切るものであった。沖縄側の怒りと裏切られた衝撃は大きかった。返還合意の中身以上に、「祖国」と幻想した日本政府が、今度は米国と共同して沖縄を管理支配することが明確になった。米国の不当な沖縄占領の継続は日米安保条約によって合法化され、米軍の存在は日米地位協定によって治外法権的特権を与えられて沖縄に君臨することを保障された。何のための「復帰」だったのか。「復帰運動」とは何だったのか。身を切るような問いかけが発せられ続けた。

そのとき、私たちは、「沖縄タイムス」や「新沖縄文学」誌上で、この問いかけに真正面から切り込んでくる思索、あたかも鮮血を吐き出しながらそれでも抗うかのように言葉を継いでくる狂気のような論説に遭遇した。言うところの「反復帰」論であった。川満信一、新川明、岡本恵徳。のちに「魔のトライアングル」と称された論者たちの、濁流に鎖を刺し時代を割く「狂気の」「血の叫び」であった。祖国幻想を囲った復帰運動に内在する思想と運動の限界。復帰運動のなかで触れられることがなかったヤマトと沖縄の関係。とりわけ天皇制下における差別と沖縄戦決行の実相等々。沖縄が置かれた苦境は、単に不当な米軍支配にあったのではなく沖縄を飽くなき手段・持ち駒として弄んだ国家の巨悪が働いていることを学んだ。いま思えば当然のことだ。しかし復帰運動で培われた思想体験はそのことを埒外に置いていた。反復帰論の最大の論点は、「国家」を問い、そして「ヤマトと沖縄」の関係をそれまでのタブーを取り払って厳密な論考の俎上に乗せたことだろう。その視点は、その後の沖縄研究に大きな影響を与え、今日の歴史研究あるいは沖縄を理解するときの基層となって生かされてきた。

同時に、反復帰論が提起した二つ目の課題。差別され続ける沖縄が、国家のなかにあって常に

「少数者」あるいは「異者」として扱われる位相を、逃げることなく丸ごと受け止めて、それをむしろ国家に対置し自らの存在を主張する思想に変えていく強靭な自己確立の視点として提起されたことであろう。復帰から四二年。論考が指摘するように巨大な国家に取り込まれた沖縄は、少数者としての差別と悲哀を余儀なくされている。そしていまなお苛酷な位置に立たされ続けている。しかし私たちは学んだ。そもそも少数者が悪いという理屈や差別される謂れはない。あるのはそのことを強制する強者の論理すなわち国家の論理だ。私たちは覚醒してそのことに立ち向かう。国家のなかにあって少数者としての位置と異質な存在としての位置を自覚的な武器に変えて、国家を内側から撃つエネルギーに変えていかなくてはならないと。それが反復帰論の最大の教えであったと思う。

今回、その位置からさらに一歩進めて、沖縄や沖縄を取り巻くアジアとのかかわりで未来を構想しようとする川満信一氏の作業が、混沌として同時に緊張をはらむ状況のなかで、あらためて読み直される機会が設けられることはまさに時宜を得た企画であると確信する。

「琉球共和社会憲法C私案」第一条は「人類発生史以来の権力集中機構による一切の悪行の根拠を止揚し、ここに国家を廃絶することを高らかに宣言する」と謳い上げ、第二条では「軍隊、警察、固定的な国家的管理機構、官僚体制、司法機関など権力を集中する組織体制は撤廃し、これをつくらない」と続く。さらに不戦条項として第十三条を掲げ「武力その他の手段をもって侵略行為がなされた場合でも、武力をもって対抗し、解決を図ってはならない」と規定した。あたかも、一九八一年の時点で再びモンスターとなって猛威を振るう今日の国家権力・安倍内閣の姿を見据え、その権力の源泉を絶ち戦争への道を拒否するかのように絶対平和の理念が綴られている。「武力抗争とは武力で対抗しようとするかぎり終わりなき抗争にほかならないことが好戦主義者には見えていないだけなのである。沖縄が軍事的要衝であるよりも東アジアにおける絶対平和の要石になるための社会構想がここでは切実に問われているのである」（西谷能英未來社代表取締役）。時代はまさにそのことを問うている。川満信一氏の叫びは一条の光明となって時代を照らすだろう。

第三部

未来へ、潜像と顕像

川満信一さんへ──「琉球共和社会憲法C私（試）案」をめぐって

上村　忠男

川満信一さん

　このたび川満さんの「琉球共和社会憲法私（試）案」の潜勢力について考える論集を編むことになったので、上村さんにもぜひ一筆お願いしたい、との依頼が仲里効さんからありました。

　そこでさっそく、川満さんが『新沖縄文学』四八号（一九八一年六月）に発表なさった「琉球共和社会憲法C　私（試）案」を『沖縄・自立と共生の思想──「未来の縄文」へ架ける橋』（海風社、一九八七年）に収録されているテクストで読み返してみました。そして読み返してみて、まず第一条で基本理念として「国家の廃絶」が高らかに宣言されたのに続いて、同じく第一条で、本憲法が共和社会人民に保証し確定するのは《万物に対する慈悲の原理に依り、互恵互助の制度を不断に創造する行為のみである》と謳われているのが、あらためて目を惹きました。

　ここで言われている「慈悲の原理」に関連しては、第三条でも《慈悲の戒律は不立文字であり、自らの破戒は自ら裁かなければならない。法廷は人民個々の心の中に設ける。母なるダルマ、父なるダルマに不断に聴き、慈悲の戒律によって、社会および他人との関係を正さなければならない》という命法があたえられていますが、ここからは、川満さんが沖縄の「祖国復帰」前後から可能性を探ってこられた「共生の思想」が仏教の教えのうちにひとつの落着点を見いだしているのを確認することができます。目を惹いた理由です。

と申しますのも、川満さんにおける「共生の思想」の可能性を探し求めての思索の旅は、川満さんが谷川健一さんの編集になる木耳社刊の『叢書・わが沖縄』の第六巻『沖縄の思想』（一九七〇年）に寄せられた論考「沖縄における天皇制思想」で、天皇という存在の起源を「豊穣」の祈念にもとづく「祭」と「政」の古代共同体的な融和のうちに見さだめるとともに、こうした起源をもつ天皇制のイデオロギーを受容し、自分たちの生活原理のなかに包摂していく素地が沖縄の民衆のうちにもたしかにあったと指摘なさったとき、すでに胎動していたのではないか、とわたしはみています。そこでは、《「豊穣」への祈念に基づくナショナリズムは、それ自体決して不健全ではないし、かつて人々が天皇制に吸引されたときに抱いた「祭」と「政」の融和による古代共同体的幻想もそれ自体なんら悪ではない。ただそれが資本主義の悪と結びつけられ、民衆に対する搾取と抑圧へ矢印を逆に向けたとき、最大の悪となったのである》としたうえで、「ということは」と言葉を接いで、《民衆の純粋なナショナリズムや幻想の持つ巨大なエネルギーを、資本の論理に収斂させず、その矢印の逆向きをはねかえす民衆の自立の根の深化を押し進めることによって国家廃滅にまでいきつこうとするのが思想の闘いとなるだろう》との展望が提示されてもいましたよね。

そして、このような展望のもと、沖縄の「祖国復帰」の直前に『中央公論』一九七二年五月号に発表なさった論考「沖縄祖国復帰の意味」では、川満さんと同じ宮古島出身で当時イリノイ大学の労働・労使関係研究所に勤務していた平恒次さんが同誌一九七二年二月号に寄せた論考「人間、国家、ナショナリズム」のなかで、日本国憲法の理念に期待しようとする動きが沖縄の内部から出てきていることについて、これを「沖縄の憲法ナショナリズム」として歓迎しているのを問題視して、そのような規定は《これまでの沖縄において日本国家が政治的に意識されたものであるという限りにおいて妥当な規定であるが、民衆の内部に抑圧されたままになっているナショナリズムの内実からすれば規定の妥当性を欠いている》と批判なさったうえで、天皇制を成立させていった民衆の情念の深部には《「共働・共生」を求めあう全体への帰一の志向》が力強く働いており、これが沖縄の「島的共同社会」の特質をなしているとして、そうした沖縄民衆の共同幻想とそのエネルギーを《当為としての共同体創造》へと方向づけうる可能性の有無が探られてよいのではないか、と述べておられました。

さらに、続いて『中央公論』一九七二年六月号に発表なさった「民衆論――アジア的共生志向の模索」では、日本国家と琉球／沖縄の関係について語るさい、そこに「アジア」というイメージ空間の広がりを媒介させてみたなら、そこからは新たな思考の転回軸がつかめるのではないか、との問題提起をなさっておられます。これは、川満さん自身もおっしゃっているように、まことに《冒険的な問題提起》と言うほかありません。しかしまた、じつに刺激的で魅力的な問題提起でもありました。

ただ、この段階では、肝腎の「アジア」について、川満さんはまだ明確な概念規定をあたえて論理化しうるところまでいたっておられなかったようですね。「アジア」について語るためには、そもそも「アジア」とは地理空間的にどこからどこまでを指すのか、あるいは文化的空間として考えるならばその同質性や異質性においてどうとらえられるのか、なぜ「アジア」であり、ヨーロッパやその他ではないのか、といったさまざまな概念規定を明確にすることが先決であるとされながら、それらの点についての概念規定はついにあたえられることがありませんでした。

それがどうでしょう。おそらくは一九七〇年代も後半に入ってからではないかと推測しますが、川満さんはしだいに仏教に魅了されていかれたようですね。そして「アジア」を大まかにいって仏教圏と等置なさり、このことをもって「アジア」という呼称にようやく明確な概念規定をあたえることができたものと了解なさっておられるように見受けられます。

じっさいにも、川満さんが一九七八年、それまで書いてこられた一連の評論をまとめて『沖縄・根からの問い――共生への渇望』と題する本を泰流社から世に問われたさい、新たに書き下ろして同書の最後に配された「共同体論――可能性への模索」には、舞台へと飛び出した奴は、大方まちがいなく、「世界をその手で創れ！／地獄をくつがえして楽園を！／迷妄の残滓を止揚して英智を！／此処におまえの道がある！」と叫ぶが、一方では、「そのセリフや身振りも、現実という舞台上の虚々実々ではないか」と言う《寒々とした超自我的な声》の持ち主もいて、《いったい、なにが真実なのかは、あるいは人々の心奥に二千年余もうづくまり続けて、ひたすら無為の有為を生き続けている悟性の菩薩の、途轍もない思惟の時空でしか見透かされないのかも知れぬ》とあります。そして、仏教学者の玉城康四郎さんが『中央公論』一九七三年十月号に寄せられた「東洋思想からの発題」の一節を引いたうえで、そこで解説されている仏教における時空間のとらえ方はたしかに《めまいを誘う》が、《しかし、それは今日、われわれをとりまく進歩主義の政治、社会思想が、ともすればおち入りがちな、性急で狭隘な観念のトリックの中毒症状に対する得難い清涼剤ではないのか》とも述べておられます。

　また、川満さんが一九七九年八月三日に沖縄経済自立研究会のサマースクールでお話しになった講演に加筆と削除をほどこして『新沖縄文学』四四号（一九八〇年三月）に掲載なさった「沖縄・自立と共生の思想」では、《人間の深層には宇宙的構造があり、宇宙の生理としての神話的な広がりにおける関係の論理を想定しないと存在の深層は解けないのではないか、ということを仏教の思想は語っているように思える》としたうえで、仏教の諸宗派のなかでもとりわけ唯識学派の思想に着目され、――たぶん中期大乗経典のひとつで唯識思想を体系化したとされる『解深《げじん》密教』の「一切法相品」における解説を参照なさったのでしょう――存在が「識の転変」にともなってどのように心に立ち現われるかを《遍計所執性《ヘンゲショシュウショウ》を離脱し／依他起性《エタキショウ》に目覚め／然して、円成実性《エンジョウジッショウ》を得度す》というように概括しておられます。

　川満さんのご説明によると、「遍計所執性」というのは、あくまでも自己中心的な視点に立ったところから世界を対象化してとらえようとする人間一般に通有の認識様式のことであり、「依他起性」というのは、世界を構成することどもはすべて依存関係、つまりは「縁起」によって成り立っているとする見方のことでしたね。このような意味での「遍計所執性」を離脱して「依他起性」に目覚めるとき、そこからは「円成実性」が得度される、つまりは悟りの境地が開かれるというのが、川満さんのご理解のようでした。このようなご理解に立って、川満さんはなかでも「依他起性」に目覚めることの意義を力説なさっています。そして川満さんのおっしゃる「共生の思想」の創造的な実践とは《個人におけるこのような認識を社会的認識として実現することにほかならない》と説明なさっていますが、この言葉は、続いて川満さんが、二世紀に生まれたインド仏教の僧、ナーガールジュナ（龍樹）が「六十頌如理論」の「救済法としての生滅を説く」のなかで《依存関係によって生起するものは生起と消滅を離れていると知るにいたるならば、彼らは、謬見が生み出した生死（輪廻）の海を（空性を見る大船によってかならず）渡るであろう》と述べているのを引用なさったうえで、そこでナーガールジュナが説こうとしたのは《人間の内部宇宙には、意識を越えた意識領域というか、時間も空間も超越した、いわゆる「ブラック・ホール」があって、直観によって、自らの内部宇宙のブラック・ホールに跳びこんだとき、現象としての世界は「幻夢」としての本質をあらわにし、生や死の境域を超越した宇宙生理（縁起）の法則性そのものとして同化（無化）することが可能だ》ということではなかったのか、と受けとめておられたこととならんで、印象に残っています。

　川満さんが「琉球共和社会憲法C私（試）案」において「慈悲の原理」ないし「慈悲の戒律」をその憲法の根本原理として設定なさったとき、その「慈悲」という言葉のうちに川満さんはいまわたしがたどり直させていただいたような仏教の教えについての川満さんのご理解を集約したうってつけの表現を見てとられたものとわたしは受けとめましたが、この受けとめ方にまちがいはございませんでしょうか。ちなみに、「慈悲」という仏教の観念については中村元さんが一九五六年に平楽寺書店からお出しになった『慈悲』のなかで詳しく解説なさっています。川満さんが「慈悲の原理」を「琉球共和社会憲法C私（試）案」の根本に据えるにあたっては中村さんの本も参照なさったものと推察されますが、どうだったのでしょう。

＊＊＊

さて、しかしながら川満さん。川満さんが沖縄の「祖国復帰」前後から可能性を探ってこられた「共生の思想」が「琉球共和社会憲法C私（試）案」にいたって仏教の教えのうちにひとつの落着点を見いだしたのだとして、そのときにはどうなのでしょう。はたしてその落着点は川満さんが「共生の思想」の可能性を求めての思索の旅に乗り出された当初にめざしていらっしゃったものだったのでしょうか。

川満さんの最初の評論集『沖縄・根からの問い』のタイトルを借りるなら、まさに「根からの問い」ということこそは川満さんの批評活動を当初から規定し賦活してきた基本的な姿勢だったのではありませんか。そして、その場合の「根」とは――すでに「沖縄における天皇制思想」で明言していらっしゃったように――「民衆」の謂いにほかなりませんでした。知識人と称される者たちも、もとはといえば民衆をみずからの「根」としてそこから生い育ってきたのだった。そうであってみれば、それ自体率先して《凄まじいばかりの国家求心志向を押し進めてきた》戦後沖縄の復帰運動から自分たちを解き放ち、吉本隆明のいう「自立の思想的拠点」を築きあげるには、個々の知識人がそれぞれに内在させている民衆的な「自立の根」を深化させていくことによって、目前にのしかかってきた日本国家の国家目的にねじふせられることのないよう全力を傾けていくしかない――というのが、川満さんがそもそも批評活動に乗り出されるにあたっての出発点における川満さんの覚悟でした。そして、知識人のこのような民衆的な「自立の根」の深化に向けての努力を川満さんは沖縄の島的な小共同体に生きる人々が古代から営んできた「共働・共生」的生き方に即しながら推進していこうとなさったのだ、とわたしは了解しています。

そうであったとしたなら、どうでしょう。川満さんがみずから解こうとなさっていた課題は琉球弧を形成する島々の小共同体において古代から脈々と受け継がれてきたと川満さんのとらえていらっしゃる民俗的な祖霊信仰のあり方を見きわめることであったとして、十三、四世紀ごろに琉球に伝来したといわれる仏教のほうは島的共同体を形成する民衆の固有信仰にあくまでも上から付加されたものであって、民衆的な「根」から自生したものではないのではないでしょうか。かりに琉球弧に生きる人々の祖霊信仰には仏教の教えと親和的な要素が少なからず存在したとしてもです。

川満さんは「民衆論」において《アジア的共生志向》なるものの模索に乗り出されるにあたって、冒頭で《わたしが「アジア」と呼ぶとき、そこにわたし自身の体臭を嗅ぎ、ある同和的な状態へ溶解していく個としての自分のあり方に当惑する》とうち明けるとともに、その「当惑」の原因は《近代主義に基づく個体優位の論理しか語ってくれなかった戦後の思想状況のなかで、自らもまた個体優位の発想において世界を対象化しようとしてきたことにあるようだ》と自己分析なさっています。そのうえで、この「当惑」をみずからうち払うかのようにして、「人間の本質は社会的諸関係の総体」であるというマルクスの規定を《支配される側の論理においてアクティヴな契機へ連結していく認識》の必要性を説いておられます。いわく、《わたしたちの労働がなんらの疎外もなく全体へ合一し、個が全体を生きるということが人間の本質的解放として規定されるとすれば、戦後社会に繁殖した個体主義に対して、いまあらたな視点から全体主義あるいは〝民衆総体主義〟の論理を提起することが、思想上の緊要な課題ではないかと考える》。《もはや生死の問題さえ個人性を越えてある、という状況認識が、沖縄の島的共同体のあり方を思考の梃として、被植民地、被侵略地の歴史体験を共有するとみられる「アジア」のイメージ空間を媒介に新たな思想の転回軸を可能にする》。さらには、一歩踏みこんで、《天皇制の全体主義を成りたたせてきた民衆の意識のなかには、わたしがアジア的社会の特質として想定するところの共生の思想が強く働いていたのではないか。……このようにみるとき、マルクスの思想において、いわば最高の理念ともいうべき〝個即類〟としての人間本質の実体化をめざしたものが、天皇制を成立させた民衆の基層にあったことを否定し得ない。……そして、その全体への自己同一化を、自らの救済や解放の方法として実体化しようとしているのが、わたしのイメージを形成する〝アジア〟である》とも。

いずれも物議を醸し出しそうな主張です。しかし、すくなくともわたし自身は川満さんのこれらの主張に異存はありません。また川満さんは『中央公論』一九七二年十月号に発表なさった論考「沖縄と日本の断層——小共同体と天皇制」で、急進的な東洋的無政府思想で知られる権藤成卿が『自治民政理』(学藝社、一九三六年)において《各国ことごとくその国境を撤去するも、人類の存在する限りは、社稷の観念は損滅を容《ゆる》すべきものではない》と述べているのを引いて、《思想の現在的課題は、この社稷の観念の成立根拠をつきとめ、逆に社稷の観念の呪縛を解く方法を考えていくことにある》とされながらも、《社稷観念が国家共同体形成の根本にかかわる重要な要素であったことは疑えないし、政治支配の構図が拡大されていく過程で、異なった社稷観念相互の相克と受容がどのようなかたちで現われるかをつきとめることは、国家支配の構造をとらえるひとつの決め手になることは確かである》と述べていらっしゃいますが、この点にかんしてもまったく同感です。なお、ここで川満さんが引用なさっている権藤成卿の『自治民政理』については、わたしも橋川文三さんが編集なさった筑摩書房刊『超国家主義』（一九六四年）に収録されているテクストで目にした記憶があります。お見受けするところ、川満さんにとって吉本隆明さんは思索をめぐらせていくにあたってのこよなき水先案内人だったようですが、わたしの場合には橋川文三さんがそうでした。

しかし、右のような川満さんの主張には異存がないばかりか、全面的に同感であるからこそ、そこで川満さんが模索に乗り出しておられた「アジア的共生志向」が「琉球共和社会憲法C私（試）案」にいたって仏教的な「慈悲の原理」を根本的原理として設定することによって落着点を見いだしていることには違和感をいだかざるをえないのです。繰り返しますが、仏教は琉球弧を形成する島々の共同体において古代から連綿と受け継がれてきた自生の固有信仰に外から、そして上から付加されたものでありましょう。一方、川満さんが沖縄の島的共同体のうちに見てとられた「共働・共生」的な生き方を「アジア」的な広がりにおいて論理化する可能性の模索に乗り出されたときに向かおうとなさっていたのは、あくまでも当の「共働・共生」的な生き方の「根」を掘り下げていって、そこから「反国家」の思想的よりどころとなるものを紡ぎだしていくということであったはずです。「琉球共和社会憲法C私（試）案」にはどうもその川満さんの当初のもくろみからの飛躍というか、視座そのものの転換があったように推察されるのですが、どうでしょう。お答えいただけると幸いです。

＊＊＊

それともうひとつ、この落着のさせ方で気にかかる点があります。それは沖縄戦のさなかに慶良間諸島の渡嘉敷島で起きた「集団自決」事件の受けとめ方にかかわっています。

この事件については岡本恵徳さんが例の谷川健一さんの編集になる『叢書・わが沖縄』の第六巻『沖縄の思想』（一九七〇年）に寄せられた論考「水平軸の発想——沖縄の共同体意識について」で立ちいって論じておられましたが、川満さんも「民衆論」のなかで言及していらっしゃいますよね。

まずは岡本さんの場合ですが、岡本さんは、沖縄戦について触れるとき渡嘉敷島の「集団自決」事件がよく取りあげられるのは、《そこに沖縄戦におけるあらゆる状況が集中的にあらわれていることにある》と受けとめていらっしゃいます。そして《ということは、更にいえば、同様な条件のもとにあったならば、似たようなことは、他の島でも地域でも充分に起こりえたであろうことを示している》と指摘なさっています。

そのうえで岡本さんは、石田郁夫さんが一九六七年に沖縄に出かけて見聞したことをまとめたルポルタージュ『沖縄　この現実』（三一書房、一九六八年）で渡嘉敷島での「集団自決」事件について《沖縄本島から、さらにへだてられた、この孤島の、屈折した「忠誠心」と、共同体の生理が、この悲劇を生み出したと、私は考える》と述べていることに言及なさって、石田さんの受けとめ方には一面の真理があると認められながらも、《その自決に追いこまれた人たちの意識のなかには〝他のすべての人が死んでいくなかで、自分だけひとり生き残ることはできない〟のだとする意識や、あるいはまた、〝自分が死んでのちに残された子供や老人が、更にこれ以上の苛酷を背負わなければならないのならば共に死を選ぶことがよりよいのだ〟という意識がはたらいていたにちがいないのだ。とすれば、そういう〝自分だけ生きのびたとしても他の全ての人が死んだならば、もはやそこには、本当の、「生」などありえない〟とする意識を、それ自体正しくないと否定する根拠はどこにもない。むしろ逆に、事件を〝共同体の生理〟によるとすることで否定する論理が、究極のところ〝たとえ誰が死んだとしてもおのれのみ生きよう〟とする論理によるのであるならば、その論理は、逆に〝共同体の生理〟によって痛烈に撃たれるであろう》として、石田さんの「共同体の生理」批判の有効性に疑問を呈しておられました。「共同体の生理」は、本来ならば、《共に生きる方向に働らく》ものであった。それが《外的な条件によって歪められたとき》、《現実における死を共に選ぶことによって、幻想的に〝共生〟を得ようとした》のが渡嘉敷島の「集団自決」事件であったというのでした。

つぎには川満さんの場合です。川満さんは「民衆論」で《なぜ数百人もの人間が、敵に殺されるのではなく、全体として同時の死を共有するという集団自決の方法を了解したのかがまず問題となるだろう》とみずから問いを立てられたうえで、《個人主義の思想からすれば、たとえどんな極限に追いつめられようとも、なぜ自分一人だけでも生きのびようとするエゴイズムがなかったのか、ということになる》が、しかし、沖縄の島的共同体における人々の意識のなかでは〝過去即現実〟という時空間があり、「死」の世界が「生」の世界と隣り合わせになっていたと指摘され、そのようなところでは、《自分ひとり別世界の重さを引き受けるよりも、全体と共にあちら側の世界へ移ることが選択行為としても当然であろう》と推察なさっていらっしゃいました。そして《この発想のし方は、誰かがひとりで別世界に残され、全体からはぐれてしまうことを憐れむことにもなる。だからこそ、戦争で極限状態に追いつめられたとき生きるも一緒、死ぬも一緒という心の紐帯が集団自決を成りたたせる島的共同体の内法となったのである》と述べておられました。

もっとも、ここで川満さんが沖縄の島的共同体のうちに息づいているのを見てとられた民衆の「共生」志向が端的にいって「全体主義」にほかならず、《したがって、それを肯定的に論及することは、一歩誤るとたちまち奈落という〝危険な綱渡り〟になる》ということについては、川満さんも重々ご承知でした。そこで、《当為として考えられる「全体主義」と歴史的犯罪としての「全体主義」の厳密な区別が必要とされてくる》として、この区別を明確にしていくためには、《全体への合一を求める社会的存在としての人間の本質性に即しながら、その合一へと志向する民衆が欺瞞的な幻想へ転進する根因をつきとめなければならない》との認識を示されてもおられました。

ただ、そのうえで、川満さんは《マルクスが「人間の本質は社会的諸関係の総体である」ととらえたときの、その「総体」を、無自覚ながらも本質において生きようとしてきたのが島的共同体のなかの人々であったともいえる》とおっしゃって、《もしわたし（たち）が、今日的な利益社会における人間の本質的疎外を克服して当為としての社会を想定するなら、そこには島的共同体にみられた全体への合一を志向する「共生」と「共死」の思想が、新たな可能性として照明されるのではなかろうか》との期待を表明されていらっしゃいましたね。

しかしながら、どうでしょう。この沖縄における島的共同体のなかでいまもなお息づいていて人々の生活を支え賦活しているとされる「共生」と「共死」の観念が「〝島〟から〝アジア〟へ」という、それ自体としてはきわめて魅力的な志向のもと、仏教的な思想圏へと吸引されたとき、そのときにはどうなるのでしょうか。

仏教学者の山折哲雄さんは『こころの作法――生への構え、死への構え』（中央公論新社、二〇〇二年）のなかで、中村雨紅が一九一九年に作詞し、関東大震災のあった一九二三年に草川信が曲をつけた「夕焼小焼」の最後に出てくる《烏と一緒に帰りましょう》という歌詞について、《烏と一緒に帰ろうという気分になるのは、烏のような小さなものたちとともに生きているという実感があったからこそであろう。生きものたちとの共生感覚である》としたうえで、《大切なのは、その共生感覚には、やがて人間は涅槃を迎えるという共死の無常観までが脈打っていたということだ。共生共死の人生観である》と述べています。川満さんが「民衆論」のなかで「アジア的共生志向」の可能性の模索に乗り出されたさい、渡嘉敷島の「集団自決」事件に言及しながら苦闘なさっていた沖縄の島的共同体における「共生」と「共死」の弁証法が、ここで山折さんが説いていらっしゃるような仏教的無常観のうちに吸引されてしまったとき、その弁証法の批判的ポテンシャリティははたしてどうなってしまうのか、大いに危惧されるところです。山折さんは続けてこうも述べています。《それが今日この日本列島では、ただ生きたい、ただ生き残りたい、というエゴイスティックな共生の合唱だけしかきこえてはこないのである》と。これは川満さんが「民衆論」で示しておられたのと根底において共通する状況診断です。それだけに気にかかります。この点についても返答いただければと思います。

なお、「民衆論」といえば、今回の企画をお立てになった仲里効さんは、川満さんがこれまでに書いてこられたかずかずのエッセイのなかでもとりわけ「民衆論」から強いインパクトを受けておられる、仲里さん称するところの「復帰ぬ喰ぇーぬくさー」（復帰の喰い残し）の一人ですが、二〇〇二年十二月八日、東京外国語大学にわたしが代表をつとめる科研費プロジェクト《沖縄の記憶／日本の歴史》（一九九九年〜二〇〇二年）の一環として仲里さんのほかにも川満さんと宮城公子さんを沖縄からお招きし、わたしの司会で「沖縄『復帰』後三〇年を振り返る——自立論の立場から」というシンポジウムをおこなったさい、その「民衆論」でキー概念となっている「共生共死」について、仲里さんが《これは私らからすれば非常に嫌だというのが生理的な感じとしてあるんですよね》と語っておられたのが印象に残っています（シンポジウムの記録は『未来』二〇〇三年四月号と六月号に載っています）。当日はこの仲里さんの率直な感想への川満さんの応答をうかがう時間的余裕がありませんでしたが、この点をめぐって後日おふたりのあいだで会話がなされたことがあったのか、あったとしてそこではどのようなことが話し合われたのかにかんしても、ぜひうかがいたいものです。

＊＊＊

最後にさらにもう一点、川満さんの「民衆論」においてキー概念をなしている「共生共死」にたいする仲里さんの《生理的な嫌悪感》に言及させていただいたついでにうかがっておきたいことがあります。

　川満さんも当然読んでいらっしゃると思いますが、仲里さんは二〇〇四年五月から二〇〇六年七月まで雑誌『未来』に「1972オキナワ　映像と記憶」と銘打って連載なさった原稿を大幅に増訂のうえ、二〇〇七年に未來社から出版なさった『オキナワ、イメージの縁《エッジ》』のなかの、間宮則夫監督が一九七一年に自主制作なさったドキュメンタリー『それは島——集団自決の一つの考察』を取りあげた「死に至る共同体」という章で、渡嘉敷島の「集団自決」事件が沖縄施政権の日本政府への返還を目前にした一九七〇年前後の時期に「復帰」に批判的な沖縄の戦後世代のあいだであらためて論議の的になるにいたった経緯を——一九六五年に渡嘉敷島の「集団自決」を素材に採った「島」を上演したコザの演劇集団「創造」の中心メンバーの一人であった中里友豪さんの「接点としての慶良間」（『沖縄タイムス』一九六八年八月三十日）をはじめとする一連の文章と、当時東京で沖縄闘争学生委員会の解体後に元メンバーたちが結成した「離島社」に所属していた友利雅人さんの『現代の眼』一九七一年八月号に掲載された「あまりに沖縄的な〈死〉」を紹介しながら、解説なさっています。じつに得るところの多い解説で、なかでも友利さんについて紹介されている箇所には、わたしはいたく脳髄を刺激されました。

　そこでさっそく仲里さんに連絡して友利さんのテクストのコピーを送ってもらい、読んでみたところ、どうでしょう。その筆致のなんと挑発的なことか。しかも、そこにはことがらの深層に肉薄して根っこをえぐり出そうとするラディカルさがともなっています。

まずは冒頭のくだり――《地獄以上の地獄と形容される沖縄戦において、沖縄の人間の死は実にさまざまな相貌をみせて刻みこまれているが、……それを語ることが沖縄の傷あるいは禁忌に触れるような死もあった。沖縄における直接的戦闘の開始以来わずか数日にして起こった慶良間列島の集団自決は、沖縄的な、あまりにも沖縄的な死として〔ひめゆり部隊や鉄血勤皇隊に代表される〕学徒隊の死とするどい対照を示している。／それは、家族・親族・村をひっくるめた死であったが、……現在の沖縄における日本国家との関係においてかんがえようとするとき、この死がもっている沖縄にとっての意味を明らかにすることは、避けて通るべきではない。沖縄にとって国家の回復がどのような意味をもつのか、という問題を解くひとつの壁としての集団自決である》。

ついで、渡嘉敷村遺族会編『慶良間列島渡嘉敷島の戦闘概要』（一九五三年）にもとづいて、島民によってまとめあげられた事件の全体像を復元したうえでの、《むしろこの「戦闘概要」に記されなかった、村民が語ることを避けた領域に、集団自決という陰惨な事実の本質を明らかにする鍵は存在しているように思われる》との感想。

そして間宮監督のドキュメンタリー『それは島』に写し撮られている、《村の内部の確執に触れようとする他所者》にたいする村民の《したたかな拒絶》の表情を例に挙げて、《村民の沈黙の頑強さには、かれらの戦争のくぐりかた、戦後のくぐりかたが凝集されている》と述べるとともに、その沈黙の背後に隠されている真実については《村民自身にもよく視えないにちがいない》としたうえで、それを視ようとすると、まずは《己れ自身に対する責任追及の過程をくぐらねばならない》し、さらに村の内部の責任を問い始めると、ちいさな共同体のなかにさまざまな抗争と不和が避けられなくなるが、《門中の秩序が依然として残りつづけている村》にとって、それは破壊的な作用をおよぼすものになることは明らかであり、《しかも村民のすべてがその〈場〉にいたのである以上、ひとつの暗黙の共犯関係を否定するわけにはいかない》との指摘。ひいては《集団自決における責任追及はいつでも二重》なのであって、この二重性ゆえに、村民の記録も、その記録のなかで村民に自決命令を下したとされている大日本帝国陸軍海上挺身隊第三戦隊長・赤松嘉次の弁明も、相対化されざるをえないものとしてあるとの診断。

さらには、《「ほとんどの家が寝床で潮騒が聞こえるくらい静かで、平和な島」の生活のなかに、巨大な国家意志がおしよせてくる。島民は皇国観念によって自らを逃れようもなく縛りつけていく。あたかも自然のように。離島であること、ムラの共同体秩序が強かったこと、皇国防衛の楯という観念が骨がらみに浸透していたこと、米軍の直接的攻撃の対象とされ、その外圧に抗する術がなかったこと、それらのさまざまな錯綜をはらみつつこの破局への過程は展開していった》と概括したうえでの、《死に至る共同体とはこのようなものをさすのではないか》との問いかけ。

友利さんは、さらにつづけて、この渡嘉敷島の「集団自決」において凄惨なかたちで現出することとなった《国家志向、いわば死ぬことによって日本国民として生きるという共同性のパラドクス》は戦後の復帰運動の暗部にも断たれることなく流れつづけているとして、「集団自決」も復帰運動もともに自分たちにとって《負の遺産》であると指摘します。そのうえで、《国家にとりつかれた存在たる琉球・沖縄は島の根底にまで下降するのでなければ、その歴史を転倒することは不可能であるように思われる》という言葉でもって論を結んでいます。《アンチ・シュタートとしての沖縄――それがどのような形をとって現われるかはだれにとっても視えてはいないが、われわれにとってここで問題なのは、あれこれのプログラムではなく、国家に収斂していく共同性の回路を断つことである。その方法がみえてくるとき、はじめてわれわれは沖縄としての沖縄に向き合うであろう。いうまでもなくこの過程は、国家との対立であり、その解体に至るまでつづかなければならない》というのです。

琉球弧を形成する島々の共同体には渡嘉敷島の「集団自決」事件となって帰結しかねないような負の部分が内在しているということについては、さきほども確認させていただきましたように、岡本さんや川満さんもはっきりと認識されておられました。ただ、岡本さんや川満さんの場合には、共同体にそうした負の部分が内在していることを認識されながらも、力点はあくまでもそこでの人々の生活を支え賦活している「共生」の原理のほうに置かれているのにたいして、友利さんの場合には、負の部分を根底まで追及しぬこうとしている点がきわだっています。友利さんの「あまりにも沖縄的な〈死〉」にかんしてはどうやら川満さんはこれまで言及されたことがなかったようですが、論考の存在そのものはむろんご存じだったはずです。どう受けとめていらっしゃるのか、あわせてうかがえると幸いです。

琉球共和社会研究会

中村　隆之

はじめに

「琉球共和社会研究会」の存在を知ったのはつい最近、ほんの数ヶ月前のことである。その研究会は、東京のH大学とW大学の院生が中心に運営しているもので、毎月一度か二度のペースで開催されている。会が成立するまでの細かい話は省くが、直接のきっかけは、二〇一三年一二月二一日、東京外国語大学でおこなわれた「自発的隷従を撃つ」と題されたイベントにあるという。この日、沖縄から招かれた川満信一と仲里効の両氏の話に感銘を受けた院生のひとりが家に持ち帰った配布資料を読むなかで「琉球共和社会憲法C私（試）案」（『新沖縄文学』四八号〔一九八一年六月〕一六四―一七二頁）を発見した。その院生が、定期的に参加している研究会で「琉球共和社会憲法私案」を課題図書に挙げたところ、参加者がこれこそ私たちが論じるべきものであったとこの憲法草案を真剣に議論しあううちに名前のない集まりがいつしか「琉球共和社会研究会」と呼ばれるようになったと聞いている。

筆者はさっそくこの集いに参加することにした。最初は、筆者自身の課題図書でもある「琉球共和社会憲法私案」について考察するヒントを得るつもりでいたが、いざ出席してみると、参加者の真摯な想いと議論の白熱ぶりに圧倒されてしまった。そこで、筆者が論ずるよりもこの研究会の友人たちの考えを中心に紹介する方が良いと考えるにいたった次第である。

したがって、以下に記すのは同研究会に数回出席した筆者が参加者の報告や議論を物語風に再構成したものとなる。筆者の申し出を快諾してくれた研究会メンバー（匿名で登場していただく）にこの場を借りて感謝したい。それぞれの意見の根拠は各発言者にあるが、その文責が筆者にあることは言うまでもない。

独立論をめぐって　二〇一四年二月某日の会合

この日の研究会では沖縄独立論の系譜をたどることが中心的なテーマとなった。報告者であるGさん（大学院博士課程）が課題図書に選んだのは、松島泰勝『琉球独立への道——植民地主義に抗う琉球ナショナリズム』（法律文化社、二〇一二年）だった。著者は今日の独立派の代表的論客にして二〇一三年に設立された「琉球民族独立総合研究学会」の発起人のひとりでもある。

Gさんは琉球共和社会研究会の主要メンバーのひとりでニューカレドニア文学を研究しているこ

とから、沖縄で近年高まる独立論の動きにも関心を寄せている。Gさんは『琉球独立への道』の冒頭の文章をまず引用しつつこう語り始めた。

琉球はかつて独立国であったが、日本政府は軍隊を用いて琉球国を併合し、国王を東京に拉致した。琉球人を差別し、太平洋戦争で琉球を捨て石にした。戦後の米軍統治、一九七二年の「復帰」も住民投票という正式な手続きを経て実現したものではない。今も基地の押し付け、国主導の開発、日本企業による搾取等があり、琉球は日本の植民地である。（『琉球独立への道』ⅰ頁）

《この現状と歴史に対する認識から松島氏は琉球独立を主張します。沖縄と呼ばずに「琉球」と呼ぶのは、「沖縄」の語にかかる歴史的負荷とともに、独立国以来の歴史的連続性のうちにこの地域を捉えているからです。松島氏の議論では琉球人は「民族（ネイション）」をなしている以上、その主権回復は当然の権利です。日本人は植民者であるゆえ、当然ながら植民地支配の責任を有しているが、日本人に期待しても埒があかない。松島氏は第一章で琉球の植民地主義的状況を考えるにあたってフランツ・ファノンの『地に呪われたる者』（鈴木・浦野訳、みすず書房、一九六九年）を参照しつつこう述べます。

歴史的、構造的な植民地関係という全体構造において、琉球を訪問する観光客、ビジネスマン、日本人移住者は琉球、琉球人にとっては植民者を意味する。個々の日本人がいかに友好的で、親切であっても琉球の植民者であるという、その歴史的、構造的属性から離れることはできない。（『琉球独立への道』三頁）

まさにここから目取真俊氏の短文「〝琉球の自治〟とは何か」（『環』三〇号［二〇〇七年夏］、一七八―一七九頁）のヤマトゥンチューA氏、琉球に移住して善意で住民を「啓蒙」しようとするあの驕り高ぶったヤマトゥンチューA氏が思い起こされるわけです。いずれにしても、琉球との関係において植民者であるわれわれヤマトゥンチューはこの問題にどう応答すればよいか。のちほど議論できればと思います。

私の知るかぎり『琉球独立への道』がこれまでの独立論と異なるのは、著者が小国の脱植民地化の過程を比較して論じている点です（＊後日、新崎盛暉ほか編『沖縄自立への挑戦』［社会思想社、一九八二年］において中村丈夫および西野照太郎の両氏が同様の視点から小国の独立運動と植民地問題を紹介していたことに気づいた――筆者注）。とくにミクロネシア研究をおこなってきた経験を活かして太平洋諸島の独立に向けたプロセスを提示している点は、琉球独立が南洋文化圏の脱植民地化のプロジェクトの一環をなしているという、よりいっそう広い視界を切り開きます。もう一点、最終章を「琉球自治共和国連邦の将来像」として、独立のために必要な手続きから独立後に取るべき基本政策に至るまで、しっかり書き記している点もユニークです。憲法については次のように述べています。

琉球国の憲法の各条文は、世界人権宣言、国際人権規約、先住民族の権利に関する国連宣言等の国際人権法を具体的に実施させることを目的にして作成する。連邦、自治共和国、州、島・シマの各レベルの憲法や憲章は上下の関係にあるのではなく、それぞれに権限と役割をもたせる。太平洋諸国の憲法のように、近代法だけでなく伝統的な慣習法をも憲法の中に取り入れるとともに、地域固有の生態系、歴史・文化、生活、人々の考え方をも配慮して、多様な憲法をつくる。（『琉球独立への道』二五一頁）

これは「琉球共和社会憲法私案」にもつうじる発想だと思います。また、独立における国連の役割について一章を割いて論じている点も特記したい。忘れがちなことですが、民族自決権は国際法で定められた権利です。本書一三九頁にあるように「植民地諸国、諸人民に対する独立付与に関する宣言」（一九六〇年）に依拠して琉球は分離独立を求めることが可能なのです。》

Gさんによるおおよそ以上の問題提起を受けて議論が開始された。まず口火を切ったのはFさん、主要メンバーのひとりであり、大学院博士課程でフランス現代政治哲学を研究している。

——松島氏の『琉球独立への道』は現段階で提示された説得力のある独立論であると思う。私は琉球独立を支持するものだが、先ほどの日本人問題に戻ればヤマトゥンチューが独立を支持したところで意味はあるのか。松島氏には日本人に対する諦観がある。川満氏の「独立論の諸相」にこんな言葉がある。

仲松弥秀の説くところでは、沖縄の村々は御嶽を〝くさて〟（腰当て）にして成り立っているという。それから推すと、村落の成立にまつわる発想が、大国依存の独立論を無意識に成り立たせてきたのではないかともみられるのである。だとしたら、これまでの独立論はまさに「くさて独立論」と呼べそうである。（「新沖縄文学」五三号〔一九八二年九月〕、七頁）

「くさて独立論」の指摘を受けて松島氏は大国（とりわけ日本）に依存した自治論を批判的に検討するわけだが、ここに見られるのも日本人は当てにならないという醒めた認識だ。日本の基地の引き取りについても「琉球独立後」と言っている（『琉球独立への道』、iii頁）。

「これはB君の方が詳しいけれども」とFさんは続ける。B君とはマルコムXについて修士論文を準備中の院生で「琉球共和社会憲法私案」を課題図書に推薦した人物だ。

——松島氏の考えは、マルコムXの唱えたブラック・ナショナリズムにつうじるところがある。アメリカ合衆国のレイシズムの克服、公民権法実施の徹底化を図るためには「白人」と融和してはならないとする民族主義思想だ。彼は自分の仲間に協調的な白人を加えることを拒んだ。伝記（『マルコムX自伝』浜本武雄訳、アップリンク、一九九三年）によると、たとえばマルコムXがネイション・オブ・イスラム教団にいたころ、教団の経営するハーレムのレストランに白人の女子大学生が尋ねてきた。「あなたにできることは『何もない』と私はいった」とある（同書、四五四頁）。もっとも、かつてそう発言したことを彼は後悔し、白人もまたそれぞれの仕方でレイシズムと闘うべきだと述べている。

松島氏の独立論もそうなのだろう。琉球民族独立総合研究学会が琉球に民族的ルーツをもつ人に会員を限定しているのも植民者との融和を避けるためだ。

Fさんの発言を引き継ぐ形でB君が語りだした。

――今回の課題図書を踏まえると、僕たちは「日本人」として考えるべきだということか。ずいぶん前になるが大江健三郎氏は「日本人とはなにか、このような日本人でないところの日本人へと自分がかえることはできないか」と沖縄への旅をつうじて考えたそうだ（『沖縄ノート』岩波新書、一九七〇年）。沖縄をとおして日本人を再検証するというスタイルこそ批判的に捉えるべきとする向きもあるが、いまの僕たちの世代には、大江氏の言葉のもっていた緊張感のようなものが欠けている気がする。その意味では、大江氏が新川明氏から拒絶の意志を示されたように、現在、僕たちが琉球に向き合うことで拒絶の意志を受け取ること自体、大切であるといえる。自分たちの足場を見据えなければならないという意味で。いずれにしても日本社会に暮らす者として（とりわけ投票権を行使できる権限において）現在の改憲の流れには抗さなければならない。ところで最近、金曜の官邸前のデモに参加するときには「琉球共和社会憲法私案」の第一章第六条を反原発のメッセージに掲げている。

琉球共和社会は豊かにしなければならない。衣も食も住も精神も、生存の全領域において豊かにしなければならない。ただし豊かさの意味をつねに慈悲の海に問い照らすことを怠ってはならない。

――原発再稼働にしろ改憲にしろ日本政府はわれわれから「生存の全領域」における「豊かさ」を奪おうとしている。これは憲法草案の七つの基本理念の一つだが、その理念を反映したのが、自然破壊の禁止と復旧を定めた五〇条から五二条だね。今日の議題からややずれるが、三三年前に書かれたこの草案が理念として古びることがないのは、これが琉球という場所にこだわりつつも人類規模のヴィジョンで書かれているからであると思う。「慈悲の海」というのは、川満さんが生活様式の倫理としている仏教に由来するだろう。「慈悲」は「智慧」とともに大乗仏教の中心概念とされるが、「慈悲の海」という言い回しははたして定型なのだろうか。「慈悲の海に問い照ら」される豊かさとは琉球の自然をベースにした独自の表現に思えてならない。ついでに言えば、川満さんの憲法草案は二〇〇九年にフランス領カリブで起きたゼネストを受けて現地の知識人が書いた「高度必需品宣言」にも通底する。この宣言を「琉球共和社会憲法私案」に結びつけて論じた仲里さんの文章もある（『思想』一〇三七号［二〇一〇年九月］）。このような話には好みがあるだろうが、私は群島的想像力を信じている。今福龍太さんが『群島－世界論』（岩波書店、二〇〇八年）において示した、あのヴィジョンだ。この点で松島・琉球独立論には、南島を中心にした群島のおぼろげな連帯に明確な輪郭を与える効果もあるし、「民族（ナシオン）」を「高度必需」に求めるカリブ海の知識人との精神的な呼応を聞き取ることができる。

――話を琉球独立論に戻せば、松島氏の議論の細かいところで一点気になるところがある。ファノンの『地に呪われたる者』を引用したあとに『革命の社会学』（宮ヶ谷・花輪・海老坂訳、みすず書房、一九八四年）——改題されて『革命の社会学』となったがいまでは『アルジェリア革命第五年』という元の題名で知られる著作——の次の言葉を引用している。

言語、文化だけでは、人をある国民に帰属せしめるのに十分ではないのだ。もっと別のものが必要だ、つまり、共通の生活が、共通の経験と記憶が、共通目標が。こうしたもののすべてが、フランスでは私にとって欠けていた。フランスに滞在したことで、自分がアルジェリア共同体の一員たること、フランスでは自分が異邦人たることがわが身に明示されたのだ。（『革命の社会学』一四五頁）

この引用を、日本にいる琉球人の境遇と重ね合わせて「歴史的・地理的・精神的な琉球共同体の一員である琉球人が、琉球、日本そして他の世界において異邦人として生き続けている」（『琉球独立への道』四頁）と松島氏は述べるが、ここを読んでやや奇妙な感じがした。ファノンが「歴史的・地理的・精神的」に「フランス人」でないのはわかる。だが「アルジェリア人」でもないのではないか。フランス領マルティニック島に生まれたファノンにとって「アルジェリア」とは生成する「民族（ナシオン）」であり、彼はこの新たな「民族」に合流することを選んだと私は解釈している。この意味で言えば、歴史的実質として確認される「琉球共同体」と、ファノンの考えた生成としてのアルジェリア共同体は異なると言わなければならない……。

……議論は白熱し、もはや誰の発言かわからぬほど、言葉は言葉と絡まっていた。繁茂し絡み合う言葉たちの姿が夜のなかに消えるころ、会はひっそりと終わりを告げた。だが、すでに次回の課題図書は決まっていた。この議論の過程で「琉球共和社会憲法私案」が「琉球共和社会憲法C私(試)案」という題名で掲載された「新沖縄文学」四八号それ自体を読みたいという意見が出てきたからだ。誰かが持参した鹿野政直『沖縄の戦後思想を考える』(岩波書店、二〇一一年)によると、この憲法草案をめぐる匿名の座談会があり、その席で起草者の川満信一は「C」という匿名で登場した経緯から草案にも「C」とあったのだという。座談会ではどんな議論がなされたのか。川満氏であれば現在の琉球独立論をどう捉えるのか。その当時の彼の言葉を頼りに考えてみようということで散会したのだった。

共和社会をめぐって　二〇一四年三月某日の会合

それにしても琉球共和社会研究会のメンバーの意気込みには驚かされる。「新沖縄文学」四八号の匿名座談会『『憲法』草案への視座」(一八四―二〇〇頁)をふくめた関連論考は事前にコピーをもらっていた。準備したのはほかでもないB君である。彼はどうも研究の時間の大半をこの研究会のために捧げているらしく、期日までに修論を準備できるのか他人ごとながら心配になるほどだ。発表者も当然B君なのだが、研究対象を変えたと思われるほど資料収集に抜かりがない。彼の配布資料にある名前で気にかかったのが平恒次という名前だ。
「新沖縄文学」四八号は「琉球共和国へのかけ橋」という特集名が付されている（編集後記を見ると、この号をもって新川明から川満信一へと編集長が交代したようだ）。その巻頭を飾る論考「新しい世界観における琉球共和国」の著者が平恒次氏である。実は、この人の文章は以前読んだことがあった。仲里効編集による「ＥＤＧＥ」誌五号（一九九七年夏）の小特集「〈琉球独立〉ビックバン」所収の「琉球独立の新視点――古琉球から二一世紀へ」（同誌、四〇―四五頁）がそれだ。著者は一九二六年宮古島生まれで一九七〇年よりイリノイ大学で教えてきた経済学者である。そのころ、平氏が独立論者の重鎮であることを知る由もなく、国際関係を見据えて琉球を論じる視座や、小国の独立には人材の育成が欠かせないという提言が、いわゆる理念先行の議論とは異なる具体的な構想として印象に残った。さらには、上村忠男氏の近著『ヘテロトピア通信』（みすず書房、二〇一二年）をつうじて鵜飼哲『主権のかなたで』（岩波書店、二〇〇八年）のうちに先述の平論文を受けた論考「独立を発明すること」および「島・列島・半島・大陸」が収録されているのに気づき、読んだ経緯があった。前者の論考で鵜飼氏は、平氏の述べる独立が「任意の一地域の独立ではなく、既成の独立概念の単なる適用でもない」とし、「独立そのものを発明すること、あるいは発明し直すことが求められる」と述べていた（同書、一九四頁）。こうして「琉球独立」とは何かという問いを念頭に置きつつB君の報告を聞いたのだった。

《この特集号「琉球共和国へのかけ橋」ですが、なによりも興味深かったのは例の座談会です。憲法私案は川満氏の第二評論集『沖縄・自立と共生の思想』（海風社、一九八七年）に再録されていますが、初出の文脈においてみるとまた違って見えてくる。雑誌では「琉球共和社会憲法C私（試）案」のほかに「琉球共和国憲法F私（試）案」も併載されており、F私案は別の作者の手によるものです。この両案をめぐって関係者八名が覆面でおこなう座談会でより明確になったのはC案に込められた思想です。なぜ「共和国」ではなく「共和社会」なのか。これが討論の重要な争点なのですが、C氏（川満氏）にしたがえば「共和国」は「国家」を想定したものです。憲法私案の第一章第一条の基本理念にはこうありました。

われわれ琉球共和社会人民は、歴史的反省と悲願のうえにたって、人類発生史以来の権力集中機能による一切の悪行の根拠を止揚し、ここに国家を廃絶することを高らかに宣言する。

国家を廃絶しなければならない理由。この点は平恒次との対談「近代国家終えんへの道標」（『新沖縄文学』六五号［一九八五年九月］一七〇―一八三頁、本書にも収録）でいわゆる第三世界の独立が陥った問題として「それらの国家はいったん独立したものの、その国家内部において、先進国家と同じような国家内部の抑圧、つまり支配・被支配の関係をより圧縮した形で再現してしまった」、それゆえ従来の独立は「近代国家の原理をそのまま踏襲した形で先進国の形態を追いつづけている」のであって「私たちが沖縄の独立とか、あるいはアイヌ、少数民族の独立問題を提起し主張する場合、それらの第三世界における民族国家のあり方とどの辺で異なった論理を立てていくのかが問題になる」

（同誌、一七七頁）と指摘しています。そのうえで川満氏は「主権国家を否定し、国境そのものを完全に乗り越えていって人間の経済・社会活動を相互に交流させてゆく」、「経済行為としては一つの社会をなし、社会を形成する」一方で「その社会は別に国家を形成しない」モデルとして「琉球共和社会」を構想するわけです（同誌、一七八頁）。

前回の議論で指摘し忘れたことですが、この憲法私案の第二章第一一条「共和社会人民の資格」にこうあります。

琉球共和社会の人民は、定められたセンター領域内の居住者に限らず、この憲法の基本理念に賛同し、遵守する意志のあるものは人種、民族、性別、国籍のいかんを問わず、その所在地において資格を認められる。

初心に立ち返れば、私たちがこの集いを「琉球共和社会研究会」と呼ぶのもこの資格においてであったはずです。前回の議論を踏まえれば、私たちは、琉球共和社会を語ることでこれを生成させたいという願望があるわけです。その点でＦ私案の第九条に「何人も、琉球共和国の人民となり、また琉球共和国から離脱する自由を有する」（『新沖縄文学』四八号、一八二頁）とあることを指摘しておきます。

匿名座談会に戻れば、Ｃ氏の考える憲法草案の論点には所有があります。「日本国憲法の場合はちゃんと私有財産、私有権というのを前提に謳っているわけです。その私有権というのは前提とされる限り、それを核とする国家権力というのが想定されてくる。だから国土とか領土権が、いわば個人の私有権を中核としてちゃんと出来上がってくるということになる」（同誌、一九二頁）。このような私有権を基盤にした近代国家に対置する理想社会のためにC氏は憲法私案第三章第一九条「基本的生産手段および私有財産の扱い」でこう述べたわけです。

センター領域内では、土地、水源、森林、港湾、漁場、エネルギー、その他の基本的生産手段は共有とする。また、共生の基本権を侵害し、圧迫する私有財産は認めない。

生産手段の共有に続き、第二〇条では住居および居住地に関して、その所有権は所属自治体の共有とすること、人々の居住に関しては先住権が保証されることが記されています。この共有の発想は、今日読む場合、社会主義の既成の試みに結びつけて解釈するよりも「自立と共生の思想」を示し続けてきた川満信一の詩学において受け取るべきだと思います。以上を問題提起とします。》

——「新沖縄文学」の当時の記事や論考を読んで川満氏の共和社会構想の先見性に改めて驚いた。国家を廃棄する視点はいわゆる反復帰論から続くものだが、この特集に寄稿したほとんどの論者がもちえていない。そのなかで高良勉氏による「琉球ネシアン・ひとり独立宣言」（同誌、一〇〇―一〇三頁、のちに『琉球弧　詩・思想・状況』［海風社、一九八八年］に再録）は興味深い。那覇の夜更けの飲み屋で「ぼく」はある男に出会う。その人物が渡した紙に記されていたという「琉球ネシアン・ひとり独立宣言」――この設定が大事だ――は、「琉球ネシアン共和国連邦」として、これを「国家と国家に分裂し対立する世界を一日も早く消滅・止揚させる為に過渡的に創られた〈クニ〉である」と規定する。また琉球人を主体としつつも「出身国や血統は問題にしない」(同誌、一〇一頁)。「ぼく」の分身と見なせるこの男による「ひとり独立宣言」は琉球共和社会構想に近いものだろう。

――その精神において色川大吉の『琉球共和国』の詩と真実(基本構想)」(同誌、七三―七六頁)にも注目したい。彼は「小国」琉球の独立のうちに真の民主主義の実現を夢見ている。言葉の次元は違うが、竹中労もそうだ。「琉球の独立を、まぼろしの人民共和国、汎アジアの窮民革命をゆめみる」と『琉球共和国』(ちくま文庫、二〇〇二年、四四頁)で書いていた。

――しかし琉球の人間からすれば、ヤマトゥンチュー左翼文化人に勝手に希望を託されても困るはずだ。植民者の責任を果さずに能書きを並べ立てるな、基地をまず持ち帰れということになる。琉球共和社会憲法私案を受け入れるもっと別の態度が必要だろう。

――そこで参照したいのは呉叡人「賤民宣言――或いは、台湾悲劇の道徳的な意義――」(『思想』前掲号、一一四―一二三頁)だ。「賤民階級」としての台湾人民の位置から、主権の獲得としては達成されることが困難なその位置から、しかし「賤民」であることを余儀なくされた人民が希望を捨てずに生きる方向を力強く示している。呉氏の文章は、前回触れられたカリブ海文化人の声明文への応答でもある。すなわち、琉球独立に向けた憲法私案を、別の場所を生きる人間がどう分かち合うか、という問いに間接的に応答するものだ。このもうひとつの宣言では理想社会は描かれない。むしろ、夢すらも破れたディストピアを生きざるをえない状況が前提となっている。来たるべき危機を生きる指針を予見的に示した文章だ。

――配布資料にある東琢磨『ヒロシマ独立論』（青土社、二〇〇七年）もこの意味で琉球共和社会憲法私案に対する見事な応答であると思う。『ヒロシマ独立論』の巻末には「正義と平和のための独立空間ヒロシマ」という見出しのもと「独立宣言及び憲法私試案」とある。前文を読み上げたい。


これは、実在する空間を利用しての、実在しない（非／反）国家に向けての宣言である。そのため、誤解をさけるため、私たちは「独立空間」という名称を採用することにした。この空間は、暫定的にひとつの具体的な場所から始まる。しかし、同時に、既存の国家空間のなかに偏在するかのように、既に存在しているもの、これから生成してくるものたちへの友情を込めての呼びかけでもある。（『ヒロシマ独立論』二〇九頁）

この独立空間は「広島平和公園」である。宣言には「実在しない（非／反）国家」とあるように、理念としての独立宣言だ。それゆえ既存の国家を、領土を、法律を問い直し、この鎮魂の場所から「独立の証人と立会人」として死者を呼び覚ます。琉球共和社会憲法私案を琉球独立の文脈とは異なる仕方で開いてゆくこの試みのうちに、むしろ憲法私案の普遍性が見出せはしないだろうか。

――たしかに理念による普遍化という道筋がある。だが琉球独立の文脈に話を戻して平恒次氏の論考「新しい世界観における琉球共和国」に注目したい。彼は世界じゅうの「ブミプトラ」（先住民族、マレー語で「土地の子」の意）が自主的に主権国家を獲得する権利を認めるべきだと言っている。エメ・セゼールが「独立の権利」を述べていたように（『ニグロとして生きる』立花・中村訳、法政大学出版局、二〇一一年、三〇頁）。さらに平氏はこの民族自決主義が、同時に、すべての共同体が地球を共有するという世界主義の重要性を説いている。民族自決主義と世界主義が相互に保証されることによって独立は人類規模の課題になる。

——この場合、川満氏の述べていた第三世界の国家独立と同じだろうか。だとすれば独立後、国家をもったブミプトラはその内部に新たな差別と抑圧を生み出すのではないか。

——先ほど言及した平・川満両氏の対談「近代国家終えんへの道標」が参考になる。平氏は「沖縄の独立というのが従来の国家という意味での、厳密に言えば主権国家への道であるとするならば、それは私の基本的な国家観と相いれない」と述べている。しかし思想の水準ではそうであるが、戦略的な観点から「主権国家的なものを作る」（『新沖縄文学』六五号、一七七頁）。そうすることで日本国の主権を弱め、最終的には、同業組合と変わらないほどの規模の小集団が対等な関係で「自由連合的世界社会」を作るという、近代国家に代わるヴィジョンを提出している。

——だとすれば、主権国家としての琉球独立も世界規模の「自立と共生」に向けた一段階と位置づけられるだろう。ところで配布資料にある新崎盛暉ほか編『沖縄自立への挑戦』（社会思想社、一九八二年）は「新沖縄文学」の琉球共和国特集号を受けておこなわれたシンポジウムに基づく論集で、新崎盛暉、新川明、川満信一各氏による討論の記録が収められている（同書、一九〇—二〇六頁）。この討論でも川満氏は「独立」とはあくまで戦術であり、国家を前提とした独立論への違和感をやはり表明していた。

べき書だ。

──その意味で、僕たちにできることとして、列島各地に潜在する、あるいはすでに起こりつつある自立の運動に連携してゆくことがあるだろう。『ヒロシマ独立論』は改めてその先鞭をつける

──日本政府に対して「独立国家」を宣言し、土地所有に立脚する社会の価値観を問い直して一種のコミューンを形成しようとする坂口恭平氏のような柔軟な発想と並外れた行動力を備えた人物もいる。各地で闘う人びとがいる。所詮われわれは高等遊民のように夢を語るだけの取るに足らない存在だ。

──はたしてそうか。琉球共和社会は、私たちの想像域ですでに形を取り始めている。理念がまず多くの人びとに共有されることが大事だ。憲法私案には武力の放棄、軍事関連の航空機、船舶の立ち入り禁止、核の禁止が明記されているね。武力放棄に関しては日本国憲法第九条から憲法私案に受け継がれているといえる。第九条が改憲されてしまえば、日本は戦争を正当化できる国家になるわけだが、それでよいと考える人びとが増えてきている。このような状況下で理念を語ることは切実であり、これは想像域における戦いなのだ……。

「できた！」──論者たちは一斉に声をする方を向いた。声の主は議論には加わらず黙々と手を動かしていたNさんだった。

「憲法草案を書いてみた。川満さんが「琉球の自治と憲法」（『環』三〇号、一六二─一六九頁）のなかで『優勝憲法草案』を提案していたでしょう。議論もよいけれど憲法草案を書いて優勝を決める『四

十七都道府県憲法草案コンクール』を始めてみてはどうかな。そのようなわけでまず私から。岩手共和社会憲法N私（試）案です。」

おわりに

研究会はNさんの憲法草案を受けてさらなる盛り上がりを見せたのだが、その話を続けるときりがない。ただ、最後に、これまでの議論を踏まえれば都道府県という日本国家の行政区画にこだわる必要もないのだからいっそのこと「イーハトーブ憲法私案」としてみてはどうかという意見が出てきたことだけは記しておきたい。提案者のFさんが次回までにN私（試）案に対してF私（試）案を準備してくるそうである。琉球共和社会研究会の次回会合は四月中旬、都内某喫茶店地下一階の貸会議室を予定している。

群島響和社会〈平行〉憲法　断章

今福龍太

（序）

なぎさに座って乾いて飛んで来る砂やはまなすのいい匂いを送って来る風のきれぎれのものがたりを聴いていると（……）風が私にはなしたのか私が風にはなしたのかあとはもうさっぱりわかりません。またそれらのはなしが金字の厚い何冊もの百科辞典にあるようなしっかりしたつかまえどこのあるものかそれとも風や波といっしょに次から次と移って消えて行くものかそれも私にはわかりません。ただそこから風や草穂のいい性質があなたのこころにうつって見えるならどんなにうれしいかしれません。

——宮澤賢治「サガレンと八月」

群島響和社会〈平行〉憲法

第一編《こう》　意志　inner will

群島響和社会とは、自立自存の上に立って協働と共感と連帯の生活地平を世界に浸透させようとする「意志」のやわらかな共有（＝放擲）をもとにした（全生命と全物質の）共鳴体である。

ここで意志とは、個体の現実主義的な要請にもとづく願望や欲望に基因するものではなく、群島響和社会に参画する全体論《ホーリズム》的主体として、生（および死）の意味の充実に資する揺るぎない内的決意のことである。

その意志の主体的根拠は島宇宙の存在にあり、島の意志が個別に具現化されたものとして人類、動物、鳥類、魚類、昆虫、植物、菌類、鉱物におよぶ。

とりわけ人類は、自我に目覚め、生態環境を改変する力を独占的にもった生物種として、個人的・組織的欲望や独擅《どくせん》からはなれた純粋意志の自覚と行使をつよく義務づけられる。島自体による意志の表示をあらゆる日常環境と精神活動のなかで受けとめ、学びながら、人間は、自らの意志を島の意志がその住まい手のもとに流れ込んだものとして認知し、恣意的・個人的な独占欲から離れて、謙虚に、しかし決然と、これを醸成しつづけなければならない。

意志にもとづかない、現状追認と未来予測の惰性的心性は、断固拒絶する。

第二編　希求　craver

意志を具体的な社会条件のなかで生みだし、表明するとき、それを希求と呼ぶ。森羅万象は、その存在の自然的条件にもとづく純粋意志をもち、これを希求として示す力をもつ。すべての生命運動とおなじく、群島響和社会に参画するすべての人間の行動もまた、現実への打算的欲求や、体制順応的状況判断ではなく、希求という、美と真理への強い切望において組織されねばならない。

希求は、すべての存在と行動の根拠となる動因である。主体は、希求をもつことによって始めて定立し、出来事は、つねに主体がもつ希求の強度に応じて、相互的に生じる。

歴史は、表面的に実現を見た事実や出来事をむすぶ因果律の法則によって説明できるものではない。真の歴史は、環境への、物質への、そして人間を含むすべての生命体への、希求にもとづくはたらきかけの全過程として受容され、考察されねばならない。

意識されない希求を予兆と呼ぶ。予兆は、希求と表裏一体となった現象として、群島響和社会の現在と未来への根源的な指針を表わしている。

第三編　歴史（災禍）　catastrace

歴史が、くりかえされる災禍（catastrophe）の蓄積された痕跡（trace）としての側面をもつことを、群島響和社会は歴史意識の原点に据える。災禍とは、それが自然現象であるか、人的な要因にもとづくものであるかを問わず、歴史を象り、歴史に知恵と感情を与えてきたすべての破局的事象を包括的に示す概念である。生をめぐる全経験が、死の経験に裏打ちされていることへの深い理解である。

噴火、地震、津波、嵐は群島の日常的条件であり、それらが示す契機、すなわち火の誕生、水の横溢、大地の震えは、群島人の幸福と恵みの位相と境を接している。幸福の起源を知ることと災厄の起源を知ることが、究極においてはおなじ根をもった知的探求であることを群島人は認め、この重層的探究をたえず実践しつづけねばならない。

天による災禍と人による災禍を峻別することなく、すべての痕跡を歴史形象の一部として捉えることで、群島人はあらたな死生観の確立に向けて努力する。個体の生命の維持のみを無条件の善として信ずる人道主義の非寛容は、群島響和社会においては克服されねばならない。個人の生命の真の尊厳とは、その生と死とが、歴史的な意味の蓄積の地平において正しく生起すべきことを認めるところに存する。

第四編　高次の法則　higher law

群島響和社会は、国家共同体への法秩序的帰属から決別し、国家の最高法規としての憲法の因習的な位置づけを否定する。

人類の歴史が示すように、最高法規となった憲法は、その時点で、司法制度の示す形式主義と便宜主義によって内容を無化される。憲法が至高の権威を得たとき、憲法が正義の根拠となってしまう事態を人類は無数に経験してきた。一九世紀アメリカにおいて施行された悪法である逃亡奴隷法が正義に悖るか否かはまったく議論されず、ただそれが合憲であるか否かだけが法廷で争われたことを想起するだけでよい。いかなる行為も、慣習も、法も、それがとりわけ道義と生命にかかわる問題である場合は、憲法に照らし合わせてその適否を判定されるべきではなく、より高次の理法によって判断されるべきである。

全生命と物質とにあまねく適用される正義、明文化されえぬこの高次の法こそすべての判断の根拠であり、憲法を盾にして不義を合憲であるとして正当化する人間の恣意はけっして許されない。自然の理にしたがい、道徳上の正義を群島響和社会のあらゆる成員にたいして希求するもののもつ廉潔の精神こそ、より高次の法として、万物を統べる至高の法則である。

この群島響和社会〈平行〉憲法は、新しい憲法の制定によって新しい共同体を指向するために起草されるものではない。憲法の権威性を解体し、より高次の法の存在にそれが伏することを宣言し、日々の暮らしのなかにあまねく散布されて輝く高次の法に覚醒するためにこそ、本〈平行〉憲法は、風聞として、すなわち自然の理法の叫びの断片として、ここに書きとめられたのである。

第五縞　放擲　abandancing

群島響和社会は、属領的＝領土占有的《テリトリアル》な大陸国家原理から決別し、その帰結としての排他的所有をめぐる個人的抑圧から脱するため、所有に代わる放擲の理念を根幹に置く。放擲の理念とは、群島において個々の島々がそれぞれ隣島との依存・対立の両関係を厳しく律しながら、お互いをいったん外部へと放擲しつつ、しかも相互配慮の関係を維持しつづけてきた古来からの長い歴史の反映である。

島々の、大洋に点在する拡散性と連続性とを前提にしたとき、放擲の理念とは独占的な所有ではなく、所有権を留保したうえでの共有でもなく、たんなる放棄でもない。放擲とは、所有への強迫観念から決別した心性による、ものごとへの深い愛着と配慮の方法であり、謙虚かつ無心の愛着と配慮をつうじて、ものごとの行く末を自然の高次の法則についには委ねようとする意志である。

放擲の理念は、領土から私有財産、さらには愛や憎しみのような情念の領域にまでおよぶ。こうしたすべての領域において、独占や囲い込み、私物化や玩弄が厳しく排されねばならない。

放擲は、あらゆる所有と囲い込みの原理を解き放つことで、欠落や喪失ではなく、かえってある充満（abundance）を呼び込むことができる。客体、他者、感情とのあいだで手を取りあい、豊かな関係性のダンス（dancing）を踊ることもできる。群島に伝承される歌謡は、ほとんどすべて、放擲をつうじた、ものへの情愛と哀惜の結晶である。

第六編　舌　tongue

言語生態圏において、詩とは大陸から切断された島である。そして無数の詩のことばを紡ぎだすひとつひとつの舌とは、そのまま群島の島々にほかならない。人は、おのれの口蓋と舌のあいだに、それぞれ一つの島を抱えているのである。この島＝舌は、群島状に離れつつ、結びあっている。固有の舌それぞれの微細なちがいのなかで、同胞のことばのゆるやかな共有が認知される。差異こそが同一性の根拠となる。

舌は記録された文字ではなく、ダイアレクトで染まった声の痕跡をつねに伝え、その響きを残すことを使命とする。群島響和社会は、すべてのコミュニケーションの根拠を、詩のことばの群島的連帯と、舌の始原性と、その闊達な身振りにたいする深い信頼の上に置く。

第七編　声　voice

群島人の言語理性が最終的に依って立つのは、文字言語ではなく、声としてのことばでなければならない。そのとき、声によって物語る者たちに、響和社会の集団的な語り部としての最大の敬意と人格（職業でも地位でもなく）が与えられねばならない。

始原のときからプランテーションの夜闇まで、意識の夜へと侵入して響きわたる語り部の透徹した声には、死者の記憶を運搬しようとする集合的な意志があった。その口から唱えられるモノガタリのモノとは得体の知れない霊性と聖なる凝集に充ちた未知の生命力の核心のことであった。文字言語によっては十全に浮上させることのできないこのモノの生命を、声として伝承する決意のなかで、群島人のことばへの日常意識は成型されねばならない。

語り部の口からモノが夜闇の真空に忽然と立ち上がるとき、周りをとりかこんで聞き耳をたてる者は、おのれの身体の記憶に脈打つ裡なる血流のとどろきの音に震撼する。自らが知りえぬ出来事と感触の痕跡が、その血流のなかにたしかに流れていることを直感するからである。その〈時の痕跡〉は、外部から与えられたものではなく、自己の内奥に古くから潜んでいる未知の生命潮流である。種のまま、胎児のままに運ばれてゆく、密やかに遂行されるこの声としての智慧の運搬のなかに、群島響和社会のすべての記憶の源泉があることを知らねばならない。

観念ではなく、記号でもなく、具体的な声を与えられたことばだけが、森羅万象の叫びやつぶやきとしての物質言語と連帯＝共鳴しながら、智慧を過去から未来へと伝達する最終的な媒体となるのである。

第八編　生成／反‐生成　generation/degeneration

群島響和社会において、時間は通時的クロノス原理による時計と暦によって統率されるのではなく、世代や歴史を超えた種的・地質学的・円環的時間感覚によって測られる。そこではすべての事物の生成が、それまでの事物の生成の過程をそれ自体として孕んでいるという確信によって支えられる。一個の生命体の誕生は、無数の死者の存在を宿し、その記憶を伝承する出来事である。

しかも生成（generation）はつねにその反面に反‐生成（degeneration）、すなわち退化の相を含む。いかなる生命体も、次世代の生命を生み出して生成の役割を終えたのちも、長短の差はあれ、生物学的退化の道程をたしかに生きつづける。一つの世代における生命とは、生成と退化の連続体である。その意味で、生成と退化は対立するのではなく、一体となって生命体の生をかたちづくる円環的・回帰的運動である。

群島における時間とは、生成と反‐生成とを相補的に生きながら、生命圏の歓喜と宿命とを問いつづける不断の経験のうえに存在する。現実とは、生者と死者とが出遭う界面のことであり、人間はこの日常における死者の遍在を受けとめ、死者への敬意が生者の尊厳の確立に等しいことを深く学ばねばならない。

第九編　高度必需　high necessity

群島響和社会における経済活動は、エコノミー、すなわち家政《オイコス》のいとなみ、という原義にたちもどり、生産と利潤の無限の極大化の回路を排し、可能なかぎり極小化された地域的・家族的な関係性のなかで、倫理的・詩的・美的な充満を実現するための贈与・交換行為として実践されねばならない。そのときの交換（＝交感）の基本にある原理が、高度必需（high necessity）である。高度必需の思想によって、人間はその経済的要請の根幹に置くべきものが、量的な充満ではなく、極小化された質的な充満であることに覚醒する。

商品生産と消費とのあいだの自閉的サイクルと数字的バランスの内部に市民を幽閉する資本主義は、人間の日常に徹底した散文的思考をはびこらせ、ことばによる思考の膂力を極限にまで痩せ細らせた。最低賃金と最低必需品の制度的保障によって欺瞞的に守られた（すなわち自足的幸福から追放された）市民たちにむけて、群島響和社会は、最高度の必需を与えられる権利を付与する。人々は、この権利の主張をつうじて、散文的思考に覆われた社会をひとおもいに詩的な想像力によって更新する努力をつづけねばならない。高度必需の質を保障するのは、もっとも詩的なるものの広がりを社会の隅々にまで実現しようとするたゆまない日常的実践にほかならない。

第十編　真似《まね》び＝学《まね》び　mimesis

まなびの本質はまねびである。群島響和世界をつらぬく叡知は、海、風、干瀬、洞窟、暗川《くらごー》、山、森、樹木、動物、人間など、世界を貫くすべての生物的・物質的存在の知恵ある身振りと運動をまねぶことによって生まれる。真の学びは、官僚化された教育システムとその末端にある隷属的な教育機関を廃絶し、まねびの原点に立ち還ることによって達成されねばならない。

群島響和社会の智慧の伝達の根幹を担ってきたのが民衆歌謡である。シマウタ（琉球弧）でもシャン・ノース（アイルランド）でもトゥンバン（スンダ群島）でも、その歌による表現の核心にあるのは洗練された即興にもとづく創造的模倣である。世界の内奥に隠された野性的な知性と感性を吸収するために、まねびの技を日々研ぎすませてゆく努力を怠るべきではない。

この創造的なまねびによって獲得されるものが「曲げ」である。曲げは学ぶもののもっとも創造的な個性のことをいう。学び手それぞれがもつ知恵や技術の豊かな揺らぎのことである。曲げの豊かさは、同じことを機械的に再現し、コピーするように一括情報化して登録する効率主義的な学習の非人間性を露呈させる。単一の成果に向かって一直線に進むという、目標化され数値化された成果主義の窮屈さを撃つ。島々の森羅万象のなかにあまねく存在する「師」の声や身振りや存在原理を見よう見まねによって模倣し、曲がりに曲がりながら「倣《なら》う」ことによって、自身の固有の知恵と技とを創りだしてゆく深く身体的な「習《なら》い」の道を切り拓いてゆかねばならない。

第十一編　秘密　enigma

謎《エニーグマ》の存在を、すべての知的活動の領域において死守しなければならない。万物の高次な理法のなかにあらかじめ組み込まれた〈謎〉や〈未知〉の存在こそ、深い叡知の源泉である。理性によって了解可能な〈既知〉や、それを断片化して整序した〈情報〉に権威や全能性をあたえてはならない。

とりわけ高度資本主義社会における情報は、すでにその操作主体である人間を凌駕する潜在的権力をもちはじめている。国家機関による情報の隠匿を糾弾し、情報公開を公正な社会実現の根幹に据える市民的発想は、それじたいとして誤ってはいないが、情報の価値に特権をあたえているという点においては、国家権力の意図を追認している。人間は、記号としての情報によって社会と住民が管理・監視・操作されることから離脱するためにも、情報の寡占にたいして抵抗する一方で、情報の価値を相対的に低減させ、社会における情報化しえない〈謎〉や〈秘密〉の領域を守らねばならない。

そのとき、秘密であることと、恣意的な隠蔽とを峻別せねばならない。知性の歴史を繙けば、知はつねに自らを隠すようにしてはたらく謎めいた精神活動であったことが了解される。謎の存在によって、人間は知性の発動を刺戟され、探究の行為に踏み出すことができた。そして知性の深化は、謎は決して既知として解決されることなく、謎が新たな謎を生成することも深く学んできた。

神話は、まさに隠されたオカルト（occult＝隠されて見えない）的知性の凝集体である。人間は、森羅万象とのあいだに、この神話的知性を構築し、そこに叡知のもっとも深い秘密《エニーグマ》を書き込んできた。群島響和社会は、謎を謎のままに伝承する叡知としての神話的知を、日常的思考のなかに可能なかぎり援用することに努めなければいけない。

第十二編　航海　voyages

属領的・排他的な共同体意識を離れて、群島響和社会は、航海によって自らを拓きつづけ、開放的な社会の理念の世界への拡散・浸透を図らねばならない。

いかなる群島人も、ディアスポラの領土へと旅立っていった同胞を訪ねる機会をもち、そこで自分たちが創りあげたもの、場、関係性について語り合うことができる。そのとき、時空を横断して広がる、同胞すべてにとっての新しい家《ホーム》がはじめて意識される。海のもつ循環性と抱擁力を手がかりに、さらに遠くへと旅し、別の海で生きる大洋的《オセアニック》な人びとと結びあい、航海の物語を交換し合うこともできる。すでに果たしてきた航海の物語は、これから乗り出そうとする航海の物語とのあいだで対位法的な豊かな音楽を奏で、生きることの意味をめぐる深い啓示的な発見をもたらすであろう。

群島人は、航海を通じて自分たちが創りだしたものを世界中の同胞たちに示し、彼らの独自の音楽、ダンス、美術、儀式などの美的・詩的な文化的創造物について学ばねばならない。そのとき、群島響和社会における、新しい音楽、新しいリズム、新しい踊り、新しい歌が、各々の自立自存の上に立った連帯を証するものとして、創造されるだろう。

拓かれた航海者であることは、みずからが難破者であることを引き受ける倫理を要請する。群島における放擲の理念のもとでは、家郷は、もはや大陸の家のように旅に疲れた魂がその羽を休めるために帰還する安住の場ではない。航海の涯てで、家郷の島はむしろ人をさらなる旅に駆り立て、歴史の不在にむけて自らの生存を突きつけるために赴くあらたな戦いの場へと変容する。生まれ島は、つねに波立つ多島海の一角にあり、人々の帰還をいつも待っている。人々が帰郷者としてではなく、新たな難破者として戻ってくることを。珊瑚礁や木々や岩や森や動物たちとちがい、人間だけが、島において、この難破者の立場をひきうける。本源的な先住者という傲りを捨て、難破者である人間こそ、群島響和社会におけるもっとも謙虚で、しかももっとも冒険的な存在であることを、深く自覚しなければならない。


（跋）

このあいだ思いがけず白い睡蓮の花の香りが漂ってきて、私は待ちかねていた季節の到来を知った。それは純潔のしるしである。蕾がほころぶときの姿はあまりに純粋で汚れなく、香りはとくべつに甘やかなので、睡蓮の花はこの大地の泥や腐葉土のなかにどれほどの純潔と甘美が宿されていたのかを、そしてそれらがいかに取り出されるのを待ちかまえていたのかを人々に教える。私は、ここから一マイル以内の場所でいちばん早咲きの花弁を摘みに勇んで出掛けた。この芳香のなかに私たちの希望への確信がどれほど深く込められていることだろう！この花のためにこそ、奴隷制の社会であっても、私は世界への望みをそう簡単には捨てないだろう。北部人の小心さや無節操にあっさり絶望したりもすまい。私は思い起こす。どれほど精緻な法がこの世を長いあいだ、広範に治めてきたかを。そしてその法則はいまもあまねく世界を律している。人類の行いがこの睡蓮のように甘やかな香りを放つときが、かならずやってくるのだ。

——ヘンリー・デイヴィッド・ソロー「マサチューセッツ州における奴隷制」一八五四(私訳)

断片的コンメンタール

聞き書き——風聞とは、いまでこそ風の噂という程度の意味として、不確かな伝聞情報をいう言葉となっている。だが、言説というものの自明な占有を人間から解放したとき、風も岩も森もまた、ことばや物語をつたえる主体として立ち現れる。特定の主体の恣意的な発話を源泉としない風聞のなかにこそ、自然の理法は宿るのである。

宮澤賢治の「鹿《しし》踊りのはじまり」には「苔の野原の夕日の中で、わたくしはこのはなしをすきとおった秋の風から聞いた」とある。賢治の「狼《オイノ》森と笊《ざる》森、盗《ぬすと》森」では「黒坂森のまん中のまっくろな大きな岩」が岩手山麓の森々の由来を語る主体であった。説話には、語りの主体を非人間化することによって、説話の神話的普遍性を維持しようとする暗黙の知が存在する。

この〈平行〉憲法も、いかなる個人思想からも離れた、そうした自然物の声のなかに隠された理法としての叡知を探り出そうとする試みである。宮澤賢治の「サガレンと八月」による「序」と、ヘンリー・デイヴィッド・ソローの「マサチューセッツ州における奴隷制」による「跋」とが、条項をはさむように置かれている所以はそこにある。

縞——縞は島に通じ、人間およびすべての生命体の原初的住処としてのシマに帰結する。

この〈平行〉憲法条文を、慣例的な「条」ではなく「縞」で分節したのは、そこに順序をもとにした因習的な体系性や階層秩序が入り込まないようにし、条項の相互浸透性、相互置換性を暗示するためである。しかも、条（すじ）の原意は、縞模様のすじのことでもあった。この縞模様は、どこから数えはじめてもよく、またどこにも起点や中心がない。ヒエラルキーの秩序から脱するための拠点として、縞は重要な実体でありまた比喩となる。

そもそも「シマ」という音は、浦浦に住処を定めた人間が、その住処を海や山によってゆるやかに輪郭づけられた一つの土地として意識したときに生まれた。シマは生物学的な意味での〈テリトリー〉のことである。おなじように、古語で接尾辞の「しま」は、「正月しまから」（正月早々に）というように、ある行為のはじまりや領域を画すときの用法だった。島＝縞＝シマは、何かと何かを分け、領域を定め、一つの終わりののちに一つの始まりを認知する、思考のもっとも古い習慣を伝える音なのである。強固な独占支配に至らない、柔らかな連続性の感覚を内包する音である。

鮮かで雑多な縞模様が、世界の群島響和世界を満たしている。この〈平行〉憲法は、おもにカリブ海（小アンティル群島、大アンティル群島）および琉球弧（奄美群島・沖縄群島・宮古群島・八重山群島）、太平洋島嶼域、アイルランド島嶼域とそれぞれ呼ばれる縞々における風景、経験、および学びにおおきくもとづいているが、それらが群島世界を結ぶよりおおきな縞模様のごく一部でしかないことも、聞き書きをした者は深く理解している。

響和——「共和」のかわりに「響和」と新たに造語する。万物の混沌とした響き合いの不協和音のなかに、新たに共有すべき音楽を探し求めるための宣言である。既存の概念用語の囲い込まれた意味論から脱して、ことばに具体性と身体性を再度与えるために、こうした造語《ネオロジズム》の採用は〈平行〉憲法にとって不可欠の前提であるだろう。散文的日常言語を、造語や機知ある創造的使用によって詩語化することは、エドゥアール・グリッサンのいう「高度必需」の実現にとって、もっとも重要な言語的試みとなるはずである。いうまでもなく、「響和」の「響」には、グリッサンが造語した、群島‐世界のあるがままの多様性と混淆性を示す“echo-monde”（=「反響‐世界」、「谺‐世界」）なることばが文字通りこだましている。

平行——これは非常に重要な、本憲法のテクストにたいする制限規定である。〈平行〉憲法、すなわち“para-constitution”。この造語は、〈平行〉民族誌（para-ethnography）と呼ばれる、民族誌の実践における内省的な方法論にヒントを得ている。〈平行〉民族誌とは、伝統文化を文明社会から切断されたショーケースのなかの事例として自己完結的に描写してきた従来の民族誌とちがい、民族誌記述の視点や方法そのものが潜在的に依拠している現代社会の科学やテクノロジー、医療や法律、芸術行為やデザインや建築といった領域自体を対象として民族誌を描き出すときの、自己言及的でメタレヴェルの方法論を指している。対象が、私たちがそれについて思考・記述しようとするパラダイムと同じ原理で構成されているとき、従来の民族誌の客観主義的ディタッチメントの聖域は侵食され、崩壊する。その意味で、〈平行〉憲法とは、新たな共同体の存在を自己完結的に律する最高法規の記述という憲法起草者が無意識によって立つディタッチメントの特権を排し、憲法の起草行為を、一つの言語実験として、社会文化批評の認識的フィールドそのものとして対象化しながら書かれた、メタ・クリティックであることになる。

群島的放擲――拙著『群島‐世界論』(岩波書店、二〇〇八)でたえず回帰的に主張しつづけたのは、私たちの、徹底して「大陸化」され歴史化されてしまった思考や想像力のしつけを、海を媒介にして「群島」へと空間的に拓いてゆかねばならない、ということだった。西欧近代が世界大に拡散させた「大陸原理」なるもの――それは所有・法・教育・市場経済・国家・(文字)言語といった頑迷な諸制度に依存した合理システムの完成への欲望にほかならなかった。一方で、世界の海底には、近代の「歴史」から疎外されたまま、それに対抗する「群島のヴィジョン」が新たな智慧の源泉として埋蔵されている。それは配慮ある放擲(貪欲な所有に対する)であり、自然と具体物の理法を尊ぶ物質的想像力(理念的法律に対する)であり、真似《まね》び(画一教育に対する身体的学び)であり、贈与経済への信頼であり、ダイアレクト(島口・口承言語)の豊饒なコミュニケーションである。琉球弧は、まさにこれらの群島ヴィジョンに依る日常をいまだ保持していることによって、日本国家の振りかざす大陸原理の抑圧に対する砦となってきた。

陸に対する海、大陸性に対する海洋性の称揚の議論じたいは目新しいものではない。だが従来のそれらは、結局は海を媒介とする関係を大陸の国家原理の支配の周辺に位置づけるだけに終わってきた。なぜそうなったかといえば、大陸の普遍性にたいして、島嶼はつねに周縁部に固定された従属物の域を出なかったからである。だがこうした静態的な図式を超えたところに群島響和社会〈平行〉憲法の射程はある。なぜなら現代の群島ヴィジョンにおいては、大陸の不動性にたいし、群島は移動し、漂流し、旅しさえするからである。現代的移民や亡命の経験を経たあと、大陸と群島の関係は幾重にも屈折したものとなった。大陸が、その足もとで服《まつら》う島を一方的に包括する想像力は終焉を見たのである。島は大陸を守るための堡塁では断じてなく、むしろ大陸（＝現代人）の横暴を本質的に批判する無人称の拠点である。

竹島（＝独島）や尖閣諸島（＝釣魚島・釣魚台列嶼）のような無人島の領有に関する議論が袋小路に突き当たるのは、国家が領土的主権を主張していがみあい、あるいはそれを打開するために共同所有のような解決策が提案されても、島は誰かが「所有」するものだという所有の強迫観念（まさに大陸原理の産物）から少しも解放されていないからである。だが、群島には群島の意志がある。無人島にも自らの自然的来歴（領有の「歴史」ではない）に根ざした感情がありうる、そして未来はその群島の意志や感情に委ねるべきなのだ、という超歴史的な想像力を荒唐無稽なものとしてではなく受け入れられたとき、私たちは群島論的な意味で、領土「放擲」の新たな流儀に一歩近づくことができるだろう。

地中海の群島巡りの叙事詩『オデュッセイア』における風の神アイオロスが住む島は、たえず風によって漂流していた。陸との関係は、そのつど非固定的に、批判的に定められ、船を進める風と海の渦をアイオロスは統率していた。アイオロスの声とは比喩的には海を渡る季節の風の咆哮である。現代の驕れる国家にはもうアイオロスの漂える群島から響く声が聞こえない。そして琉球弧やカリブ海をはじめとする群島があげる声の深部には、アイオロスの風の咆哮の響きが宿っているはずなのだ。人間はいま、この響きをとらえる新たな群島的な耳を鍛えねばならない。

自然からのまねび――琉球弧のシマウタも教えているように、群島世界では、波が寄せては返し、潮が満ちては引くリズムが、人間関係の触れ合いと別離をめぐる道理を教えた。蛇皮の微細な鱗模様が布地の縞模様を精緻に織り上げるための導きとなった。布を織る糸を繰りながら、それが切れることのなかに、人の心が切れることとの深遠な意味を人間は学びとった。物質的な世界が人間的世界へと投げかけるこれらすべての「薄墨色の文法」（野生の叡知）こそが、自然からのまねびの核心である。そこには、まね、まねび、さらにまがりながら倣い、習うことによって生まれる独創的・即興的・遊戯的な知性が花開く。自然界の示す奔放な偶有性（contingency）とともに遊ぶことのできる機知が、その触覚的（ヴァルター・ベンヤミン）な学びを支えている。

舌とダイアレクト――方言、俚言、土語、ヴァナキュラー、母語、地方語、お国ことば、いなか訛り。地域言語、少数言語、マイナー言語、亜言語、ミクロ言語。島口、シマクトゥバ、スマフツ、シマユムタ……。それをどのように呼ぼうと、ダイアレクトの局地性と限定性は、国家語文学の主張する正統性や、世界文学なるものの示す普遍性やユニヴァーサリティの対極にある閉鎖的な実践であると見なされてきた。しかしいま、国家語による言語統合の犠牲となりつつ、あくまでその言語政治学的権力の外部にとどまることによって、ダイアレクトは近代の文学空間を支配していた単一言語の権能を根底的に批判し、無化するための特権的な起点となりはじめている。ダイアレクトを戦略的に使用・濫用する新しい文学表現が、未知の世界性へと結ばれてゆく可能性について考えるとき、アイルランド（ゲール語）、バスク（バスク語）、マルティニック（クレオール語）、琉球弧（シマクトゥバ）などのヴァナキュラーなことばによる文学的実践が注目される。

そもそも、ダイアレクト（Dialect）とは、“dia-”（交差して）“lect”（話す）という原義を抱えている。それは、対話・議論によって真理へと到達する“dialectic”（弁証法的）なプロセスをも懐胎する、それ自体としてすぐれて間－言語的、交－言語的な方法論なのである。俗にいう「方言」という極小のことばに一見退却していくようにみえる行為が、実は国家語による権力的な発話・言説の行為への抵抗・叛乱であることを、世界文学の周辺領域で起こる出来事は証言しようとしている。それは国家語の横暴から母語を守る闘いであると同時に、自ら「国家語で書くこと」を引き受けてきた自己分裂の状況から離脱するための内的な闘争でもあった。言語政治の窮地を、ダイアレクトは厳しく問うのである。

ダイアレクトの流動化した言語意識にひとたび入れば、ことばを言語運用の安定の相からとらえることは不可能となる。ダイアレクトの虹のような変異は、言語態が、一つの固有語（ラング）として固定化され、囲い込まれることを拒否するからである。その言語的な「揺れ」は、文学表現の障害となるより、むしろ表現の微妙な内質を作り出す根拠となる。そしてそこから表現水位の高さ・

深さも生まれてくる。「ミクロ言語の胎内の闇」（川満信一）、その「不透明性」（グリッサン）に依拠した、あらたな「世界文学」への対峙の試みを、ダイアレクトの群島が示す新たな言語行為のなかに探ってゆくことは、未来の群島響和社会を展望するために不可欠の作業となるであろう。

群島響和社会〈平行〉憲法は、そのような詩語の再創造にむけての、ささやかな宣言として読むこともできるだろう。そのテクストは群島の汀の泡のなかをシオマネキとともに苛烈に漂っている。

ハナレヤ　オーバフキュン

ワキャヤ　ウンオーナンティ　イキシウリョリ

（「群島は泡を立て、われわれはその泡に住む」の奄美島口による変奏。エドゥアール・グリッサンによる原文は以下の通り。《l'archipel fait écume, nous habitons l'écume.》Édouard Glissant, *Traité du Tout-Monde*. Gallimard, 1997, p. 40）

［後記］

本テクストは、川満信一による「琉球共和社会憲法C私（試）案」（一九八一）の真摯を受けとめ、またその機知の精神にうながされ、二〇一四年の五月一五日という特別の日付において擱筆された、あくまで過渡的な第一稿である。本稿を編むにあたって、とりわけヘンリー・デイヴィッド・ソローとエドゥアール・グリッサン、およびエペリ・ハウオファの諸著作が著者にとっての長年の思想的通奏低音として響いていた。この〈平行〉憲法は、とりわけそこで展望された群島響和社会における人類と他の生命種の関係、無生物の主権やエージェンシーとしての主体性について、さらに整理され洗練された思考が必要である。また、この〈平行〉憲法を、現実の国家や政治共同体にたいしていかなる位相において提示するかに関し、リアルポリティクスとの接点はあえて示されていない。〈平行〉憲法としての言説的批評性をどの水準に設定するかについても、さらに考えていきたい。

数多くの憲法私案を

高良 勉

1 実践的な読み込み

一九八一年の『新沖縄文学』第四八号の特集〈琉球共和国へのかけ橋〉に川満信一起草の「琉球共和社会憲法C私(試)案」が発表されたとき、私や沖縄社会はどのような反応や受け取り方をしたか[1]。

管見によれば、それは次のような傾向に分類することができた。まず、圧倒的多数の人々は無視した。他の少数の人々には、この憲法C私案は、知識人の空想的な知的遊びだと片づけられた。そうでなくても、せいぜい思想的思考実験と受けとめられた。あるいは、憲法C私案(以下「川満私案」とも略称する)に込められた理念を思想的に議論するのみの素材として扱われてきた。

しかし、私の読み込み方はこれらの傾向とは異なっていた。私は、すでに『新沖縄文学』の同特集号にエッセイ「琉球ネシアン・ひとり独立宣言」を発表していた。したがって、私は憲法C私案をこの琉球弧と地球上で実現すべき理念としてより実践的に読み込んでいた。

そこで私は、何度もこの憲法C私案に立ち帰りつつ、沖縄の住民運動、思想運動に関わってきた。一九八〇年代の沖縄社会では「沖縄自立論」を唱えることすらタブーか、少数派の空想議論として扱われた。しかし、九〇年代からは「沖縄自立」は革新政党のみならず保守政党の選挙公約としてすら掲げられるようになった。

そして、私たちは一九九七年五月十四・十五日に喜納昌吉、新川明、川満信一、大城宜武、平良修等の諸氏を中心に「沖縄独立の可能性をめぐる激論会」を那覇市で開催した。この二日間の激論会には奄美群島、宮古群島、八重山群島を含めてのべ約一千名の人々が参加した。その報告書は単行本『激論・沖縄「独立」の可能性』(2)として出版されている。

一方、私たちは二〇〇〇年に「二一世紀同人会」を結成し、琉球弧の自立・独立論争誌『うるまネシア』を七月に創刊した。この思想同人誌は、幸い好評で第一七号まで発刊され続けている。なによりもこの雑誌への執筆者と寄稿者が増大していることが心強い。

私は、この『うるまネシア』第一一号(3)に「琉球共和社会ネットワーク型連邦・憲法私案・その1」(以下「高良私案」と略する)を、第一二号に「同・その2」を発表した。

この憲法私案を起草した動機は多々ある。まず、なによりも一九八一年に発表された憲法C私案を過去の物語や思想実験に終わらせてはならないと考えていたからである。そして、いまや琉球弧の自治・自立・独立論議が社会的議論の中心軸になり、沖縄では「自己決定権」や「沖縄差別反対」、「脱植民地」が世論のキーワードになっている状況のなかで、私の「琉球独立・解放論」をわかりやすく、コンパクトに語るには、「憲法私案」のかたちでまとめて公表した方がいいと考えたからである。

2　基本理念の比較

私は、高良私案を起草するとき、つねに先行の憲法C私案に立ち帰り比較検討しながら書き進めた。そこで、そのときに思考したことを述べながら憲法C私案に対する私の立場を提起していきたいと思う。

川満私案は、格調高い「（前文）」から始まる。その前文は「『日本国憲法』と、それを遵守する国民に連帯を求め、最後の期待をかけた。結果は無残な裏切りとなって返ってきた。日本国民の反省はあまりにも底浅く淡雪となって消えた。われわれはもうホトホトに愛想がつきた。／好戦国日本よ、好戦的日本国民と権力者共よ、好むところの道を行くがよい。もはやわれわれは人類廃滅への無理心中の道行きをこれ以上共にはできない」と結ばれている。

私は、この前文に込められた「数世紀にわたる歴史的反省」や「完全自治社会建設」「戦争放棄」「非戦、非軍備」の理念を支持し共有している。しかし、高良私案にはまだ「前文」が付いていない。その理由は、川満私案に感じる違和感を充分に整理できないからである。だが、近日中にはそれをまとめて発表したいと思っている。

その違和感については、第一章（基本理念）を比較しながら具体的に述べていきたい。川満私案の基本理念の核心的なキーワードを抜き出すと次のようになる。第一条、「国家を廃絶する」、「万物に対する慈悲の原理に依り」。第二条「権力を集中する組織体制は撤廃し」、「共和社会人民は個々の心のうちの権力の芽を潰し」。第三条「いかなる理由によっても人間を殺傷してはならない」、「慈悲の戒律は不立文字であり」。第四条「食を超える殺傷は慈悲の戒律にそむく」。第五条「衆議にあたっては食まずしいものたちの総意に深く聴き」。第六条「琉球共和社会は豊かにしなければならない」。第七条「共生のため力を合わさなければならない」。

以上のキーワードを読むだけでも、その基本理念が国家廃絶と仏教思想による「慈悲の戒律」に深く貫かれていることがわかるであろう。私は、この「慈悲の戒律」に違和感をもっている。それは、私が「慈悲の思想」を一般教養としての仏教レベルでしか理解していないからだと思う。しかし、川満私案はブータンのような仏教に基づく国づくりや共和社会のヴィジョンでないことはわかる。なぜなら、なによりも国家廃絶を目標にしているからだ。

川満私案の七条に亘る基本理念にたいし、高良私案では基本理念は二条しかない。この二条のキーワードは、次の点にある。第一条「琉球共和社会ネットワーク型連邦憲法（以下琉球共和社会連邦あるいは琉球連邦と略称する）の住民は琉球弧はもちろんのこと、海外移民や出稼ぎ、教育や技術研究、芸術活動等々のため国家・国境を越えて全世界に居住している。したがって、琉球共和社会連邦は全世界にネットワーク型の領域（エリア）を保有する。」

第二条「この憲法は、制定の出発からして未完成であり、常に生成、発展していく憲法である。

琉球共和社会連邦の憲法は、まずネットワークの各エリア――中略――それぞれの自治政府と自治議会をもち、そこで制定された各自の憲法群の集合体として、初めて完成する。」

比較してわかるように、川満私案は論理の立て方が演繹的であり、高良私案の方は帰納的で、その分だけより現実的になっている。川満私案は琉球共和社会の全人民が「直接署名をもって『琉球共和社会憲法』を制定し公布する。」という。これに対し、高良私案は各エリアで制定された「各自の憲法群の集合体として、初めて完成する。」と謳っているのである。

ここで、高良私案が規定するネットワークの各エリアは、奄美群島、沖縄群島、宮古群島、八重山群島、ヤマト東日本エリア、ヤマト西日本エリア、ブラジルエリア、アルゼンチンエリア、ボリビアエリア、ペルーエリア、ハワイエリア、北米エリア、フィリピンエリア、南洋群島エリア等々である。

これらのネットワークエリアに対して高良私案がひとつの理念や完成された憲法を適用しようとしないのは、歴史的、現実的な要請を重視しているからである。周知のように、琉球王国時代から今日まで、奄美群島、宮古群島、八重山群島をはじめとする諸離島人民は沖縄群島を中心とする中央政府や機関の支配を受け「離島差別」の歴史を強いられてきた。それゆえ、これらの諸離島人民は、なんでも沖縄群島中心に決定されることに反発感をもっている。したがって、私たちは諸離島人民の「自己決定権」にも最大の配慮をすべきであると考えている。かりに、ある離島住民の大多数が「琉球独立に反対」したり、「自分たちだけで独立する」と決定した場合にも、私たちはその自己決定権を承認しなければならない。

一方、川満私案の「基本理念」第一条では「ここに国家を廃絶することを高らかに宣言する」と謳われている。この「国家を廃絶する」理念は私も賛成である。この理念が有るがゆえに憲法C私案は近・現代の国民国家を批判する論者・思想家たちから注目され、支持されているのであろう。ただし、川満私案では過渡期国家を容認するかは明確でない。

私はまず、「世界のウチナーンチュ（沖縄人、琉球人、琉球民族、琉球弧人等々とも表現される）」が琉球弧の島々はもちろん、海外移民や出稼ぎ等で国民国家と国境を越えて居住している現実を重視する。琉球共和社会連邦の憲法が適用される人民は、琉球弧内に約一四〇万人、琉球弧外や海外に約三〇万人余が居住しているのである。しかも、それぞれのエリアで「県人会」や「オキナワコミュニティー」等の多様な共同体を形成している。したがって、私たちは海外移民や出稼ぎで居住している国家や地域への現実的な対応を考えなければならないと思う。

と同時に、私たちは琉球弧内のセンター領域には過渡的な琉球共和社会連邦の樹立を支持する。それは、あくまでも国家の廃絶を目標にし「東アジア共同体」をめざす過渡期国家である。この琉球共和社会連邦の樹立のため「琉球独立」は琉球人民の自己決定権としてこれを支持する。

3　共和社会人民の資格とは

憲法C私案の第二章にある「センター領域」や「州の設置」「自治体の設置」の内容は、私も基本的に賛成で大いに参考にさせていただいた。とりわけ、「センター領域」という発想は柔軟で有意義であると思う。川満私案の第九条「奄美州、沖縄州、宮古州、八重山州の四州を設ける。」が高良私案第四条では「奄美群島政府、沖縄群島政府、宮古群島政府、八重山群島政府を樹立する。」となっている。その主旨は同一と思うが、高良私案は「各群島政府は、一九四〇年代末の各群島政府時代の歴史的経験と教訓を最大限に活用する。」と強調しているだけである。

ただし、高良私案第五条には「琉球共和社会連邦は連邦政府を樹立する。」と明記されているが、川満私案に「連絡調整機関」はあっても連邦政府的なヴィジョンが書かれていないのは、過渡期国家や琉球独立国家を認めていないためであろう。

ところで、今後とも大きな問題になり議論を重ねなければならないのは、川満私案の「共和社会人民の資格」の条項である。その第十一条では「琉球共和社会の人民は、定められたセンター領域内の居住者に限らず、この憲法の基本理念に賛同し、遵守する意志のあるものは人種、民族、性別、国籍のいかんを問わず、その所在地において資格を認められる。ただし、共和社会憲法を承認することをセンター領域内の連絡調整機関に報告し、署名紙を送付することを要する。」と謳われている。

まず、十一条の「センター領域内の居住者に限ら」ないというのは、大いに賛成である。この基本理念に立てば、私たちの憲法の適用範囲は、高良私案でも提起したネットワークのエリアであるヤマト東日本エリア、ヤマト西日本エリア、ブラジルエリア、アルゼンチンエリア、ボリビアエリア、ペルーエリア、ハワイエリア、北米エリア、フィリピンエリア、南洋群島エリアをはじめ全世界の所在地が対象となってくる。

また、「人種、性別、国籍のいかんを問わず」資格を認められるという理念も賛同できる。ただし、唯一「民族」の項目が議論の対象となる。川満私案には、「民族」概念の規定は記されていない。

これに対し、高良私案では、「連邦住民の権利と義務」の条項・第六条で「琉球共和社会連邦の住民は『世界のウチナーンチュ』（沖縄人、琉球人、琉球民族、琉球弧人等々とも表現される）でもって構成される。住民は二重、三重の自由な『国籍』を選択し取得することができる。個人の自由意志と居住国家・地域の条件に合わせて、琉球共和社会連邦の国民であると同時に、日本国民、ブラジル国民、アルゼンチン国民、ペルー国民、アメリカ国民、フィリピン国民等々の『国籍』を有することができる。」と提起されている。

この案では、過渡期国家としての連邦住民を「世界のウチナーンチュ」（琉球民族）に限定している。かといって私は、何度もくり返しているが、琉球民族意識は大いに肯定するが、琉球民族主義者ではない。

私たちは、琉球民族の規定について、すでに『うるまネシア』第一二号の特集「琉球民族って何だばー？」で議論を重ねている。私は、この号に「我が輩は琉球民族である〈わんねーしまんちゅやん〉」を執筆した。(4)

私は、国連が日本政府に対し「アイヌ民族および琉球民族を国内立法下において先住民と公的に認め、文化遺産や伝統的生活様式の保護促進を講ずること」(5)を勧告した審議会報告書を支持し、琉球民族は日本民族とは異なり先住民族と考え行動している。

国連が勧告している先住民族定義は簡単でわかりやすく自然である。「民族の定義は研究者の数だけあるといわれますが、『先住民族』は民俗学や文化人類学の用語ではありません。大国や支配民族によって土地や固有の文化を奪われて、植民地支配を受けてきた集団で、自らの未来のために自己決定権を求めている人々、と考えられています。／具体的には、国際労働機関（ILO）が一九八九年に採択した『ILO第一六九条約「先住民族条約」』の定義が政治学、国際法の視点からもっとも参考になるものです。[6]」となっている。

では、その「ILO第一六九条約『先住民族条約』」の定義を見てみると「①近代国家が独自の言語を持ち歴史を育んできた民族に対して、②征服、植民地化、領土の国境線の画定によって国民国家として一方的に統合、③近代国民国家の形成過程で一方的に同化政策を強制され、土地や文化、言語を奪われて差別を受けてきた、または現在も差別状況が続く民族的集団のことです。また、④集団としての意志を表示しうる民族集団でもあります。」と規定している。

これらの定義は、歴史的に琉球人がアイヌ民族同様に先住民族としての「琉球民族」に該当することを明確に示している。定義の①から③までの具体的な例証は割愛する。これらの定義のなかで、最も重要なことは、琉球民族が「自らの未来のために自己決定権を求めている人々」であり、「集団としての意志を表示しうる民族集団」でもあるということである。

言うまでもなく、私たちは「独自の言語を持ち歴史を育んできた」世界のウチナーンチュ（琉球民族）として誇りをもっている。また、「日本国民であってもヤマト（日本）民族とは違い社会的、構造的に差別されている」という差異感、異民族感、被差別感と独自の帰属感をもっている「世界のウチナーンチュ」という民族集団である。実際、五年に一度世界の各地から沖縄へ帰郷し「世界のウチナーンチュ大会」を開催し、すでに五回目を終えている。一方、何回も十万人余規模の島ぐるみ「県民大会」をもち、「ウチナーのことはウチナーンチュが決める」という「集団としての意志を表示しうる民族集団」であり、「自らの未来のために自己決定権を求めている人々」である。

したがって、私は琉球民族と日本民族、アメリカ国民の間には現在も被支配民族と支配民族、被差別民族と差別主義民族、被植民地民族と植民地主義民族等々の歴史的関係と「民族・植民地問題」が未解決のまま横たわっていると考える。私たちはこの歴史的関係を解決し、止揚しなければならない。だとするならば、私たちには歴史的に形成された「民族自決権」が認められるはずだ。さらにそのうえに、近年では「先住民族権」や「自己決定権」が国際的に承認されてきているのである。

これらのことを踏まえるならば、私たちは川満私案・第十一条のように「琉球共和社会の人民は」、「民族のいかんを問わず」とは言えないのではないか。私は、支配民族である日本民族とアメリカ国民が「琉球共和社会の人民」になるためには、厳しい条件を付けるべきだと考えている。とりわけ、支配民族としての過去を反省し、総括できない日本民族やアメリカ国民は、たとえ憲法C私案を承認し署名をしても「琉球共和社会の人民」から除外すべきだと思う。

4　もっと議論を

　さて、私は高良私案と私たちの思想運動に対する意見を聞くために川満さんと「往復書簡」による対話を試み、『うるまネシア』第一四号に公開した。まず、私から「川満信一氏への公開質問状」を送り、川満さんから「原体験から思想へ――戦略的プロセスと理念との差異――」という返信をいただいた。私は、この返信から学ぶことが多く深く感謝している。

　この「原体験から思想へ」にも憲法C私案への自注や高良私案への批判が述べられているので、さらにその主要な点への議論を進めてみたい。

　まず、川満さんは「ただ一口に思想といっても、個人の思想と、共同社会の思想とはカテゴリーが別だと認識しなければ現実の思考や行為は混乱するだけである。」（一三五頁）としたうえで、「個人思想を基本に発想される『愛』の理念を現実化しようとすると、永久に葬れない『悪魔』との戦いにしか行き着けません。そこで、かろうじて無為に限りなく近い『慈悲』を共和社会憲法の理念的指標においたということです。しかし、進化論的発想で、進歩、発展を至上の理念とする現代においては、それも漫画的パラドックスでしかないでしょう。」（一三七頁）と述べている。

　さらに、「個人思想の究極は、アナーキーかニヒルしかありません。法廷も警察も権力機構を廃止せよというのは、個人思想を根拠にしたアナーキーな発想です。ボルシェビキとか社会主義というのは共同社会の理念に属する思想です。第十五条の『核の保留』は、個人と共同にまたがる発想であり、自治体や共同備蓄などの条項は共同社会秩序の思想です。」(同)とも書いている。

また、「つまり私の『共和社会憲法私案』は、資本主義と国民国家の終焉の彼方に粗雑な理念を投げ出したという理解をしてくれたらありがたいと思います。資本主義が続くかぎり、イメージの世界に置き去りにされる類のものです」(二三八頁)とも述べている。

ここには、川満さん独特のはにかみと韜晦がある。ただし、私は川満さんの共和社会憲法私案への自注はより「個人思想を根拠にしたアナーキーな発想」へ傾いていると思う。そして「資本主義が続くかぎり、イメージの世界に置き去りにされる類のものです」からはニヒリズムへの傾斜を感受する。

しかし、私は言うまでもなく、共和社会の憲法は「共同社会の理念」を表現することを不断に追求すべきだと思う。ここでは、個人思想はできるだけ共同社会の思想の坩堝の中で鍛錬されなければならない。そして、個人思想が不断にアナーキズムとニヒリズムに傾斜しそうになるときに、既成の「ボルシェビキとか社会主義」ではなく、「パリコンミューン」や「不断連続永久革命」、「東アジア共同体」という思想・運動イメージを対置して追求してみたいのである。

ところで、川満さんは高良私案に対し、「高良勉さんの『琉球共和社会憲法私案』は、現実の矛盾を打開するための戦略・戦術を組み込もうとする意図が強いと解釈しています。その分だけ理念的な射程距離は短くなり、理念実現のための現実的条件をあれもこれも性急にたぐり寄せて、限りなくイデオロギーに接近していく危険性を感じさせます。どんな理念もイデオロギーに吸収されると目的のための行動規範が要求され、日本赤軍やオウム真理教にみられるように、そこでは逆倫理が実現します。理念へにじり寄る方法や戦略はたくさんあるでしょうが、『国家』とか『民族』とか、その概念の歴史的経緯に無頓着では危険だと思うのです。」（一三八頁）と批判している。

私は、高良私案が「理念的な射程距離は短」いとか「限りなくイデオロギーに接近していく危険性」があるという指摘は、「そうかなあ」と思いつつ受けとめる。ただし、すでに述べてきたように、『国家』とか『民族』とか、その概念の歴史的経緯に無頓着」では決してない。私は、私なりに国家や民族の概念をめぐって学習し、議論を重ねてきたと思っている。

一方、私は川満さんがなぜこれほど「琉球独立」や「琉球民族」に拒否反応を示すか、理解できない。川満さんは、まず「琉球独立」に対し、「国連の先住民規定を楯に、無血の琉球独立国家が実現したとしても、それはわたしの理念とする社会像とは縁遠いものでしかありません。また、日本国との力関係を考慮したとき、琉球独立に支払う代償に見合うだけの成果を確信出来るのか、という不信感もあります。琉球国だけで資本主義の外へ出て行けるなら別ですが、そうでなければ独立してもマルコスやスカルノ、カダフィー体制の二の舞しかイメージできません。」（同）と批判している。

しかし、ここにはなぜ「それはわたしの理念とする社会像とは縁遠いもの」か、「不信感」の理由が充分には説明されていない。ここで述べられている批判だと、日本に資本主義が続く限り「日本国との力関係」から琉球は日本国の枠内の一地方に留まるしかなくなってしまうのではないか。それは、琉球独立に反対し「沖縄は日本国の枠内でしか発展できない」という主旨の主張をする高良倉吉氏や新崎盛暉氏等と同じレベルの発想になってしまうであろう。

一方、「琉球民族」規定については、「わたしの歴史感覚からすれば、言うところの『琉球民族』が、資本主義の下で同民族助け合いのユイマール理想社会を実現できるとは思えません」（一三八頁）とか、「国連が少数先住民族などと不遜きわまりない規定をしようが、そんなものは、への足しにもならないだろうし、したくもありません。第一『琉球民族』という規定からも逃げようとしている意識に、先住民族意識などお仕着せられても迷惑この上もありません。わたしにとって『民族』という概念は、あくまで近代国民国家という幻想を成立させるためのカモフラージュ概念でしかないからです。民族概念から逃れて宇宙市民にでもなりたいとこれまた漫画チックに脱線していま す。」（同）と批判している。

私の「民族」とか「琉球民族」に対する、「その概念の歴史的経緯」に関する考察は、先述した「我が輩は琉球民族である〈わんねーしまんちゅやん〉」を参照してもらいたい。私は、川満さんの『琉球民族』が、資本主義の下で同民族助け合いのユイマール理想社会を実現できるとは思えません」という不信感を理解しながらも、「理想社会は実現」できなくとも「同民族助け合いのユイマール」は可能であるし有意義であると考えている。それは、十万人余で開催される「県民大会」や「島ぐるみ闘争」、「ゼネスト」等々の歴史的体験の蓄積や、第五回目を終えた「世界のウチナーンチュ大会」を見れば明らかであろう。

川満さんは、「国連が少数先住民族などと不遜きわまりない規定をしようが、そんなものは、への足しにもならないだろうし、したくもありません。」と批判しているが、それこそ「不遜」である。日本政府に対する国連勧告を決定させるまでには、十年以上も「琉球弧の先住民族会」（AIPR）を始めとする琉球民族の若者たちの努力があり、それを支援するアイヌ民族の連帯行動があった。それでも、日本政府はこの国連勧告を実施しようとはしないのである。川満さんが「そんなものはへの足しにもならない」と言うのは傲慢であり不遜ではないか。

また、川満さんの「『琉球民族』という規定からも逃げようとしている意識」は批判されなければならない。私は、F・ファノンが言うように、琉球民族主義や自民族中心主義には反対だが、琉球民族意識は大いに強化すべきだと思っている。私たちは、伊波普猷や比嘉春潮、島袋全発等をはじめとする戦前の琉球知識人たちの言説が、自己を表現するときに「琉球民族」から「沖縄民族」へ「沖縄県民」へと後退・敗北し、ついには皇国民として沖縄戦へ突入し総破産した痛苦の歴史を知っている。「琉球民族意識」から逃げようとすることはこの敗北の歴史の克服からの逃亡であり、日本民族やアメリカ国民の支配民族性、抑圧民族性の歴史と現在を不問にするか許容することになってしまうだろう。また、琉球民族のもっている反米、反日、反差別、異民族感の情念と激突し相互変革する回路を手放すことに外ならない。

最後に、川満さんは「わたしにとって『民族』という概念は、あくまで近代国民国家という幻想を成立させるためのカモフラージュ概念でしかないからです。民族概念から逃れて」と述べているが、ここで言われている「民族概念」は、あまりに抽象的で一般的ではないだろうか。なぜなら、近・現代国民国家は日本国内のアイヌ民族や琉球民族、朝鮮民族をみてもわかるように、そのほとんどが多民族国家であった。そして私たちの歴史と現実には好むと好まざるとにかかわらず支配民族と被支配民族、抑圧民族と被抑圧民族、先住民族が存在しているのであり、私はこの歴史的、社会的関係性を変革することが私たちの不断連続永久革命の重要な課題だと考えている。「民族概念から逃」れるわけにはいかないのである。

とまれ、川満さんと私の議論は日常的にも重ねられ継続している。できれば、第三者が川満私案や高良私案を比較しながら相互批判していただければありがたいと思っている。実は、その作業のひとつは『うるまネシア』同人の真久田正さんが引き受けることになっていた。しかし、彼は二〇一三年一月に突然急逝してしまった。とても残念である。

5 数多くの憲法私案を

さて、ここまで主に川満私案の基本理念をめぐって議論してきた。あとの細かい条項については大差はない。せいぜい、アイデアの相違の範囲にとどまるであろう。

私は、ここで多くの人々に「憲法私案」を書いて提起するよう訴えたい。川満私案や高良私案の長所と短所も、対抗する「憲法私案」を書くことでより鮮明になる。その思想作業は、日本国憲法も参照しながら進めると、より有意義なものになるだろう。

例えば、高良私案・第九条（不戦）では、「琉球共和社会連邦は、すべての武力を保有しない。各国・各地域でいっさいの戦争に反対し非暴力・絶対平和主義を貫く。軍隊のないコスタリカ共和国や、日本国憲法第九条の精神を学びこれを創造的に継承する。」と述べてある。この条項によって、私たちは日本国憲法第九条を改悪しようとする勢力とも闘うことができる。

幸い、琉球弧では日米政府による琉球差別と植民地支配に反対し、「自己決定権の行使」と「琉球独立」を主張する人々が増えている。

二〇一三年五月十五日には歴史上初めて「琉球民族独立総合研究学会(8)」が設立された。私も呼びかけ人の一人だが、この学会は大学の若い教員・研究者たちが中心になって、真剣に琉球民族の独立について多様な研究と議論を重ねている。すでに十三年十一月には那覇市の沖縄大学で第一回研究学会を開催し、今年十四年二月には宮古島で第二回目の学会を終えたばかりである。いずれ、その研究学会でも、川満私案や高良私案が研究され、それぞれの多様な憲法私案が提起・議論されることを期待している。

◆注記

(1)『新沖縄文学』第四八号の特集には「琉球共和社会憲法C私(試)案」の他に、仲宗根勇起案の「琉球共和国憲法F私(試)案」も掲載されている。

(2)『激論・沖縄「独立」の可能性』紫翠会出版、一九九七年

(3)『うるまネシア』第一一号、二一世紀同人会、二〇一〇年、四七頁

(4)『うるまネシア』第一二号、二一世紀同人会、二〇一一年、六九頁

(5)「沖縄タイムス」二〇〇八年十一月一日
(6)『Q&A国際人権法と琉球・沖縄』琉球弧の先住民族会(AIPR)、二〇〇四年、二三頁
(7)『うるまネシア』第一四号、二一世紀同人会、二〇一二年、一三二頁
(8)「琉球民族独立総合研究学会」は、龍谷大学教員の松島泰勝、沖縄国際大学教員の桃原一彦、友知政樹らが共同代表として活躍している。

[付録]

琉球共和社会ネットワーク型連邦・憲法私案

一、琉球共和社会ネットワーク型連邦の全住民は、全世界からの住民登録と意志表示によって、ここに憲法を制定し、公布する。

前文

人類は火を使い、言葉をもち、現在を生きながら、過去を記録し反省し、未来を想像・創造する能力をもった動物である。琉球共和社会ネットワーク型連邦（琉球共和社会連邦）の全住民は、全人類の過去の歴史的体験と学問的成果を学び、深く反省し、その長所を伸ばし、誤まてる体験を二度とくり返さず、全人類と地球や宇宙の未来に責任をもつために、ここに憲法でもって宣言する。

人類の過去の歴史において、最大の誤りと不幸は、貧困と病気に苦しみ、戦争と闘争によって生物的同類が殺し合ったことである。また、原始共同体が崩壊したあとから現在まで、貧者と富者、被支配者と支配者、被支配階級と支配階級、被植民地住民と植民地主義住民、被抑圧民族と抑圧民族、被差別者と差別者等々に分裂し敵対してきたことである。

とりわけ琉球弧住民は一六〇九年に日本国・薩摩藩の侵略を受け植民地化されてから今日まで、琉球差別と民族抑圧と被植民地の痛苦の歴史を強制されてきた。すなわち、薩摩藩侵略に続いて、一八七九年には琉球王国が明治天皇政府によって侵略・併合され内国植民地化された。また、一九四五年前後の沖縄戦では住民約四人に一人という戦死者を出す被害を受け、日本「本土」防衛のための「捨て石作戦」を強制された。さらに、戦後処理に於いて日本国の独立と天皇制の護持のため日本から分離され、一九七二年までの二七年間米軍占領下の植民地として支配された。

そして一九七二年に日米政府は琉球弧住民が反対した「沖縄返還協定」の下で施政権を米国から日本へ返還した。それ以来、今日まで琉球弧は日米政府共同による、軍事植民地支配が続いている。琉球弧住民は、薩摩侵略以来の琉球差別と民族抑圧と被植民地の長い歴史に対し、抗議し、抵抗し、闘ってきた。

したがって、琉球共和社会連邦の全住民は、なによりも平和を愛し、戦争を憎み、差別と民族抑圧、植民地支配を許さない。そして「日本国憲法」の基本理念である「平和主義」、「主権在民」、「人権擁護」を全人類の共通目標として継承し、より発展させていく。

と同時に、子々孫々のため美しくて安全な自然環境を守り、多様な生物が持続的に共生できる地球の未来に責任をもつ。琉球共和社会連邦の全住民は、この地上から国家と国境による人類の分断と対立、支配階級と被支配階級、官僚組織と官僚層の存在を根絶し、全人類が共生と友愛の共同社会を創出するよう、全力をあげてこの崇高なる理想と目的を達成することを、ここに誓う。

第一章　基本理念

第一条　琉球共和社会ネットワーク型連邦憲法（以下琉球共和社会連邦あるいは琉球連邦と略称する）の住民は琉球弧はもちろんのこと、海外移民や出稼ぎ、教育や技術研究、芸術活動等々のため国家・国境を越えて全世界に居住している。したがって、琉球共和社会連邦は全世界にネットワーク型の領域（エリア）を保有する。人類がかつて経験したことのない最大領域をもつ最新型の連邦である。

第二条　この憲法は、制定の出発からして未完成であり、常に生成・発展していく憲法である。琉球共和社会連邦の憲法は、まずネットワークの各エリア、すなわち奄美群島、沖縄群島、宮古群島、八重山群島、ヤマト東日本エリア、ヤマト西日本エリア、ブラジルエリア、アルゼンチンエリア、ボリビアエリア、ペルーエリア、ハワイエリア、北米エリア、フィリピンエリア、南洋群島エリア等々で、それぞれの自治政府と自治議会をもち、そこで制定された各自の憲法群の集合体として、初めて完成する。

第二章　センター領域

第三条　琉球共和社会連邦は象徴的なセンター領域として、地理学上の琉球弧に包括される群島と海域を定める。日本国からは、独立し「沖縄県」は「沖縄処分」をして廃止する。

群島政府の樹立

第四条 センター領域内に奄美群島政府、沖縄群島政府、宮古群島政府、八重山群島政府を樹立する。各群島政府は、一九四〇年代の各群島政府時代の歴史的経験と教訓を最大限に活用する。

連邦政府の樹立

第五条 琉球共和社会連邦は連邦政府を樹立する。連邦政府は、もっぱら全世界のネットワーク各エリアと自治体の連絡・調整・支援を目的に活動する。連邦政府の政庁は各群島政府エリア持ち回りで移動する。そのローテーションは、別に定める。

第三章 連邦住民の権利と義務

第六条 琉球共和社会連邦の住民は、「世界のウチナーンチュ」(沖縄人、琉球人、琉球民族、琉球弧人等々とも表現される)でもって構成される。住民は二重、三重の自由な「国籍」を選択し取得することができる。個人の自由意志と居住国家・地域の条件に合わせて、琉球共和社会連邦の国民であると同時に、日本国民、ブラジル国民、ペルー国民、アメリカ国民、フィリピン国民等々の「国籍」を有することができる。

国民税・「生まり島基金」志金カンパの権利と義務

第七条　琉球共和社会連邦の住民は、各自の「生まり島」に対する愛情と財産に基づき可能な限りの志金カンパを行なう権利と義務を有する。

琉球共和社会連邦の象徴旗

第八条　琉球共和社会連邦の象徴旗は、各群島政府で自由に制定する。ただし、国連やオリンピック等々で対外的に連邦政府の象徴旗（国旗）が必要なときは沖縄戦に於ける「白旗の少女」の教訓に基づき白一色の旗とする。

不戦

第九条　琉球共和社会連邦は、すべての武力を保有しない。各国・各地域でいっさいの戦争に反対し、非暴力・絶対平和主義を貫く。軍隊のないコスタリカ共和国や、日本国憲法第九条の精神に学びこれを創造的に継承する。

領域立入りと通過

第十条　琉球弧の領域に立ち入り、あるいは通過する航空機、船舶などはあらかじめ許認可を要する。この許認可料金は、群島政府、連邦政府の重要な財源となる。許認可の条件は別に法律で定める。

軍事に関するいっさいの航空機、船舶その他の立入りおよび通過を厳禁する。

核の禁止

第十一条　核兵器、核物質、および核エネルギー、原子力発電所等の移入、使用、実験や核廃棄物の貯蔵、活用は永久にいっさい禁止する。

外交

第十二条　琉球共和社会連邦は全世界に開放されることを基本姿勢とする。全世界に散在する琉球人は、それぞれの国家や地域で良き住民になると同時に、琉球共和社会連邦の一員として良き民間外交官になるよう努力する。

外交は、琉球王国時代の良き伝統を引き継ぎ、国際主義と平和・文化外交を基軸に行なうこととする。

第四章　差別の撤廃

第十三条　性別、人種、民族、身分、門中、出身地等による差別は絶対に許さない。

とりわけ、日本国内におけるアイヌ民族、琉球民族、朝鮮民族、そして部落差別を完全に撤廃させるよう不断に努力する。

生産手段および私有財産の扱い

第十四条 琉球弧内では、河川、水源、森林、港湾、海岸線、漁場、エネルギー等の基本的生産手段は共有とする。各群島政府と自治体は、これらの共有財産を保存・活用する。

私有財産制度は、全世界がこの制度を止揚するまで、各国、各地域でその改革に努力する。

教育

第十五条 基礎教育は九年間とし、すべての住民に無償で保障されなければならない。基礎教育の内容は、各群島政府や各国エリア政府の教育委員会で決定する。

第十六条 高等教育および専門教育は、連邦政府と各群島政府が無償で保障する。入試制度は廃止し、希望者は全員入学できるようにする。毎年試験で進級、卒業を決め、特に卒業の条件やレベルは厳しくする。

また、日本やブラジル等各国のエリアの住民には、必要に応じて積極的に教育保障を支援していく。

第十七条 すべての教育費と医療費は連邦政府でプールし、必要に応じて均等に配分される。とりわけ、共和社会連邦の子弟の海外留学制度を重視して充実させる。

労働

第十八条 琉球共和社会連邦の住民は、労働の自由と選択と平等の機会を保障される。労働は、自発的、主体的で、働くことが喜びであるように諸条件を整備しなければならない。

第十九条 労働は、自己の資質と能力に応じて働き、必要に応じて成果を受け取られるように努力する。

第二十条 すべての勤労者に、希望であれば平等に公務員になる機会を与えなければならない。住民は、不断に官僚主義と闘いチェックする。すべての公務員は、各衆議機関や住民投票によって罷免することができる。

医療・衛生

第二十一条 共和社会連邦の住民は、健康で長寿であることを最大の共有財産とする。そのため、全住民が健康で快適な衛生・環境の下で生活できるように権利と義務を行使する。

第二十二条 全住民の医療費は、すべて無料とする。連邦政府は、この医療の無料制度を保障するためにあらゆる努力を行なう。

第二十三条　連邦政府は、大学での医学部、歯学部、薬学部、看護学部、介護学部の拡大と医師、看護師、介護師の育成に努め、公立病院、公立診療所、保健所等の拡大・充実に努める。

第二十四条　連邦政府は、優秀な医師、看護師、介護師を養成し、全世界・全人類へ派遣できるように努力する。

第五章　衆議機関

第二十五条　琉球共和社会ネットワーク型連邦（以下、琉球共和社会連邦または共和社会連邦と略称する）は、直接民主主義の理念を尊重し、その実現へ向かって不断に努力する。

第二十六条　共和社会連邦の衆議機関は、各地域の住民自治会を基礎単位にし、市町村議会、群島議会、各国のエリア議会、連邦議会を設立する。

第二十七条　各地域の衆議機関は、徹底した民主主義的協議に基づく合意でもって決定する。連邦議会で合意が成立しない場合には、群島議会やエリア議会に差し戻し、そこでも合意が不成立のときは、市町村議会や住民自治会の衆議にはかるものとする。

第二十八条　共和社会連邦の衆議機関に代表制を設けることができる。各衆議機関の議員は十五歳以上の成人住民によって直接選挙で選ばれる。

第二十九条　各衆議機関の議員は、男女同数で構成することを原則とする。各機関の定数は法律で定める。

第三十条　各地域の自治体は、それぞれの地域に応じた、経済、医療・福祉、教育・文化等の計画を立案し、実施する場合、隣接自治体にもあらかじめ報告し、調整することを要す。

第三十一条　各地域の自治体の計画がその主体的能力の範囲を越える場合は、群島議会、エリア議会、ないしは連邦議会で協議し、調整をはかったうえ、主体的に実施し、豊かな社会づくりをめざさなければならない。

第六章 執行機関

第三十二条 琉球共和社会連邦の行政執行機関は、各地域の自治会、市町村役場、群島政府、エリア政府、連邦政府ごとに設ける。

第三十三条 各自治会、市町村、各群島政府や各エリア政府の組織や運用に関しては地方分権を原則にして、それぞれの衆議機関で定める内規や法律で決定する。

第三十四条 連邦政府の構成や運用に関しては連邦議会の法律で定める。連邦政府の首長に大統領を直接選挙で選出することを原則とする。

第三十五条 連邦政府は、共和社会連邦全体の連絡調整と予算の配分を中心に執行し、その権限を常に地域・地方へ分権化していくことを原則とする。

第三十六条 すべての行政執行機関は、衆議機関との連絡・調整と審議を経ていない限り、いかなる政策も実施してはならない。

第七章　司法機関の廃止

第三十七条　琉球共和社会連邦の住民は、あらゆる犯罪の根絶のため不断に努力する。

第三十八条　従来の近代的国民国家に見られた、裁判所、検察、警察など固定的な司法機関は設けない。

第三十九条　警察に代わって、各地域自治会、市町村ごとの「自警団」等を組織する。その組織の構成員は満十五歳以上の成人すべてが参加する。

第四十条　個人および集団が、この憲法の基本理念や各衆議機関が定めた法律や諸決議に違反した場合は、各行政執行機関に訴えることができる。

第四十一条　犯罪を犯した個人、団体に対する「罪と罰」の審議は、各地域自治会、市町村、群島政府やエリア政府で決定することを原則とする。

第四十二条　外国人の犯罪に関しては、連邦政府と連邦議会で対処して処分する。

第八章　改　正

第四十三条　この憲法の改正は、連邦議会議員と群島政府議員の三分の二以上の賛成で、連邦議会が発議し、共和社会連邦の全住民に提示してその承認を経なければならない。その承認には、特別の住民投票においてその三分の二以上の賛成を必要とする。

第九章　最高法

第四十四条　この憲法が琉球共和社会連邦の住民に保障する基本的人権は、人類の多年にわたる自由と自己決定権獲得の闘いと努力の成果であって、これらの権利は、過去幾多の試練に堪え、現在および将来の住民と人類に対し、侵すことのできない永久の権利である。

第四十五条　この憲法は、共和社会連邦の最高法規であって、その条項に反する法律、命令、決議および行政執行機関の行為は、その効力をもたない。

第四十六条　琉球共和社会連邦は、この憲法に反するいかなる国際条約や国際法規も締結してはならない。また、締結した国際条約や国際法規は、誠実に守らなければならない。

（後記）

これで、私の琉球共和社会ネットワーク連邦憲法私案の提起は一段落した。私はできるだけ多くの琉球人・琉球民族が「私案」を書き、公表して活発に議論してもらいたいと希望している。と同時に、ただちに各地域で「臨時群島政府、エリア政府」と「臨時連邦政府」を組織してもらいたいと思っている。

（二〇一〇年五月七日起草）

編者あとがき

川満信一

五月初旬、北京大学歴史学科の招きで、琉球歴史研究フォーラムに参加した。魯迅生誕百三十周年のシンポジウムによばれた三年前は、気持ちの余裕がなく、物珍しさでうろついていたが、今回はすこし落ち着いて大都市の表情をさぐる目つきになっていた。北京大学の構内は、巨大な公園であり、ひとつの街である。かえでやいちょう、松、桜などの古木が豊かな緑を広げ、石船を浮かべた湖も、敷地内の散策地になっている。

周辺には由緒ある清華大や、エリート子弟の通う「一零一中学」が、これまた広大な緑地を広げている。学園地区を出ると緑の海に立ちはだかるポセイドンさながらの高層ビルも遠景に見られるが、日本の都市空間のような閉塞感はない。色川大吉の『民衆憲法の創造』に収められた「東京の病理」に比較すると、北京という大都市が、自然との調和を大切にする古来からの中国思想を活かした都市計画に基づいていることがわかる。皇帝たちが大陸の贅沢を欲しいままに構想した伝統の建築と、改革開放の経済躍進をシンボル化した高層ビルが、豊かな緑に中和されて、ゆとりある視界に都市空間を開いている。

フォーラムでは「島に住む者は島から世界を考えるしかない」と前置きして、近代初期の「琉球救国運動」や、現在ホットな問題になっている尖閣（釣魚島）についてどう考えるかなど、中国と琉球の接点を探った。

フォーラムをとりしきった徐勇教授（北京大学）をはじめ、中国各地の大学から参加した歴史学者たちが、琉球史について強い関心をもっていることが、会場全体から伝わった。この関心の高まりから、現在のアジアの情況的危機が逆に推察される。軍事兵器の高度化と資本市場の巨大化から考えたとき、従来のように戦争を政治の延長とする国家統治の思想は、取り返しのつかない破滅を招きかねない。とくに戦後このかた、深い反省にたって平和憲法のもとに曲がりなりにも福祉国家的統治方針をとってきた日本が、「積極的平和主義」という自己欺瞞で軍事国家へ舵を切り出したのは危険極まりない事態であろう。軍事による世界の秩序維持を正義とする米国への従属から、日本の自主自立を図るため、憲法解釈で戦争のできる国にするという。

近代化の過程で日本の独占資本がアジア植民地を拡大するに従い、その資本規模が何倍にも膨れていった事実をみれば、現政権の背を後押ししている欲望の地層が読めてくる。

沖縄戦の体験を基礎にしてしか沖縄の思想行為は成立しない。たとい稚拙で退屈平凡なリフレーンであろうとも、絶対平和主義を主張し続けるのが「島の世界観」である。暴力に対して暴力で立ち向かおうと準備する考え方は、先制暴力の意志を隠している。琉球三山を統一した一五〇〇年代の尚真王が、武器を没収して戦乱を抑えた事績は島共同体の知恵として活かさなければならない。存在することの基本倫理は憲法の基礎である。恣意的解釈によってその基本倫理が見失われたら、それはもはや憲法ではない。絶対平和主義は守るのではなく、不断に創造する開かれた精神行為にしかない。憲法はできるかぎりシンプルに、倫理の基本を示し、庶民はそれを基礎に統治者の資質を審級し、統治者はその倫理に照合しながら脱線を正す。つまり個々人が心の内に法廷を開き続ける、それが社会秩序を維持する基本だと考えている。創憲運動を推進して、資本主義や国民国家体制の彼方へ想念の自由を解き放つことが望まれる。

本書に執筆した諸兄姉は、現在の危機的状況を克服するために、それぞれの専門分野から多くの著作を世に問い、日頃から活躍している方々である。「琉球共和社会憲法私案」という拙い作文をめぐって、各氏が深い思索と豊かな知識で真摯にアプローチしていることに驚いている。そして、北京を体験したいま、島から大陸を抱き込むだけの思想の普遍性を拓けるか、という課題の扉をまえにしている。扉が開けばアジアを戦争市場にしようとする野望を押し返すことも可能であろう。本書が退屈な平和、民主主義というトリックへの諦めから脱出して、思索の自由広場へ誘い出す契機になるよう念じて止まない。執筆いただいた諸兄姉、企画した仲里効さん、情熱を注いだ未來社の西谷能英社長、そして陰の観音菩薩に感謝します。

二〇一四年五月十七日

＊

仲里　効

一九八一年の「新沖縄文学」四八号での特集〈琉球共和国への架け橋〉とその特集の柱をなす「琉球共和社会憲法C私（試）案」と「琉球共和社会憲法F私（試）案」は、私にとって忘れがたい出会いとなった。沖縄の島惑いびとたちのさ迷えるチブルを手術し、マブイを拾った〈反復帰〉論が理念となって結実し、ポスト「日本復帰」後の沖縄の時空に架橋されたことと、二つの憲法案をめぐる匿名座談会のテープ起こしを頼まれ、その場に居合わせたことからくる強い印象からである。川満さんの弟さんが営んでいた、那覇市久茂地にあった割烹の二階奥の部屋を借り切っての座談会に出席したのは、編集委員と憲法の起草者であった。なぜ匿名にしたのかいまもって謎だが、イニシャルの面々は、私にとっては特定の顔と声に結びつき、この憲法構想について何事かを考えようとするとき絡みついてくることを拒むことはできない。沖縄の戦後思想にとって、二つの憲法構想をもったことの意義はけっして小さくない。

近年、川満信一さんによって起草された「琉球共和社会憲法私（試）案」があらためて注目を集めるようになった。沖縄に基地を集中させる日米一体の軍事再編、戦争と植民地主義への想像力を欠いた歴史意識、憲法「改正」まで突き進もうとしている急速な右旋回など、日本国家と国民のドメスティックな仕様が明らかになるにつれ、沖縄では重層的な自己決定権を打ち立てようとする潮流が形成されはじめている。そのことが大国によって境界を恣意的に書き換えられ、いくたびかのユーガワイを強いられてきた沖縄の経験から生み出された「琉球共和社会憲法」という奇妙な果実を発見し直し、時代の先端に浮かび上がらせた。

この憲法構想は、日本国家の枠組みを相対化しただけではなく、世界の部分秩序にすぎない国民国家体制の限界に目を向け、オルタナティブな視野を拓いていく根源的な問いかけになっている。その問いの力と現代性が、中国語圏で発行されている「人間思想」第二号で特集が組まれ、韓国で刊行された川満信一論集のなかのエッセンスとして収録されるなど、アジアの思想界に衝撃をもって呼び出されるまでになっている。

本書は二年前に企画（そのときの事情については「未来」二〇一四年三月号に掲載された西谷能英さんの「絶対平和主義の社会構想」で触れられている）されたが、「あんなもん」という川満さんの謎を掛けるようなひとことで宙づりにされたままになっていた。時が、というよりも、根からの問いかけが宙づりを解き祓った。仕切り直しから刊行まで短い時間ではあったが、寄せられた論考はこの奇妙な果実へのそれぞれの視点からの応答であり探求であると同時に、その複数性が独自な言語闘争の地図を描きあげている。潜勢力となった思想資源への応答が、群島とアジアをめぐる越境する思想となり、交差し交響し合う、そんな論集となっていると信じたい。

「あんなもん」が「こんなもん」になって世に送り出すことができたのは、西谷能英さんの時代を読む感度に依るところが大きい。琉球産の奇妙な思想の果実は、奇妙さゆえにかえって、この時代の、この世界の定型を裏返す。ひと組みの対談と十一本の文の闘争から成る本書が遠くまで行くことを厭わない多くの人たちの眼にとまることを願ってやまない。

二〇一四年五月一五日の雨に

平恒次（たいらこうじ）
1926年、沖縄宮古島生まれ。スタンフォード大学大学院経済学博士、ワシントン大学助教授、ILO事務官、スタンフォード大学準教授、イリノイ大学教授を歴任。イリノイ大学名誉教授、名桜大学名誉客員教授。主要著書──『日本の経済発展と労働市場』（英文）、『人間性の経済学もう一つの豊かな社会論』1970年、ダイヤモンド社、『日本国改造試論』1974年、講談社、など多数。

高良勉（たからべん）
1949年、琉球弧沖縄島生まれ。静岡大学理学部卒・化学科専攻。フィリピン大学院短期留学・文化人類学専攻。詩人。沖縄大学客員教授。主要著書──詩集『ガマ』2009年、思潮社、『沖縄生活誌』2005年、岩波新書。『魂振り──琉球文化・芸術論』2011年、未來社、ほか多数。

中村隆之（なかむらたかゆき）
1975年、東京都生まれ。東京外国語大学大学院地域文化研究科博士後期課程修了。フランス語圏文学専攻。大東文化大学外国学部専任講師。著書──『カリブ－世界論』2013年、人文書院。『沖縄／暴力論』2008年、未來社（共著）、ほか。

丸川哲史（まるかわてつし）
1963年、和歌山県生まれ。一橋大学言語社会研究科博士後期課程修了。東アジア文化論。明治大学政治経済学部／教養デザイン研究科教授。主要著書──『思想課題としての現代中国』2013年、平凡社、『魯迅出門』2014年、インスクリプト。翻訳『台湾68年世代　戒厳令下の青春』（鄭鴻生著）2014年、作品社、ほか多数。

山城博治（やましろひろじ）
1952年、沖縄県生まれ。法政大学社会学部卒。沖縄県職員労働組合副委員長を経て自治労沖縄県本部副委員長。2004年から沖縄平和運動センター事務局長、2013年から同議長として反戦平和、反基地運動の先頭に立つ。辺野古新基地建設、高江ヘリパッド建設、オスプレイの普天間基地配備問題などでは、沖縄の民意を訴えるため全国を奔走している。

川満信一（かわみつしんいち）
1932年、沖縄県生まれ。琉球大学国文学科卒、国文学専攻。沖縄タイムス記者、「新沖縄文学」編集責任、詩、評論、個人誌「カオスの貌」主宰。主要著書――『川満信一詩集』1972年、オリジナル企画、『沖縄・根からの問い』1978年、泰流社、『沖縄・自立と共生の思想』1987年、海風社、ほか。

仲里効（なかざといさお）
1947年、沖縄南大東島生まれ。法政大学卒。雑誌「EDGE」編集長を経て、映像・文化批評家。主要著書――『ラウンド・ボーダー』2002年、APO、『オキナワ、イメージの縁』2007年、『フォトネシア』2009年、『悲しき亜言語帯』2013年、以上未來社、ほか。

今福龍太（いまふくりゅうた）
1955年、東京生まれ。文化人類学者、批評家。東京外国語大学大学院教授。奄美自由大学主宰。主要著書――『ミニマ・グラシア』『群島－世界論』ともに2008年、岩波書店、『レヴィ＝ストロース　夜と音楽』2011年、みすず書房、ほか多数。

上村忠男（うえむらただお）
1941年、兵庫県生まれ。東京大学大学院社会学研究科国際関係論専門課程修士課程修了。思想史専攻。東京外国語大学名誉教授。主要著書――『ヴィーコの懐疑』1989年、みすず書房、『歴史的理性の批判のために』2002年、岩波書店、『グラムシ　獄舎の思想』2005年、青土社、ほか多数。

大田静男（おおたしずお）
1948年、沖縄県石垣市生まれ。石垣市立図書館、石垣市立八重山博物館を経て、2008年石垣市教育委員会文化課課長退職。元石垣市文化財審議委員。主要著書――『八重山戦後史』1985年、ひるぎ社、『八重山の戦争』1996年、南山舎、『夕凪ぎの島』2013年、みすず書房、ほか。

大田昌秀（おおたまさひで）
1925年、沖縄県久米島生まれ。元沖縄県知事。前参議院議員。現在、沖縄国際平和研究所理事長。主要著書――『沖縄のこころ』1972年、岩波書店、『近代沖縄の政治構造』1972年、勁草書房、『総史沖縄戦』1982年、岩波書店、ほか多数。

孫歌（そんか）
1955年、中国吉林省長春市生まれ。東京都立大学法学部で政治学博士号を取得。日本思想史専攻。現在、中国社会科学院文学研究所教授。主要著書――『竹内好という問い』2005年、岩波書店。『歴史の交差点に立って』2008年、日本経済評論社、など。

琉球共和社会憲法の潜勢力
——群島・アジア・越境の思想

発行————二〇一四年六月二十日　初版第一刷発行

定価————本体二六〇〇円＋税

編　者————川満信一・仲里効

発行者————西谷能英

発行所————株式会社　未來社
東京都文京区小石川三—七—二
電話　〇三—三八一四—五五二一
http://www.miraisha.co.jp/
email:info@miraisha.co.jp
振替〇〇一七〇—三—八七三八五

印刷・製本————萩原印刷

ISBN978-4-624-01192-5 C0010

（消費税別）

仲里効著
悲しき亜言語帯
〔沖縄・交差する植民地主義〕沖縄の言説シーンにひそむ言語植民地状態をあぶり出す。ウチナーンチュ自身によるポストコロニアルな沖縄文学批評集。

二八〇〇円

仲里効著
フォトネシア
〔眼の回帰線・沖縄〕比嘉康雄、比嘉豊光、平敷兼七、平良孝七、東松照明、中平卓馬の南島への熱きまなざしを通して、激動の戦後沖縄を問う。沖縄発の本格的写真家論。

二六〇〇円

仲里効著
オキナワ、イメージの縁（エッジ）
森口豁、笠原和夫、大島渚、東陽一、今村昌平、高嶺剛の映像やテキスト等を媒介に、沖縄の戦後的な抵抗のありようを鮮やかに描き出す〈反復帰〉の精神譜。

二二〇〇円

岡本恵徳著
「沖縄」に生きる思想
〔岡本恵徳批評集〕記憶の命脈を再発見する――。近現代沖縄文学研究社にして、運動の現場から発信し続けた思想家・岡本恵徳の半世紀にわたる思考の軌跡をたどる単行本未収録批評集。二六〇〇円

知念ウシ著
シランフーナー（知らんふり）の暴力
〔知念ウシ政治発言集〕日米両政府の対沖縄政策・基地対策の無責任さや拙劣さにたいして厳しい批判的論陣を張り、意識的無意識的に同調する日本人の政治性・暴力性を暴き出す。二二〇〇円

知念ウシ・與儀秀武・後田多敦・桃原一彦著
闘争する境界
〔復帰後世代の沖縄からの報告〕ケヴィン・メアや沖縄防衛局長（当時）の暴言、基地問題や沖縄の政治状況をめぐり、各執筆者の多様な視点から沖縄の反応を突きつける。

一八〇〇円

喜納昌吉著

沖縄の自己決定権

〔地球の涙に虹がかかるまで〕迷走する普天間基地移設問題に「平和の哲学」をもって挑みつづける氏が、沖縄独立をも視野に入れ、国連を中心とする人類共生のヴィジョンを訴える。一四〇〇円

高良勉著

魂振り

〔沖縄文化・芸術論〕著者独自の論点である〈文化遺伝子論〉を軸に沖縄と日本、少数民族との関係、また東アジア各国において琉球人のありかたについても考察を加えた一冊。　二八〇〇円

西谷修・仲里効編

沖縄／暴力論

琉球処分、「集団自決」、「日本復帰」、そして観光事業、経済開発、大江・岩波裁判……。沖縄と本土との境界線で軋みつづける「暴力」を読み解く緊張を孕む白熱した議論。現代暴力批判論。二四〇〇円

上村忠男編

沖縄の記憶／日本の歴史

近代日本における国民的アイデンティティ形成の過程において、「沖縄」「琉球」の記憶＝イメージがどのように動員されたのか、ウチナーとヤマトの気鋭の論者十二名が徹底的に議論。二二〇〇円

下嶋哲朗著

豚と沖縄独立

ハワイのウチナーンチュが太平洋を越えて豚を戦後の沖縄に送り届けたさいの苦闘と、豚による沖縄独立を摸索した先人たちの努力がまやかしの日本復帰にからめとられる秘史を描く。二四〇〇円

高良鉄美著

沖縄から見た平和憲法

〔万人（うまんちゅ）が主役〕日本国憲法の平和主義・国民主権の原理は、復帰後の沖縄にも適用されたのか？　住民の平和的生存権という視点から、沖縄米軍基地問題を考える。　一七〇〇円